DAS GROSSE HAUSBUCH

Das große Hausbuch

**Brauchtum, Fest und Freude
in der christlichen Familie**

HERAUSGEGEBEN VON
JOHANNES THIELE

GESTALTET VON
CHRISTINE PAXMANN

KREUZ VERLAG

Inhalt

Erster Teil
Lichter und Geheimnisse

Das christliche Haus * Zeit und Freude * Heimat und
Geborgenheit * Feste und Feiern * Haus und Hof * Sonn-
tag und Alltag * Freunde und Nachbarn * Sinne und
Bräuche   8

Zweiter Teil
Im Jahreskreis und Lebenslauf

JANUAR   Thema des Monats: Glauben * Kalender * Namenstage *
              Neujahr * Heilige Drei Könige * Meditation * Stationen
              des Lebens: Alleinsein und Stille   32

FEBRUAR   Thema des Monats: Teilen * Kalender * Namenstage *
              Der Winter * Mariä Lichtmeß * Valentinstag * Medita-
              tion * Stationen des Lebens: Kinderlachen, Kinderweinen
              * Karneval, Fasching und Fastnacht * Aschermitt-
              woch   52

MÄRZ   Thema des Monats: Beten * Kalender * Namenstage *
              Fastenzeit * Wir basteln im Frühjahr * Weltgebetstag der
              Frauen * Frühlingsanfang * Der Frühling * Meditation *
              Stationen des Lebens: Jung und fast erwachsen   70

APRIL   Thema des Monats: Begegnen * Kalender * Namenstage
              * Die Karwoche * Palmsonntag * Gründonnerstag * Kar-
              freitag * Ostern * Meditation * Stationen des Lebens:
              Generationen leben zusammen   92

MAI   Thema des Monats: Lieben * Kalender * Namenstage *
              Erster Mai * Muttertag * Maria * Christi Himmelfahrt *
              Pfingsten * Meditation * Stationen des Lebens: Glück zu
              zweit   128

JUNI   Thema des Monats: Erzählen * Kalender * Namenstage *
              Fronleichnam * Sommeranfang * Lob der Schöpfung *
              Johannistag * Meditation * Stationen des Lebens: Eltern
              sein   154

Thema des Monats: Vertrauen * Kalender * Namenstage * Der Sommer * Ferienzeit * Lob der Faulheit * Meditation * Stationen des Lebens: Mit Kindern leben   JULI 176

Thema des Monats: Dasein für andere * Kalender * Namenstage * Kirchweihfest * Meditation * Stationen des Lebens: In der Lebensmitte   AUGUST 196

Thema des Monats: Hoffen * Kalender * Namenstage * Die fünfte Jahreszeit * Gott suchen und finden * Herbstanfang * Meditation * Stationen des Lebens: Kraft in der Krankheit   SEPTEMBER 212

Thema des Monats: Danken * Kalender * Namenstage * Erntedankfest * Gemeinde werden * Franziskustag * Der Herbst * Wir bauen einen Drachen * Reformationstag * Meditation * Stationen des Lebens: Alt werden   OKTOBER 232

Thema des Monats: Umkehren * Kalender * Namenstage * Allerheiligen * Allerseelen * Buß- und Bettag * Martinstag * Die Adventszeit * Meditation * Stationen des Lebens: Das Leben, das man Sterben nennt   NOVEMBER 256

Thema des Monats: Anfangen zu leben * Kalender * Namenstage * Die stillste Zeit im Jahr * Barbaratag * Nikolaustag * Adventsbäckerei * Advents- und Weihnachtsbräuche * Luciatag * Heiliger Abend * Weihnachten * Weihnachtslieder und Gedichte * Geschichten zum Vorlesen * Silvester * Jahreswechsel * Meditation * Stationen des Lebens: Das Fest der Geburt * Geburtstag feiern   DEZEMBER 280

DRITTER TEIL
UNSERE FAMILIE, UNSER HAUS

Grundgebete des Glaubens * Morgengebete * Tischgebete * Abendgebete * Gebete der Familie * Vornamen * Stammbaum der Familie * Feiertagskalender   318

Stichwortregister   348

Quellennachweis   350

Liebe Leserinnen und Leser

Das christliche Haus ist ein Haus der Kinder, der Generationen, der Freude, der Lichter und Geheimnisse. Darum weht durch dieses Buch auch eine Erinnerung an die glückliche Vergangenheit, an die Geborgenheit der christlichen Familie. Alle die tausend bunten Dinge eines Christenlebens, alle die Schönheiten dieses Lebensgefühls, alle die Gewißheiten, Abenteuer und Geheimnisse haben Eingang in dieses Buch gefunden.

Die Bräuche und Feste des Jahreskreises sind wie ein Haus, das für alle Wechselfälle des Lebens Zimmer bereithält. Rund um das christliche Haus blühen die Phantasien und grünen die Hoffnungen, sein Leben sinnvoll bestehen zu können. Wir möchten diese Weisheiten und Geschichten, die Bräuche, Gebete und Lieder, das Lebens- und Glaubenswissen früherer Generationen mit diesem Buch weitergeben.

Soviel es hier auch um Erinnerungen und sinnliche Entdeckungen geht, das Buch will nicht nostalgisch sein. Es will die Lebendigkeit und unverbrauchte Frische des christlichen Glaubens widerspiegeln und zeigen, wie er sich mit Kindern erschließen läßt. Es will in unseren Wurzelgrund führen und Möglichkeiten aufzeigen, wie man bewußt nach der inneren Uhr durch ein Jahr gehen kann. Unser Buch »Das christliche Haus« führt Sie daher durch den kirchlichen Jahreslauf, erzählt von den Ursprüngen und Besonderheiten der verschiedenen Feste und Zeiten, und es gibt Impulse, die Stationen des Lebens und Glaubens in unseren Familien zu entdecken. Vielleicht gelingt es uns dann, althergebrachte Traditionen in einem neuen Licht zu sehen, um darin etwas von ihrer Bedeutung wiederzugewinnen.

Dieses Buch will ein Begleiter durch das Jahr und durch das Leben sein: Zum Ausruhen und Zusichkommen. Zum Wirkenlassen und Beherzigen. Zum Kraftholen und Durchstehen. Zum Lesen und Wiederlesen. Ein Buch für Alltag und Festzeit, für das lebensumgreifende und frohe Zusammenleben in der Familie.

Wir wünschen Ihnen schöpferische Phantasie und Mut, das Leben zu einer Feier werden zu lassen. Wir wünschen Ihnen, daß es gelingt, Festfreude und Naturbewußtsein in Ihrem Lebens- und Glaubensalltag zu entdecken. Sorgen wir dafür, daß unser Haus bewohnbar bleibt, uns und alle darin lebenden Mitmenschen bereichert und mit Sinn erfüllt.

ERSTER TEIL
Lichter und Geheimnisse

Das christliche Haus

Wehe, die Welt ist voll gewaltiger Lichter und Geheimnisse, und der Mensch verstellt sie sich mit seiner kleinen Hand.

MARTIN BUBER

Die Geburt des christlichen Hauses beginnt mit der verblüffend einfachen Antwort des Klemens von Alexandrien auf die Frage, wie jemand ein Christ wird und wie er Christus kennenlernen kann: »Ich lasse ihn ein Jahr lang in meinem Haus wohnen.« Ein Jahr – Winterzeit und Lichtertag, Narren und Osterfest, Freude an Brot und Wein, am steigenden Licht des Frühlings und am sich neigenden Abend des Herbstes, Namenstage und Familienfeiern – die zwölf Monate sind reich an vielgestaltigen Festen, Feiern und Zeiten. In diesem Jahr wohnt so viel Zauber und Kraft zur Verwandlung des Lebens, daß man wehmütig darüber werden könnte, wie wenig sie im Bewußtsein vieler Zeitgenossen lebendig geblieben sind. Wenn man in alten Büchern und Kalendarien zu blättern und zu lesen beginnt, zeigt sich der Jahreskreis so farbenfroh und vielfältig, daß es zum Wiederentdecken von längst Vergessenem und immer Gefeiertem verlockt.

Christsein lernt man nicht aus Büchern und aus gelehrten Vorträgen, sondern fast ausschließlich durch die Erfahrungen im Haus, in der Familie, in der Gemeinde. Wenn Kinder uns beim Vorbereiten des Festes beobachten, wenn sie mit uns backen, im Wald Blumen und Zweige sammeln, wenn wir Musikstücke einüben und Lieder aussuchen, die zum Fest passen und die wir gemeinsam singen können, wenn wir den Nachbarn kleine Geschenke bringen oder Einladungen aussprechen, so beantworten wir damit im Keim auch die Frage nach dem Wesen Gottes, der Liebe und Hingabe ist. Jeder Sonntag gibt dazu Gelegenheit und jedes Fest im Jahreskreis. Wo sich Begegnung ereignet, kann Religion gegenwärtig sein.

Im gemeinsamen Feiern von Festen, im Leben eines Hauses voller Lichter und Geheimnisse können Erfahrungen eine tiefe, unaufgebbare und unvergeßliche Bedeutung erhalten. Und längst bevor ausdrücklich religiöse Vokabeln im Gespräch zwischen Eltern und Kindern eine Rolle spielen, hat »religiöse Erziehung« bereits stattgefunden. Sie ist untrennbar verbunden mit der Beziehung zwischen Eltern und Kindern, zwischen den Generationen, mit ausgesprochenen und unausgesprochenen Gefühlen, mit der Atmosphäre eines Hauses oder einer Wohnung.

Diese Atmosphäre spielt eine wesentliche Rolle im gemeinsamen Glaubensleben. Sie strahlt auch auf das aus, was wir »Kirche« nennen. Vom christlichen Haus hängt ab, ob die Kirche zu einer Heimat für die schöpferische Feier des Lebens werden kann. Die Kirche hat die großen Verheißungen in sinnfälligen Zeichen und Bildern immer wieder zur Sprache gebracht und gefeiert. Es gibt ein konfessionelles Lebenskolorit, das der religiösen Herkunft jedes Menschen einen unverwechselbaren Stempel aufdrückt, das von vielen aber mit den Jahren des Erwachsenwerdens abgestreift wird wie eine lästig gewordene und als unpassend empfundene zweite Haut.

Wo sich die Atmosphäre verflüchtigt, wo das religiöse Lebenskolorit mit der Zeit verdunkelt oder verblaßt, verschwinden auch Sinnlichkeit und Gefühle. Der Glaube wird dann zu einem Geflecht von Sätzen und Einstellungen, dem schließlich jede Lebensverbindlichkeit abgesprochen wird. Die Kultur des christlichen Lebens gerät in Vergessenheit. Heute vertraut man das Lernen der Religion der Schule an und die Einübung des Glaubens, wenn überhaupt noch, der Gemeinde. Viele Eltern sind unsicher geworden im Umgang mit ihrer eigenen Religion und mit ihrem Glaubensverständnis. Lautlos vollziehen sie den Auszug aus den selbstverständlichen Gewohnheiten religiösen Lebens, deren Sinn ihnen nicht mehr verständlich ist. Traditionelle Gepflogenheiten und Bräuche an ihre Kinder weiterzugeben erscheint ihnen »unmöglich«.

Viele Eltern und Erzieher haben große Schwierigkeiten, mit Kindern über religiöse Lebens- und Festzeiten zu sprechen und ihnen ihre Besonderheiten zu erklären. In den meisten Familien beschränkt sich die Feier kirchlicher Feste auf das inzwischen völlig vermarktete Weihnachten. Ostern und Pfingsten und erst recht viele andere Feiertage sind nur noch als zusätzliche Ferienzeit gegenwärtig und willkommen. Darin zeigt sich das schwierige Problem religiöser Sprachnot, in der nicht wenige verlernt haben, sich ihre ungeöffneten oder überreizten Augen berühren zu lassen vom Geheimnis hinter den Dingen und Zeiten.

Wie kann das Haus wieder zu einem Ort wachsender Freude und Hoffnung werden? Im Kalendarium des Kirchenjahres, im Rhythmus von Alltag und Fest, findet der christliche Glaube den Ausdruck seiner Mitte und Tiefe: Das christliche Haus feiert das Leben als Gottes Geschichte mit den Menschen und als Geschichte der Menschen mit ihrem Gott. In dieser Jahr für Jahr lebendi-

Der Weg nach Hause

Der Gang nach innen ist
    der Weg nach Hause.
Das ist der Heimweg des
    verlorenen Sohnes,
in atemloser Sehnsucht
    die glatte, kalte Straße
    hinauf.
Dann hinter der Biegung:
    das Elternhaus.

Das Dach und der warme
    Schein,
der durch die Fenster fällt,
als gäbe es kein Draußen
    und Verzweifeln.
Und vor der Tür:
    der Vater, mit ausge-
    breiteten Armen
dem Sohn entgegen.
Der Weg nach Hause
    ist der Weg zu Gott

HINRICH C.G. WESTPHAL

gen Vergegenwärtigung können die Farbe, die Stimme, die Atmosphäre des christlichen Lebens zum Vorschein kommen. Nicht ohne Grund (und nicht ohne Hintergründigkeit) ergibt sich durch die Abfolge der beiden zentralen Festfolgen des Kirchenjahres, der Weihnachts- und der Osterzeit, ein Kreis, der wie eine Uhr abgelesen werden kann. Wer dieser Uhr folgt, geht gleichsam in den Spuren Gottes. Er findet immer wieder von neuem seinen Bezug zur Gottesgeschichte.

Wo Glaube, da Liebe.
Wo Liebe, da Friede.
Wo Friede, da Gott.
Wo Gott, keine Not.

ALTER HAUSSPRUCH

Glaube,
der Gott hell ins
   Angesicht
zu lachen vermag,
ist das schönste Gebet,
das Gott je erreicht.
Dieses Gebet
macht das schwere Wort
   Gnade
zu einem Lächeln des
   Himmels.

HANS WALLHOF

Gottes Spuren in dieser Geschichte – das sind vor allem die vielfältigen Symbole des Glaubens. Ein solches Verständnis vom Glauben als ein Lesen der Spuren Gottes in unserem Leben kann nur dort wachsen, wo Symbole geschützt und mit Sinn versehen werden. Ein spöttischer Blick und ein herablassendes Lächeln, eine arrogante Geste und eine kühl verächtliche Bemerkung können viel zerstören von der Freude am symbolischen Ausdruck im religiösen Leben. Wir brauchen für unsere symbolische Sprache den geschützten Raum des familiären Lebens, der Nähe und Vertrauen stiftet, der Gewißheit und Geborgenheit ausstrahlt. Nur dort kann in Kindern ein sinnhaftes Verstehen des religiösen Lebens wachsen. Das Segnen mit geweihtem Wasser, die Umarmung, die dargebotene Hand zur Versöhnung, das Anzünden von Lichtern, das Knien, das Kreuzzeichen über dem frischen Brot – das alles sind zwar im üblichen Verständnis recht nutz-lose Gesten, aber sie sind symbolisch und sinnlich zugleich. In diesen Spuren Gottes leuchtet die religiöse Dimension des Alltags auf. Mit ihnen steht und fällt die Atmosphäre eines Hauses, das von Tradition *und* Erneuerung lebt. Vieles ist heute bereits in die Vergessenheit abgedrängt worden, anderes wirkt unverständlich, weil sich in ihm kein Sinn mehr öffnet. Aber es ist wert, von uns wiederentdeckt und -belebt zu werden. Es kommt auf einen Versuch an.

Herr, deine Liebe

Herr, dei-ne Lie-be ist wie Gras und U-fer,

wie Wind und Wei-te und wie ein Zu-haus.

Frei sind wir, da zu woh-nen und zu ge-hen.

Frei sind wir, ja zu sa-gen o-der nein.

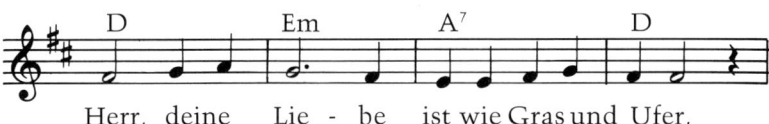

Herr, deine Lie-be ist wie Gras und Ufer,

wie Wind und Wei-te und wie ein Zu-haus.

Wir wollen Freiheit, um uns selbst zu finden, / Freiheit, aus der man etwas machen kann. / Freiheit, die auch noch offen ist für Träume, / wo Baum und Blume Wurzeln schlagen kann. / Herr, deine Liebe …

Herr, du bist Richter! Du nur kannst befreien, / wenn du uns freisprichst, dann ist Freiheit da. / Freiheit, sie gilt für Menschen, Völker, Rassen, / soweit wie deine Liebe uns ergreift. / Herr, deine Liebe …

Da, wo die Herzen weit sind,
da ist das Haus nicht zu eng.

JOHANN WOLFGANG VON GOETHE

Nicht da ist man daheim, wo man seinen Wohnsitz hat,
sondern wo man verstanden wird.

CHRISTIAN MORGENSTERN

TEXT: A. FROSTENSON/E. HANSEN
MUSIK: L. A. LUNDBERG
RECHTE: BURCKHARDTHAUS/LAETARE VERLAG

Zeit und Freude

Der Zauber des Kirchenjahres

Über die Jahre hinweg prägt sich in unserem Gedächtnis der Eindruck von der Gestalt Jesu ein, wie sie im Gang des kirchlichen Festkreises immer neue Vergegenwärtigung findet. Diese Erinnerung ist so lebendig und groß, daß die Gemeinde wie die Familie Leben, Sterben und Auferstehung Jesu wieder und wieder feiern. Kirche, Sakramente und Festzeiten bleiben aber nur dann lebendig, wenn in ihnen eine Beziehung zur Gottesgeschichte gestiftet und wachgehalten wird.

Die zentralen Inhalte des christlichen Glaubens vermitteln sich uns vor allem in konkreten Alltagssituationen. In ihnen erfahren wir Vergebung und Versöhnung, Hingabe und Freude, Hoffnung und Liebe.

Es spricht also vieles dafür, das Jahr der Natur und der Kirche immer wieder aufeinander zu beziehen. Kirche ist dann die Gemeinschaft von Menschen, die den Kreislauf der Zeit als Auftrag zum Heilwerden der Welt und des eigenen Herzens zu begreifen versuchen. Im Kirchenjahr ist noch etwas aufbewahrt von der paradiesischen Vertrautheit des Anfangs, von der Geborgenheit im Ring der Zeit.

Das Kirchenjahr entfaltet im christlichen Haus und in der christlichen Gemeinde seinen ursprünglichen Zauber. Es öffnet uns Räume besonderer Zeiterfahrung, es strukturiert unser Erleben, es deutet unsere Erfahrungen mit Christus. In diesen Räumen sollten messianische Freude und Hoffnung erfahrbar werden, in ihnen sollten alle ein Stück weit wahrnehmen lernen, daß ihnen Flügel wachsen können, mit denen sie sich über die erschöpfte Welt erheben – nicht um dem Alltag zu entfliehen, sondern um ihm ein menschliches Gesicht zu geben. Darin liegt eine Verheißung, die nicht nur beschworen, sondern gelebt sein will. Öffnen wir unser christliches Haus, öffnen wir unser Herz dieser Verheißung, dann bleibt Christus in unserer Mitte lebendig.

Freude soll nimmer schweigen.
Freude soll offen sich zeigen.
Freude soll lachen, glänzen, singen.
Freude soll danken ein Leben lang.
Freude soll dir die Seele durchschauern.
Freude soll weiterschwingen.
Freude soll dauern ein Leben lang.

JOACHIM RINGELNATZ

Alles hat seine Stunde.
Für jedes Geschehen unter dem Himmel
gibt es eine bestimmte Zeit:
eine Zeit zum Gebären
und eine Zeit zum Sterben,
eine Zeit zum Pflanzen
und eine Zeit zum Abernten der Pflanzen,
eine Zeit zum Töten
und eine Zeit zum Heilen,
eine Zeit zum Niederreißen
und eine Zeit zum Bauen,
eine Zeit zum Weinen
und eine Zeit zum Lachen,
eine Zeit für die Klage
und eine Zeit für den Tanz;
eine Zeit zum Steinewerfen
und eine Zeit zum Steinesammeln,
eine Zeit zum Umarmen
und eine Zeit, die Umarmung zu lösen,
eine Zeit zum Suchen
und eine Zeit zum Verlieren,
eine Zeit zum Behalten
und eine Zeit zum Wegwerfen,
eine Zeit zum Zerreißen
und eine Zeit zum Zusammennähen,
eine Zeit zum Schweigen
und eine Zeit zum Reden,
eine Zeit zum Lieben
und eine Zeit zum Hassen,
eine Zeit für den Krieg
und eine Zeit für den Frieden.

DER PREDIGER SALOMO 3, 1–8

Ich brauche Zeit,
unangefüllte Zeit,
um mich aus der Verströmung und Zersplitterung
zurückzuholen. Ich will
wieder die Mitte finden,
die mein Leben zusammenhält, will mir selbst in
die Augen sehen und still
werden, um so wieder
wirklich leben zu können.
Liebe wird von Stille und
Leere genährt.

ULRICH SCHAFFER

Heimat und Geborgenheit

Wo wir leben

Im Sommer, abends, fliegt das Käuzchen die Straße entlang. Dann stehn wir auf und gehn ans Fenster. Wir sind hier doch in der Stadt, eine Fabrik ist in der Nähe, nicht weit die S-Bahn, aber drüben der Friedhof und dann der Schulhof, der abends still ist, und die Häuser haben kleine Gärten, in dieser Straße.

Über der Laterne, in dem Ahornbaum vor dem Haus bleibt es eine Weile sitzen und ruft nicht mehr, aber wir können es sehn, es ist immer der gleiche Ast, auf dem es sitzt. Dann fliegt das Käuzchen weiter und schreit auch wieder im Flug. Und wir kommen uns vor, als seien wir jetzt aufgewacht. Als hätten wir den ganzen Tag, wo wir unterwegs waren, geredet, geschrieben, telefoniert haben, umhergefahren und -gelaufen sind, diesen ganzen Tag verschlafen. Und jetzt hören wir: die Grillen sind vor den Fenstern, wir unterscheiden Stimmlagen, Tempi, vielleicht Rhythmen. Wir sind aufgewacht, im Dunkeln.

Wir leben hier, jeden Tag, wir haben unsere Kinder und unsere Arbeiten, jeden Tag, und das ist alles ernst, wir müssen uns ausruhn, weil wir ermüdet sind, aber wie sind wir denn hier – ein Vogel ruft, und wir meinen aufzuwachen. Du hast die litauischen Lieder vor, plötzlich, mitten am Tag, das Essen ist auf dem Feuer, nachher kommen die Kinder aus der Schule, und ich hier schreib etwas auf, im Büro, um mit dir zu reden. Oder besinge noch immer dunkel, wie Graß sagt, das Flüßchen Szeszupe. Sag doch, wie leben wir hier? Nimmt man das Vaterland an den Schuhsohlen mit?

Ein eingefahrener Sandweg. Ohne Gräben. Wie breit ist er, kann man das sagen? Er geht über in die Wiese. Oder die Wiese hört auf. Oder geht über in einen Weg. Wie ist das genau? Es gibt keine Grenze. Der Weg ist nicht zu Ende. Und die Wiese fängt nicht an. Das ist nicht ausdrückbar. Und ist der Ort, wo wir leben.

JOHANNES BOBROWSKI

Ein Grund für unsere tiefe innere Heimatlosigkeit ist sicher, daß wir es nicht mehr bei uns selbst aushalten. Wir können nicht mehr allein in unserem Zimmer bleiben. Es muß immer etwas los sein. Es gibt tausend Gründe, hierhin und dorthin zu gehen, den und jenen zu besuchen. Und wenn wir dann doch mal allein im Zimmer sind, dann schalten wir Radio und Fernseher ein, um dem Alleinsein auszuweichen.

Doch wer es nicht bei sich selbst aushält, der kann nirgendwo daheim sein. Er wird zwar krampfhaft nach Heimat suchen, aber überall ruhelos und heimatlos bleiben. Er wird die Menschen überfordern, wenn er von ihnen erwartet, daß sie ihm absolute Geborgenheit und Heimat schenken sollen; denn Heimat kann nur das absolute Geheimnis schenken.

Die Menschen können nur Hinweis sein, aber nie Erfüllung unserer letzten Sehnsucht nach Heimat. Wer sich selbst aushält und spürt, daß mitten im Chaos seiner Gedanken und Gefühle Gott bei ihm ist, der hat Heimat gefunden. Er kann bei sich selbst daheim sein und daher auch bei den Menschen. Wenn wir uns aushalten sollen, ohne daß Gott in uns wäre, kämen wir uns langweilig und leer vor. Aber wenn Gott in uns ist, dann können wir in uns hineinhorchen, ohne daß es langweilig wird. Wir stoßen dann in uns auf das Geheimnis, das jenes Gefühl erzeugt, das wir alle suchen, wenn wir von Heimat sprechen.

ANSELM GRÜN

Heimat ist für mich überall dort, wo ein Mensch ist, zu dem ich kommen kann, ohne gefragt zu werden, weshalb ich da bin, der mir einen Tee anbietet, weil er weiß, daß ich Tee trinke, und wo ich bei dieser Tasse Tee schweigen darf.

REINER KUNZE

15

Feste und Feiern

Die Kunst des Feierns

Saure Wochen, frohe Feste – so kennt man es aus dem Volksmund. Heute ist die schöne Kunst, zu feiern und Festtage zu begehen, fast vergessen. Das ausgiebige Feiern, wo findet es noch statt? Der Glanz rauschender Feste, wo ist er noch zu bewundern? Was hat den großen Festen ihre Ausstrahlung und ihre Faszination genommen? Warum fühlen wir uns nicht mehr heimisch im Rhythmus des Jahres, der die großen Feste bestimmt, in dem die Menschen von Fest zu Fest lebten, so wie wir heute vielleicht von Urlaub zu Urlaub leben? Früher sorgte der Feiertag für den richtigen Rhythmus von Arbeit und Feier, für ersehnte Einschnitte und Pausen im täglichen Leben.

Erst die Abwechslung hat die Feste früher schön gemacht, man hat auf sie zugefiebert, man hat alles daran gesetzt, sie mit Sinn und Herz zu gestalten, man hat viel Zeit in die Vorbereitung investiert. Der Gegensatz zwischen den sauren Wochen und den frohen Festen hat zur Faszination des Feierns beigetragen. Mitten im harten Leben ein schönes Fest zu feiern – darauf kommt es an.

Im christlichen Haus sollte beides seinen Platz finden: die Arbeit, der Alltag, die Woche – und die Ruhe, die Freizeit und der Sonntag. In ihm sollte viel Aufmerksamkeit der Kunst geschenkt werden, die Augenblicke der Unterbrechung zu heiligen, in denen wir das Leben unverfälscht und unverwechselbar erleben. In einem christlichen Haus können die Feste zu besonderen Zeiten werden, in denen wir in einer Art Freiraum leben, in denen uns das Glück ergreifen kann, ja das Leben selbst sich uns wieder öffnet.

Im christlichen Haus sind Fest und Feier vor allem im religiösen Brauchtum, alt überliefertem und neu entdecktem, beheimatet. Im Rhythmus des Kirchenjahres begleiten viele Feste das Leben des Hauses, zum Beispiel Advent, Nikolaus, Krippe, Heilige Drei Könige wie auch die Gedenktage der Heiligen. Hier sind Ansätze und Grundlagen, das religiöse Leben mit dem Gemeinschaftsleben in Familie und Gemeinde zu verknüpfen.

Bewegung
die von Moment
zu Moment hüpft

Lachen
das sich in Gesichtern
spiegelt

Gemeinsamkeit
die sich löst und
zusammenfügt

Musik
die alle Saiten klingen
läßt

Ausgelassenheit
die weite Kreise zieht

Worte
die leicht über die Lippen
kommen

Freude
die bis übermorgen
reichen wird

CHRISTEL BENDER

Es sollte ein Fest werden ...

Irgendwo sollte eine Hochzeit gefeiert werden. Die Brautleute hatten nicht viel Geld, aber dennoch waren sie der Meinung, daß viele Menschen mitfeiern sollten. Geteilte Freude ist doppelte Freude, dachten sie. Es sollte ein großes Fest werden, beschlossen sie, mit vielen Gästen. Denn warum sollte unsere Freude nicht ansteckend sein? fragten sie sich. Es herrscht unter den Menschen ohnehin mehr Leid als Freude.

Also baten sie die Eingeladenen, je eine Flasche Wein mitzubringen. Am Eingang würde ein großes Faß stehen, in das sie ihren Wein gießen könnten; und so sollte jeder die Gabe des anderen trinken und jeder mit jedem froh und ausgelassen sein. Als nun das Fest eröffnet wurde, liefen die Kellner zu dem großen Faß und schöpften mit großen Löffeln daraus.

Doch wie groß war das Erschrecken aller, als sie merkten, daß es Wasser war. Versteinert saßen oder standen sie da, als ihnen allen bewußt wurde, daß eben jeder gedacht hatte: Die eine Flasche Wasser, die ich hineingieße, wird niemand merken oder schmecken. Nun aber wußten sie, daß jeder so gedacht hatte. Und als um Mitternacht das Flötenspiel verstummte, gingen alle schweigend nach Hause, und jeder wußte: Das Fest hat nicht stattgefunden.

CHINESISCHE PARABEL

Feier des Lebens

Mitten in Hunger und Krieg
feiern wir, was verheißen ist: Fülle und Frieden.
Mitten in Drangsal und Tyrannei
feiern wir, was verheißen ist: Hilfe und Freiheit.
Mitten in Zweifel und Verzweiflung
feiern wir, was verheißen ist: Glauben und Hoffnung.
Mitten in Haß und Tod
feiern wir, was verheißen ist: Liebe und Leben.
Mitten in Sünde und Hinfälligkeit
feiern wir, was verheißen ist: Rettung und Neubeginn.
Mitten im Tod, der uns von allen Seiten
umgibt, feiern wir, was verheißen ist: durch den lebendigen Christus.

CONTEMPORARY PRAYERS FOR PUBLIC WORSHIP

17

Haus und Hof

Segen für Haus und Hof

Und nun möge der allmächtige Gott
in seiner Gnade und Liebe alle die segnen,
die uns nahestehen und die uns lieb sind.
Er segne uns am Tage, bei unserer Arbeit,
und nachts, wenn wir schlafen.
Er erhalte uns in seinem Frieden,
durch Jesus Christus, unseren Herrn.

Wo Himmel und Erde sich berühren

Wir können Orte schaffen, von denen der helle Schein der Hoffnung in die Dunkelheit der Erde fällt.

FRIEDRICH BODELSCHWINGH

Es waren einmal zwei Mönche, die lasen miteinander in einem alten Buch, am Ende der Welt gäbe es einen Ort, an dem Himmel und Erde sich berührten und das Reich Gottes begänne. Sie beschlossen, ihn zu suchen und nicht umzukehren, ehe sie ihn gefunden hätten. Sie durchwanderten die Welt, bestanden unzählige Gefahren, erlitten alle Entbehrungen, die eine Wanderung durch die ganze Welt fordert, und alle Versuchungen, die einen Menschen von seinem Ziel abbringen können. Eine Tür sei dort, so hatten sie gelesen. Man brauchte nur anzuklopfen und befände sich im Reiche Gottes. – Schließlich fanden sie, was sie suchten. Sie klopften an die Tür, bebenden Herzens sahen sie, wie sie sich öffnete. Und als sie eintraten, standen sie zu Hause in ihrer Klosterzelle und sahen sich gegenseitig an. Da begriffen sie: Der Ort, an dem das Reich Gottes beginnt, befindet sich auf der Erde, an der Stelle, die Gott uns zugewiesen hat. AUS RUSSLAND

Das Wunder des heimatlichen Hauses besteht nicht darin, daß es uns schützt und wärmt, es besteht auch nicht im Stolz des Besitzes. Seinen Wert erhält es dadurch, daß es in langer Zeit einen Vorrat von Beglückung aufspeichert, daß es tief im Herzen die dunkle Masse sammelt, aus der wie Quellen die Träume entspringen. ANTOINE DE SAINT-EXUPÉRY

Der Friede der Welt
muß in unserem Herzen,
in unserem Hause
den Ursprung nehmen.

REINHOLD SCHNEIDER

Der Traum vom Haus

Kleines stilles Haus,
Lieb geht ein und aus.
Liegt im Garten schön,
Sterne drüber stehn.

In den Mauern gut,
Küch' und Stube ruht.
Birgit im tiefen Dach
Unser Schlafgemach.

Fenster leuchten blank,
Und ein Weingerank
Hüllt es wohlig ein –
Alles dies ist mein.

Blum' an Blume sprießt,
Stiller Brunnen fließt.
Eine Amsel singt
Und ein Tierlein springt.

Kleines stilles Haus,
Lieb geht ein und aus.
Kindlein läuft umher –
Herz, was willst du mehr!

ERICH J. THOMAS

Sonntag und Alltag

Was fangen wir mit dem Sonntag an?

»Das Beste am Sonntag ist, daß man einmal so richtig in den Tag hineinleben kann«, erklärte rundheraus ein junger Mann bei einem Gespräch über das Wesen dieses Tages. Er hat vielen aus dem Herzen gesprochen. Es ist ein so wohliges Gefühl, aufzuwachen und sich sagen zu können: »Heute hast du Zeit, viel Zeit, ein ganzes Kapital an Zeit.« Und nach einem Blick aus dem Fenster (»Wie steht es mit dem Wetter?«) werden Pläne geschmiedet.

Irgendwie geht es uns allen so. Werktags merkt man ja meistens die Zeit nicht, weil sie von anderen beansprucht wird. Aber am Sonntag gehört sie uns. Und was fangen wir damit an? Immerhin: Man kann Kapital verplempern. »Ich weiß gar nicht, wo die Zeit heute geblieben ist!« heißt es dann, weil sie einem unter den Händen weggeronnen ist, wie einem Kind die Perlen davongerollt sind.

Mancher wird Einspruch erheben: »Sie haben gut reden! Was ich alles nachholen muß! Dort auf dem Tisch die Akten aus dem Büro. Und die Wäsche, die heute fertig werden muß, und die Korrespondenz ...« Ganz gewiß, das ist manchmal nötig. Aber es braucht nicht immer so zu sein. Mancher macht sich am Sonntag viel Arbeit, weil er Angst hat vor der Pause, weil er sich scheut, in ein paar stillen Stunden sich selbst zu begegnen. Es sind nicht wenige, die sich dann fürchten vor den Vorwürfen und Forderungen und dem ganzen Wust unaufgeräumter Dinge innerhalb und außerhalb ihres Lebens.

Wie immer wir den Sonntag zubringen mögen, wir sollten einmal das tun, was jedem Geigenspieler selbstverständlich ist: daß er nach dem Spiel den Bogen entspannt. So sollten wir ausspannen und das ganz und gar Ungewohnte tun. Zeit haben für die Familie zum Beispiel, und das heißt doch zumindest: sich etwas einfallen zu lassen, wie dieser Sonntag für alle zu einem kleinen Erlebnis werden kann. Oder einen Besuch bei einem kranken oder pensionierten Kollegen machen. Oder Briefe schreiben – und das ist ja etwas anderes, als Korrespondenz erledigen.

Werden wir dafür am Sonntag Zeit haben? Zeit wird ja

Wenn dein Alltag dir arm erscheint, klage ihn nicht an; klage dich an, daß du nicht stark genug bist, seine Reichtümer zu rufen.

RAINER MARIA RILKE

Wir fühlen uns oft arm an Glück und Freude. Unser Leben scheint uns leer und unbefriedigend, ohne daß wir wissen warum. Nun merkt euch: Die Zeiten der innerlichen Armut sind die Zeiten, wo ihr Gott nicht dankt.

ALBERT SCHWEITZER

nicht nur mit der Uhr, nicht an allerlei reinem Zeitvertreib gemessen, sondern an der Wärme des Herzens. Wer das verstanden hat, sieht sie wieder als Spielraum der Phantasie und Liebe und entdeckt, was einer lange vor uns erkannt hat: »Meine Zeit ruht in deinen Händen, Gott.« Und dabei fällt einem das Bild ein, wie eine Mutter den Teller mit dem Essen für das Kind ins Zimmer trägt. Es ist das Essen des Kindes; es gehört ihm. Aber die Mutter behält es fürsorglich in ihren Händen. So etwa ist das mit der Zeit und Gott und uns. Wird es uns helfen, an einem Sonntag unsere Zeit anders zu gebrauchen als sonst? Als ein Angebot Gottes, das zu neuen Verhaltensweisen und Umgangsformen mit dieser Gabe anregt?

JOHANNES KUHN

Der unscheinbare Bruder

Sechs von sieben Brüdern gingen auf die Arbeit. Der siebte besorgte den Haushalt. Wenn die sechs Brüder müde von der Arbeit nach Hause kamen, fanden sie das Haus geordnet, das Essen bereit und alles in bester Ordnung. Darüber freuten sie sich und lobten den siebten Bruder.

Aber einer der Brüder wollte klüger sein als die anderen. Er nannte den siebten Bruder einen Faulenzer und Tagedieb, der auch mit zur Arbeit gehen und sein Brot verdienen sollte. Dieses böse Wort fand leider bei den anderen Gehör. Sie beschlossen einmütig, daß ihr siebter Bruder nicht länger seines bisherigen Amtes walten sollte. Sie nötigten ihn, auch am frühen Morgen mit auf die Arbeit zu gehen. Und dann machten die sieben Brüder eine überraschende Erfahrung. Als sie müde und abgespannt am Abend von der Arbeit nach Hause kamen:

Kein heller freundlicher Lichtschein winkte ihnen entgegen. Keine fürsorgende Hand hatte das Hauswesen geordnet. Kein Tisch war gedeckt. Kein Bruder stand an der Tür und empfing sie mit einem herzlichen Wort.

Und jetzt erst merkten sie, wie dumm sie gehandelt hatten, als sie ihren siebten Bruder seines stillen Dienstes enthoben hatten. Sie fühlten sich, weil es ihre eigene Schuld war, doppelt elend und verlassen. Dann beschlossen sie, den siebten Bruder wieder in sein Amt einzusetzen. Das verlorene Glück der sieben Brüder kehrte mit seinem heimlichen Segen zu ihnen zurück. Sie lebten miteinander einträchtig und in Frieden.

(Der Sonntag ist unter seinen Werktagsbrüdern der Tag, der den anderen sechs Tagen Licht und Segen bringt.)

Auch der alltäglichste Alltag hält irgend etwas verborgen, und dieses Etwas wartet darauf, daß wir es finden und uns damit den Reichtum auch dieses Tages erschließen. Vielleicht in einer bestimmten Begegnung, die er für uns bereithält, oder in dem fröhlichen Lächeln irgendeines Menschen, der uns über den Weg läuft, oder mit ein paar blühenden Blumen, die uns in die Augen fallen und etwas Glanz hervorzaubern.

JOHANNES KUHN

Freunde und Nachbarn

Wenn ich Freund bin

Wer hat nicht die Notwendigkeit gefühlt,
das Leben mit einem anderen zu teilen?
Wer braucht nicht die Begleitung eines anderen?

Wenn ich Freund bin,
verstehe ich zuzuhören,
teile ich die Freuden der anderen,
trage ich die Traurigkeit meiner Brüder mit.

Wenn ich Freund bin,
suche ich nicht weit von den anderen
verstanden zu werden,
ich stelle mich darauf ein zu trösten,
ohne daß man mich rufen muß.

Wenn ich Freund bin,
versuche ich die anderen anzunehmen,
wie sie sind,
versuche ich zu verstehen,
bemühe ich mich, nicht zu richten,
bin ich besorgt, niemanden zu belästigen.

**Es sind nicht
alle Sprachen zu lernen,
sondern nur die not-
wendigen.
Notwendig aber sind
die Muttersprache
für das gewöhnliche
Leben
und die Nachbarsprachen
für den Umgang
mit den Nachbarn.**

JAN AMOS COMENIUS

Wenn ich Freund bin,
heile ich, indem ich Zuneigung bringe,
interessiere ich mich für den andern,
verschenke ich meine Zeit.

Wenn ich Freund bin,
erfahre ich, wer ich selbst bin,
liebkose ich die Hoffnung,
mich mit einem Freund austauschen zu können,
der mir hilft, wirklich zu leben.

AUS DER FRATERNITÄT VON MEXIKO

Wir brauchen einander

Ich brauche so sehr deine Freundschaft. Ich dürste nach einem Gefährten, der, jenseits der Streitfragen des Verstandes, in mir den Pilger des Feuers sieht. Ich habe das Bedürfnis, manchmal die künftige Wärme vorauszukosten und mich auszuruhen, ein bißchen außerhalb meiner selbst in der Zusammenkunft, die wir haben werden. Ich bin aller Streite, aller Abschließungen, aller Glaubenswut so müde! Zu dir kann ich kommen, ohne eine Uniform anziehen oder einen Koran hersagen zu müssen. Kein Stück meiner inneren Heimat brauche ich preiszugeben. In deiner Nähe habe ich nichts zu beweisen. Ich finde den Frieden. Über meine ungeschickten Worte, über die Urteile hinweg, die mich irreführen können, siehst du in mir einfach den Menschen ... Wenn ich auch anders bin als du, so bin ich doch weit davon entfernt, dich zu beeinträchtigen. Ich steigere dich vielmehr. Du befragst mich, wie man den Reisenden befragt.

Ich weiß dir Dank dafür, daß du mich so hinnimmst, wie ich bin. Was habe ich mit einem Freund zu tun, der mich wertet? Wenn ich einen Hinkenden zu Tisch lade, bitte ich ihn, sich zu setzen, und verlange von ihm nicht, daß er tanze. Mein Freund, ich brauche dich wie eine Höhe, in der man anders atmet.

ANTOINE DE SAINT-EXUPÉRY

**Ein Polstersessel und ein Stuhl standen schon lange nebeneinander. Immer wieder wählten die Menschen den Sessel, und der einfache Holzstuhl ging leer aus, dabei fühlte er sich kernig und gesund und hätte gern etwas getan.
»Wie kommt es eigentlich, daß man dich so bevorzugt?« fragte er eines Tages den Sessel.
»Ich gebe nach«, sagte verbindlich der Sessel und lächelte.**

Sinne und Bräuche

Die Nase

»Erzähl mir die Geschichte vom Mann, der die Nase verlor!«

Mit diesem Wunsch überraschte mich der dreijährige Tobias eines Abends beim Zubettgehen. Du bist recht anspruchsvoll, denke ich. Aber ich gebe mir Mühe, eine »vernünftige« Geschichte zu erfinden. Ein Mann verliert bei einer Expedition in den hohen Norden seine Nase durch Erfrieren. Die ärztliche Kunst bringt es fertig, den Schaden wenigstens nach außen durch eine künstliche Nase und mit Hautverpflanzung zu beheben. Aber die Fähigkeit zu riechen ist fast weg. In der Hilflosigkeit und weil ich Zeit gewinnen will, um über die Fortsetzung der Geschichte nachzudenken, zähle ich alles mögliche auf, was der Mann nicht mehr riechen kann: die Blumen, das Parfüm seiner Frau, den Braten, die Kerze aus Bienenwachs, die Luft im Schnee, das Holz in einer Schreinerei, frisches Brot, einen Bauernhof, die Abgase, frisch gemahlenen Kaffee, einen eben gepflügten Acker usw. usw. Und während ich erzähle, geht mir auf, was für ein großartiges Organ die Nase ist, die ich nicht verloren habe, sondern besitze. Und wir beide, Tobias und ich, staunen über das Kunstwerk *Nase*.   BRUNO DÖRIG

Die großen Taten der Menschen sind nicht die, welche lärmen. Das Große geschieht so schlicht wie das Rieseln des Wassers, das Fließen der Luft, das Wachsen des Getreides.

ADALBERT STIFTER

Leibhaftig werden

Glauben wir mit unserem Leib?

Oder anders ausgedrückt: Ist unser Leib ein ebensolches Bekenntnis zum Schöpfer, wie es unsere Lippen oft formulieren und aussprechen? Der Leib kann Gebet sein, Gottesdienst. Wenn sich unsere verkrampften Hände öffnen, wenn wir die Gesten der Zuneigung, des Trostes und der

Ermunterung wagen, dann kann es sein, daß unser Leib Gebet und Gottesdienst ist. Schon in solch »unnützen« Zeichen wie Hinknien, Segnen mit geweihtem Wasser, Kreuzschlagen über dem frischen Brot offenbart sich der Glaube im Leiblichen. Denn ich glaube nicht nur in meinem Körper, ich glaube mit ihm. Er selbst drückt meinen Glauben aus: im Tanz, in der Umarmung, in der Hand zur Versöhnung, im Knien vor dem Geheimnis, im Falten der Hände.

Leibwerden ist ein immer neuer Vorgang, in den ich verwoben bin, ein Stück neue Geburt. Vielleicht sind wir erst dann imstande, das Geschenk des Schöpfers anzunehmen, wenn wir leibhaft be-griffen haben, wozu wir eigentlich entworfen sind und was uns ergriffen hat, lange bevor wir die Hände ausstreckten und das Gegenüber suchten. Ich rufe dich an, Bruder Leib, und lobe dein Rufen, Klagen, Tanzen, Singen und die Verwandlung meines Menschseins.

Der Sinn des Brauchtums

Im Kirchenjahr geschieht die umfassendste Gestaltung des Brauchtums: Natur-, Arbeits- und Glaubensjahr durchdringen und erhellen sich gleichzeitig in ihm. Brauchtum braucht die Gemeinschaft.

Im Brauchtum geben wir unserem Glauben Gestalt. Religiöses Brauchtum verleiht dem Alltag einen tiefen Sinn. Anläßlich der Feste des Kirchenjahres Brauchtum wieder brauchbar zu machen kann eine Hilfe sein, den Glauben zu erschließen, wie er in einer bestimmten Region, einem bestimmten Dorf Ausdruck gefunden hat.

Religiöses Brauchtum begleitet das kirchliche Jahr. Es wird aber nur dann nachvollziehbar sein, wenn es als brauch-bar erfahren wird zur Sinndeutung des Lebens und der Geheimnisse des Glaubens. Wo dies nicht der Fall ist oder wo herkömmliche Bräuche nicht mehr verstanden werden, muß es zum Experiment mit neuen Gestaltungsformen kommen – sonst besteht die Gefahr, daß das Brauchtum ganz erstarrt und für ein lebendiges religiöses Leben un-brauchbar wird.

Wir sollten in Haus und Gemeinde beides erleben: den Grundbestand eines Festes, seinen ursprünglichen Sinn, seine feststehenden und wiederkehrenden Gepflogenheiten – und die Möglichkeiten, den Anlaß jeweils mit eigenen Einfällen und Ideen zu gestalten, es zu verlebendigen mit Kopf, Herz und Hand.

Wohl denen, die ihren Kinder den Sinn dafür bewahren, daß kleine Dinge sie freuen.

JEREMIAS GOTTHELF

ZWEITER TEIL
Im Jahreskreis und Lebenslauf

Durch das Jahr, durch das Leben

Wie vieles, was einem wertvoll sein mag, hat man nicht selber gemacht, sondern mitbekommen von weit her aus rätselvoller, unabsehbarer Vergangenheit wer weiß wie weit zurück – von Lebensformen, die noch nicht die menschlichen waren. Aus diesen verborgenen Quellen der Herkunft ist allmählich das bewußte Erleben geworden, dem ich die Freuden verdanke, die den einzelnen Tag erhöhen und die dunkleren Seiten des Daseins tragen helfen: die Freude an den Erscheinungen der Natur wie an den Werken der Kunst.

Ich denke an die einfachsten Erlebnisse des Alltags, an den Wechsel des Lichts im Tageslauf, an den Gang des Jahres – an das leuchtende Gelb der ersten Zitronenfalter, wenn die Frühlingssonne die im Herbst vorher schon Geschlüpften aus ihrer Winterstarre zum unsicheren Flug verführt. Ich denke an das kleine Wunder, das uns die Ulmen in der Stadt Jahr für Jahr schenken – wo sie noch nicht der tückischen Krankheit erlegen sind, die sie bedroht –, die Bäume, die früh im Jahr rotbraun blühen und sogleich hellgrün fruchten, noch bevor sie das Laub sprossen lassen. Wie leicht nehmen wir das hin oder beachten es kaum, wenn uns der Wind die Ulmensamen im Frühjahr entgegenweht. Wie viele Meditationen sind doch später aus dem Staunen über diesen unscheinbaren Vorgang entstanden. Er mahnt uns daran, daß eine mächtige Lebensform in aller Stille auf das Spätjahr hin alles bereitmacht, auf das große Werk, das auf den Winter folgt. Welch ein Gleichnis für uns!

ADOLF PORTMANN

Gezeugt und geglüht hat mich der Sommer,
der Frühling geboren und wiedergeboren,
mein Taufstein war die Kelter des Herbstes,
aber der Winter hat mich verzaubert.
Kastanie und Lärche sind meine Bäume
und mein Gestirn heißt Sonnenblume.
Mein Bote und meine Botschaft ist Schnee.

CHRISTINE BUSTA

Die Jahreszeiten

Jede Jahreszeit hat ihre Färbung, ihr Licht, ihre Gerüche, ihre Spiele, ihre Kleider, ihre Speisen, ihre Feste. Wir sprechen vom Schneegeruch, vom Blütenduft, vom Heugeruch, vom Geruch der Kartoffelkrautfelder. Wir sprechen

vom Sommerkleid, vom Wintermantel, vom Erntedankfest, vom Maitanz. Im Sommer schwimmen wir im Freien,
im Winter laufen wir Ski. In der kalten Zeit trinken wir
Glühwein und steifen Grog, essen Kraut und Hülsenfrüchte.

In den Jahreszeiten erkennen wir den weitausholenden
Bogen unseres Lebens. In den Gezeiten der Natur legen wir
unser eigenes Leben aus: Wir begreifen im Frühling unsere
Kindheit und Jugend, im Sommer Höhe, Fülle und Mitte
des Lebens, im Herbst den Ertrag und das schon allmähli-
che Abschiednehmen, im Winter das hohe Alter, in dem
das Leben sich zurücknimmt im Sterben und im Tod.

Jahreszeiten sind Zeiten des Lebens, Gezeiten der Natur
und des Menschen; Zeiten, die uns einladen mitzuleben
und die verschiedenen Variationen des Lebens zu »erleiden«. Die Jahreszeiten laden uns ein, die verändernden
Bewegungen des Lebens an uns geschehen zu lassen: Fülle
und Rückzug aus dem Leben, damit wieder neues und
vielleicht reiferes Leben wird.

JANUAR

Januar

Steckbrief des Monats

Januar ist der römische Namen des ersten Monats im Jahr. Der Name kommt von Janus, dem Schutzgott der Türen und Tore, der zwei Gesichter hat, um zu sehen, was drinnen und draußen geschieht. Janus galt in Rom auch als Gott des Anfangs: Das alte Gesicht blickt in die Vergangenheit, das junge Gesicht schaut in die Zukunft.

In Österreich heißt der Januar Jänner.

Andere Namen: Schneemonat, Großer Wintermonat, Eismonat, Eismond, Schneemond, Wolfsmond (Paarungszeit der Wölfe), Tür des Jahres. Karl der Große nannte den Januar Hartung, weil er der kälteste und härteste unter den zwölf Monaten ist.

Beginn des Hochwinters

Feste des Monats

1. Januar:
Neujahr/Namensgebung des Herrn
Hochfest der Gottesmutter Maria (in der katholischen Kirche)

6. Januar:
Epiphanie
Fest der Erscheinung des Herrn
Heilige Drei Könige

1.–3. Häufiger Kälteeinbruch mit Frost und Schnee.

5.–15. Trübes, mildes Regenwetter, wenige leichte Nachtfröste.

15.–26. Überwiegend trockenes Frostwetter. Bei Schneedecken besonders scharfe Kälte, oft tiefste Temperaturen des Jahres.

27.–31. Einströmen milder Meeresluft, regnerisches Tauwetter, gelegentlich scharfer Frost.

Januar muß vor Kälte knacken, wenn die Ernte soll gut sacken.

Ist der Januar hell und weiß, wird der Sommer sicher heiß.

Wenn Gras wächst im Januar, wächst es schlecht das ganze Jahr.

Januar klar, bringt ein gutes Jahr.

Je frostiger der Januar, je friedlicher das ganze Jahr.

Der Januar muß krachen, soll der Frühling lachen.

Gibt's im Januar viel Regen, bringt's den Früchten keinen Segen.

Ist der Januar warm und naß, bleibt leer Scheun' und Faß.

Auf trockenen, kalten Januar folgt viel Schnee im Februar.

Zum Januar

Es wächst viel Brot in der Winternacht,
Weil unter dem Schnee frisch grünet die Saat;
Erst wenn im Lenze die Sonne lacht,
Spürst du, was Gutes der Winter hat.

Und deucht die Welt dir öd und leer,
Und sind die Tage dir rauh und schwer,
Sei still und habe des Wandels acht:
Es wächst viel Brot in der Winternacht.

FRIEDRICH WILHELM WEBER

Schneeflöckchen, Weißröckchen

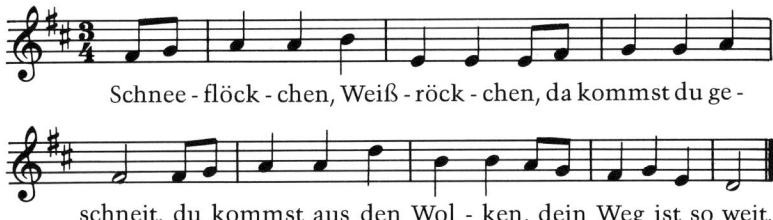

Schnee - flöck - chen, Weiß - röck - chen, da kommst du ge -

schneit, du kommst aus den Wol - ken, dein Weg ist so weit.

Komm, setz dich ans Fenster,
du lieblicher Stern,
malst Blumen und Blätter,
wir haben dich gern.

Schneeflöckchen, du deckst uns
die Blümelein zu,
dann schlafen sie sicher
in himmlischer Ruh'.

Schneeflöckchen, Weißröckchen,
komm zu uns ins Tal,
dann baun wir den Schneemann
und werfen den Ball.

VOLKSWEISE

Thema des Monats: Glauben

Glauben ist ein Tätigkeitswort. Es geschieht etwas, wenn man glaubt. Wer glaubt, der sieht alles in einem andern Licht. Er sieht tiefer. Bei Jesus in die Lehre gehen lohnt. Niemand sah tiefer in das Geheimnis der Wirklichkeit als er. Dieser Jesus von Nazareth verstand das Leben als Gottesgeschehen. Nichts ist für mich allein, nichts ist für sich allein! Alles wird von Gott zusammengehalten und heil gemacht. Jesus hat sich darauf verlassen. Alles gehört zusammen, alles ist noch im Werden und nichts ist verloren. Er sieht die Menschen mit einem Heiligenschein künftiger Möglichkeiten. Er sieht die Kranken zum Heilwerden bestimmt. Er sieht die Reichen zum Abgeben befähigt. Er sieht die Ungeliebten auf dem Weg zur Liebe. Und die Gewaltsamen, die manchmal so brutal ihre Sache durchziehen, die sieht er als Schüler des Friedens, die noch viele Nachhilfestunden brauchen. Und die Schuldigen sieht er der Vergebung bedürftig. Und die Toten, die sieht er als Heimgekehrte zu Gott. Diesem Jesus nachglauben und seine Lebensmelodie nachspielen heißt nicht so sehr, gut von den Menschen, sondern gut für sie zu denken. Sie sind keine Nobodies und Nichtse. Jeder ist berufen, daß Gott in ihm ein Stück seiner Liebe hervorbringe.

Glaube an Gott, das ist nicht Fürwahrhalten eines höheren Wesens irgendwo im Jenseits, so wie man, obwohl man noch nie da war, Eis am Nordpol für vorhanden hält. An Gott glauben meint, ich vertraue, daß ich in Gott bin, in Gott geborgen. Das Geheimnis der Welt hat mich lieb und braucht mich. Ich bin Teil von diesem Geheimnis der Welt, bin eine Faser am Lebenstau, ein Zweig an Gottes Baum. Das ist besiegelt in der Taufe und bestätigt in der Konfirmation, und alle Gaben, die ich habe, alle Begabungen sind mir von diesem Geheimnis der Welt gegeben. Und alle Probleme sind mir von ihm aufgegeben. Glaube schafft, ja ist ein Lebensgefühl. Alle Mühen und alle Freuden erlebe ich als Aufgaben und Glückseligkeiten. Nicht anonyme Mächte behandeln mich, sondern die Hand Gottes, die nach mir greift, nährt und drückt mich, zwingt und streichelt. Aber immer bleibe ich sein.

TRAUGOTT GIESEN

Ich glaube an die Sonne, auch wenn sie nicht scheint.
Ich glaube an die Liebe, auch wenn ich sie nicht spüre.
Ich glaube an Gott, auch wenn ich ihn nicht sehe.

AUF EINER MAUER IM WARSCHAUER GHETTO

Ich werde mich einfach
neben Sie setzen
und Ihnen mein
Geheimnis anvertrauen:
daß
ich, ein Priester, Gott
glaube wie ein Kind.

JAN TWARDOWSKI

Mein Glaube ist die
einzige Quelle
meines beständigen
Frohsinns
und meines zufriedenen
Gemüts.
Er gibt mir, daß ich mich
von der Angst nicht
anstecken lasse.

CATHARINA ELISABETH
GOETHE

Glauben ist mehr als
Wissen
und glauben können
das höchste Glück.

MARIE VON
EBNER-ESCHENBACH

Ich glaube,
daß Gott aus allem, auch aus dem Bösesten, Gutes entstehen lassen kann und will. Dafür braucht er Menschen, die sich alle Dinge zum Besten dienen lassen.

Ich glaube,
daß Gott uns in jeder Notlage soviel Widerstandskraft geben will, wie wir brauchen. Aber er gibt sie nicht im voraus, damit wir uns nicht auf uns selbst, sondern allein auf ihn verlassen. In solchem Glauben müßte alle Angst vor der Zukunft überwunden sein.

Ich glaube,
daß auch unsere Fehler und Irrtümer nicht vergeblich sind, und daß es Gott nicht schwerer ist, mit ihnen fertig zu werden, als mit unseren vermeintlichen Guttaten.

Ich glaube,
daß Gott kein zeitloses Fatum ist, sondern daß er auf aufrichtige Gebete und verantwortliche Taten wartet und antwortet.

DIETRICH BONHOEFFER

Kalender

1
2
3
4
5
6
7
8
9
10
11
12
13
14
15
16
17
18
19
20
21
22
23
24
25
26
27
28
29
30
31

Gedenk- und Namenstage im Januar

1	Wilhelm
2	Basilius, Gregor, Dietmar · *Wilhelm Löhe († 1872)*
3	Genovefa, Odilo, Irmina · *Barmer Bekenntnissynode (1934)*
4	Angela, Roger · *Friedrich von Bodelschwingh († 1946)*
5	Emilie · *Johannes Heß († 1547)*
6	Kaspar, Melchior, Balthasar · *Hanns Lilje († 1977)*
7	Valentin, Reinold, Raimund, Sigrid · *Jakob Andreae († 1590)*
8	Severin, Erhard, Gudula · *Emma Ihrer († 1911)*
9	Julian, Alice, Eberhard · *Matthäus Zell († 1548)*
10	Gregor, Wilhelm
11	Paulin · *Ernst der Bekenner († 1546)*
12	Tatiana · *Lima-Erklärung des Ök. Rates (1982)*
13	Gottfried, Hilarius, Jutta · *Christian Keimann († 1662)*
14	Reiner, Berno · *George Fox († 1691)*
15	Maurus · *Traugott Hahn († 1919)*
16	Tillo, Theobald, Marzellus · *Georges Casalis († 1987)*
17	Antonius, Beatrix · *Johann August Neander (*1789)*
18	Priska, Odilo · *Ludwig Steil († 1945)*
19	Marius, Heinrich · *Johann Michael Hahn († 1819)*
20	Fabian, Sebastian · *Chr. Martin Wieland († 1813)*
21	Agnes, Meinrad, Patroklus · *Matthias Claudius († 1815)*
22	Vinzenz, Dietlind · *Veit Stoß († 1533)*
23	Heinrich, Hartmut, Ildefons · *Menno Simons († 1559)*
24	Franz, Vera, Xenia · *Erich Sack († 1943)*
25	Wolfram · *Lucas Cranach d. J. († 1586)*
26	Timotheus, Titus, Paula · *Johann M. Meyfart († 1642)*
27	Angela, Julian · *Johannes Burckhardt († 1914)*
28	Thomas, Manfred · *Friedrich Wilhelm Krummacher (*1796)*
29	Valerius · *Theophil Wurm († 1953)*
30	Adelgund, Martina, Diethild · *Friede zu Münster (1648)*
31	Johannes, Eusebius · *Charles H. Spurgeon († 1892)*

1. Januar: Neujahr

Von guten Mächten treu und still umgeben,
behütet und getröstet wunderbar,
so will ich diese Tage mit euch leben
und mit euch gehen in ein neues Jahr.

Noch will das alte unsre Herzen quälen,
noch drückt uns böser Tage schwere Last,
ach, Herr, gib unsern aufgescheuchten Seelen
das Heil, für das du uns bereitet hast.

Und reichst du uns den schweren Kelch, den bittern
des Leids, gefüllt bis an den höchsten Rand,
so nehmen wir ihn dankbar ohne Zittern
aus deiner guten und geliebten Hand.

Doch willst du uns noch einmal Freude schenken
an dieser Welt und ihrer Sonne Glanz,
dann wolln wir des Vergangenen gedenken,
und dann gehört dir unser Leben ganz.

Laß warm und still die Kerzen heute flammen,
die du in unsre Dunkelheit gebracht,
führ, wenn es sein kann, wieder uns zusammen.
Wir wissen es, dein Licht scheint in der Nacht.

Wenn sich die Stille nun tief um uns breitet,
so laß uns hören jenen vollen Klang
der Welt, die unsichtbar sich um uns weitet,
all deiner Kinder hohen Lobgesang.

Von guten Mächten wunderbar geborgen,
erwarten wir getrost, was kommen mag.
Gott ist mit uns am Abend und am Morgen
und ganz gewiß an jedem neuen Tag.

DIETRICH BONHOEFFER

Neujahrsgesang

Nun laßt uns gehn und
     treten
mit Singen und mit Beten
zum Herrn, der unserm
     Leben
bis hierher Kraft gegeben.

Wir gehn dahin und
     wandern
von einem Jahr zum
     andern,
wir leben und gedeihen
vom alten bis zum neuen.

PAUL GERHARDT

Guten Abend in diesem Haus

Und ihr Väter in diesem Haus! Ei, so wünschen wir ...

Und ihr Mütter in diesem Haus! Ei, so wünschen wir ...

VOLKSWEISE

Neujahrslied

Mit der Freude zieht der
    Schmerz
Traulich durch die Zeiten.
Schwere Stürme, milde
    Weste,
Bange Sorgen, frohe Feste
Wandeln sich zur Seiten.

Und wo eine Träne fällt,
Blüht auch eine Rose,
Schon gemischt, noch eh'
    wir's bitten,
Ist für Throne und für
    Hütten
Schmerz und Lust im
    Lose.

War's nicht so im alten
    Jahr?
Wird's im neuen enden?
Sonnen wallen auf
    und nieder,
Wolken gehn und
    kommen wieder,
Und kein Wunsch wird's
    wenden.

Gebe denn, der über uns
Wägt mit rechter Waage,
Jedem Sinn für seine
    Freuden,
Jedem Mut für seine
    Leiden
In die neuen Tage.

Jedem auf des Lebens
    Pfad
Einen Freund zur Seite,
Ein zufriedenes Gemüte
Und zu stiller Herzensgüte
Hoffnung ins Geleite.

JOHANN PETER HEBEL

39

Zum Abschluß des Neujahrsgottesdienstes

Unser Gottesdienst zu Beginn des neuen Jahres ist nun zu Ende. Das heißt: eigentlich beginnt er erst jetzt, in unserem Alltag, in Familie, Schule, Betrieb, bei Freunden und Fremden – das ganze Jahr.

Und doch nehmen wir jetzt Abschied, gehen auseinander, öffnen die Tür dieses Gotteshauses, um hinauszutreten in eine neue Welt, in ein neues Jahr, in eine neue Freiheit, die uns hier aufgeschienen ist und die verwirklicht werden will.

Gehört es nicht gleichsam zum christlichen Wohnen, daß die Türen nicht verschlossen sind, sondern nur angelehnt? Zum Christsein gehört der Wille, lieber sich berauben zu lassen, als die einladende Tür zu schließen. Schicksale, Ängste, Sorgen, Zweifel anderer eintreten zu lassen wie Gäste, soweit die eigene Kraft reicht. Das Leben wird schwerer dabei. Und es wird wesentlicher.

Für Jesus bedeutete Abschied auch Sendung: »Geht nun zu allen Völkern der Welt und macht die Menschen zu meinen Brüdern und Schwestern.« Senden aber hat etwas mit Empfangen zu tun, Türen öffnen mit Eintretenlassen.

Sendung, was heißt das anderes, als sich die Schlüssel zu reichen, sich in der Hoffnung von Gott stärken zu lassen. Wir werden diese Schlüssel brauchen zu den Toren des »neuen Jahres«, der »neuen Stadt«, des Reiches Gottes, das unter uns schon angebrochen ist. Wir brauchen sie jetzt, unterwegs, als Zeichen, daß wir uns aufschließen, die verschlossenen Hände auftun wollen, um dieses Reich einzulassen in die friedlose Welt. Wir brauchen sie füreinander und für alle jene, denen wir begegnen.

Das Jahr erscheint mit seinen Zeiten
Wie eine Pracht, wo Feste sich verbreiten,
Der Menschen Tätigkeit beginnt mit neuem Ziele,
So sind die Zeichen in der Welt, der Wunder viele.

FRIEDRICH HÖLDERLIN

Ich sagte zu dem Engel,
der an der Pforte des neuen Jahres stand:
Gib mir ein Licht,
damit ich sicheren Fußes der Ungewißheit
entgegengehen kann.

Aber er antwortete:
Gehe nur hin in die Dunkelheit
und lege deine Hand in die Hand Gottes.
Das ist besser als ein Licht
und sicherer als ein bekannter Weg.

EIN CHINESISCHER CHRIST

6. Januar:
Heilige Drei Könige

Epiphanie (Erscheinung des Herrn) ist das zweite Hochfest der weihnachtlichen Zeit, gleichzeitig das Fest der Heiligen Drei Könige oder Weisen aus dem Morgenland, von deren Reise hinter dem Stern das Evangelium dieses Tages erzählt. Kaspar, Melchior und Balthasar sind wegen ihrer weiten Reise auch die Schutzpatrone der Reisenden. Viele Wirtshäuser tragen noch heute Namen, die an sie erinnern (Zur Krone, Zum Stern, Drei Könige usw.).

Das Sternsingen ist an diesem Tag ein weitverbreiteter Brauch. Es entstand aus den Dreikönigsspielen in vielen Kirchen und Klöstern und stammt aus dem Mittelalter. Heute ziehen meist Kinder (in der katholischen Kirche Meßdiener), als Könige verkleidet, durch die Gemeinde und singen in den Häusern ein Lied. Sie tragen einen großen Stern mit sich und malen mit Kreide an den Türbalken C + M + B und die Jahreszahl (was nicht, wie oft behauptet, die Anfangsbuchstaben der Namen bedeutet, sondern *C*hristus *M*ansionem *B*enedicat: Christus segne dieses Haus).

Woher die Heiligen Drei Könige kommen

Die Geschichte der sterblichen Überreste der Weisen beginnt im frühen 4. Jahrhundert im Byzantinischen Reich. Damals widmete die Mutter Konstantins des Großen, die heilige Helena, eine bekehrte und sehr eifrige Christin, einen großen Teil ihrer späten Lebensjahre der Suche nach heiligen Reliquien.

Der Überlieferung zufolge soll sie die Leiber der drei Weisen in drei verschiedenen Ländern des Orients aufgefunden haben. Sie ließ sie ausgraben und nach Konstantinopel bringen, wo sie drei Jahrhunderte blieben. Danach wurden sie in die Kirche San Eustorgio in Mailand überführt, wo sie weitere fünfhundert Jahre ruhten.

Die Skelette, die Helena gefunden hatte, waren zunächst unter dem Namen »Magier« oder »Weise« bekannt. Als Magier bezeichnete man altpersische Priester, die in der

Sternsingerlied

Wir kommen daher aus
  dem Morgenland,
wir kommen geführt von
  Gottes Hand.
Wir wünschen euch ein
  fröhliches Jahr:
Kaspar, Melchior und
  Balthasar.

Es führt uns der Stern zur
  Krippe hin,
wir grüßen dich Jesus mit
  frommem Sinn.
Wir bringen dir unsere
  Gaben dar:
Weihrauch, Myrrhe und
  Gold fürwahr.

Wir bitten dich: Segne nun
  dieses Haus
und alle, die gehen da ein
  und aus!
Verleihe ihnen zu dieser
  Zeit
Frohsinn, Frieden und
  Einigkeit.

MARIA FERSCHL

41

Astrologie und in den Wissenschaften, besonders aber in religiösen Dingen bewandert waren. Da die drei von einem Stern geleitet aus dem Osten kamen, hielt man sie gemeinhin für solche Magier.

In den ersten frühchristlichen Kunstwerken, die das Weisenthema aufgriffen, schwankt ihre Zahl noch zwischen zwei und zwölf. Im 5. Jahrhundert allerdings argumentierte Papst Leo der Große, für den gesunden Menschenverstand seien bei drei Gaben auch drei Überbringer wahrscheinlich. Danach blieb man bei der Zahl drei.

Der englische Benediktiner Beda soll im frühen 8. Jahrhundert die drei Namen Melchior, Kaspar und Balthasar ins Spiel gebracht haben. Als Gaben präsentierte Melchior Gold für den König, Kaspar Weihrauch für den Gott und Balthasar Myrrhe für den Menschen. Da Beda Balthasar als dunkelhäutig beschrieb, zogen Künstler den etwas voreiligen Schluß, daß zumindest einer der drei Könige ein Mohr gewesen sein muß. Ein Maure also, wenn nicht gar ein Schwarzer.

Und der Stern? Dieses strittige Problem wurde erst im 17. Jahrhundert wissenschaftlich durchleuchtet. Der Astronom Johannes Kepler rechnete damals über 1600 Jahre zurück und ermittelte für die Zeit der Wintersonnenwende, also um den 22. Dezember, eine seltene, strahlende Konjunktion von Jupiter und Saturn. Allerdings trafen diese auf das Jahr sieben *vor* Christus zu. Neuere Berechnungen lassen vermuten, daß der Stern von Bethlehem mit dem seinerzeit ebenfalls erschienenen Halleyschen Kometen identisch war.

Folgen wir dem Stern!

Laßt auch uns auf die abenteuerliche Reise des Herzens zu Gott gehen! Laßt uns vergessen, was hinter uns liegt! Es ist noch alles Zukunft. Es sind noch alle Möglichkeiten des Lebens offen, weil wir noch Gott finden, noch mehr finden können. Nichts ist vorbei und dem verloren, der Gott entgegenläuft, dem Gott, der die ewige Jugend ist.

KARL RAHNER

Die Könige

Drei Könige wandern aus Morgenland,
Ein Sternlein führt sie zum Jordanstrand,
In Juda fragen und forschen die drei,
Wo der neugeborene König sei.
Sie wollen Weihrauch, Myrrhen und Gold
Zum Opfer weihen dem Kindlein hold.

Und hell erglänzt des Sternes Schein,
Zum Stalle gehen die Könige ein,
Das Knäblein schauen sie wonniglich,
Anbetend neigen die Könige sich,
Sie bringen Weihrauch, Myrrhen und Gold
Zum Opfer dar dem Knäblein hold.

O Menschenkind, halte treulich Schritt,
Die Kön'ge wandern, o wand're mit!
Der Stern des Friedens, der Gnade Stern
Erhelle dein Ziel, wenn du suchest den Herrn;
Und fehlen dir Weihrauch, Myrrhen und Gold,
Schenke dein Herz dem Knäblein hold!

PETER CORNELIUS

Haussegen zum Dreikönigsfest

Erfüll mit deinen Gaben,
Herr Jesu, dieses Haus!
Tod, Krankheit,
   Seelenschaden,
Brand, Unglück treib
   hinaus!

Laß hier den Frieden
   grünen,
verbanne Zank und Streit,
daß wir dir fröhlich
   dienen
jetzt und in Ewigkeit!

VOLKSGUT

's ist für uns eine Zeit angekommen

's ist für uns eine Zeit angekommen, es ist für uns eine große Gnad'! Unser Heiland Jesu Christ, der für uns, der für uns, der für uns Mensch geworden ist.

Drei König' kam'n, ihn zu
   besuchen,
der Stern führt sie nach
   Bethlehem.

Kron' und Zepter legten
   sie ab,
brachten ihm, brachten ihm,
brachten ihm ihre reiche Gab'.

SCHWEIZER STERNDREHERLIED

43

Ein Sonntag im Januar:

Die vier archimedischen Punkte

Man soll das Jahr nicht
  mit Programmen
beladen wie ein krankes
  Pferd.
Wenn man es allzusehr
  beschwert,
bricht es zu guter Letzt
  zusammen.

Je üppiger die Pläne
  blühen,
um so verzwickter wird
  die Tat.
Man nimmt sich vor,
  sich schrecklich zu
  bemühen.
und schließlich hat man
  den Salat.

Es nützt nicht viel,
  sich rotzuschämen.
Es nützt nichts, und es
  schadet bloß,
sich tausend Dinge
  vorzunehmen.
Laßt das Programm, und
  bessert euch drauflos!

ERICH KÄSTNER

Archimedes suchte, für die physikalische Welt, den einen festen Punkt, von dem aus er sich's zutraute, sie aus den Angeln zu heben. Die soziale, moralische und politische Welt, die Welt der Menschen nicht aus den Angeln, sondern in die rechten Angeln hineinzuheben, dafür gibt es in jedem von uns mehr als einen archimedischen Punkt. Vier dieser Punkte möchte ich aufzählen.

Punkt 1: Jeder Mensch höre auf sein Gewissen! Das ist möglich. Denn er besitzt eines. Diese Uhr kann man weder aus Versehen verlieren noch mutwillig zertrampeln. Diese Uhr mag leiser oder lauter ticken – sie geht stets richtig. Nur wir gehen manchmal verkehrt.

Punkt 2: Jeder Mensch suche sich Vorbilder! Denn es existieren welche. Und es ist unwichtig, ob es sich dabei um einen großen toten Dichter, um Mahatma Gandhi oder um Onkel Fritz aus Braunschweig handelt, wenn es nur ein Mensch ist, der im gegebenen Augenblick ohne Wimperzucken das gesagt und getan hätte, wovor wir zögern. Das Vorbild ist ein Kompaß, der sich nicht irrt und uns Weg und Ziel weist.

Punkt 3: Jeder Mensch gedenke immer seiner Kindheit! Das ist möglich. Denn er hat ein Gedächtnis. Die Kindheit ist das stille, reine Licht, das aus der eigenen Vergangenheit tröstlich in die Gegenwart und Zukunft hinüberflutet. Sich der Kindheit wahrhaft erinnern, das heißt: plötzlich und ohne langes Überlegen wieder wissen, was echt und falsch, was gut und böse ist. Die meisten vergessen ihre Kindheit wie einen Schirm und lassen sie irgendwo in der Vergangenheit stehen. Und doch können nicht vierzig, nicht fünfzig spätere Jahre des Lernens und Erfahrens den seelischen Feingehalt des ersten Jahrzehnts aufwiegen. Die Kindheit ist unser Leuchtturm.

Punkt 4: Jeder Mensch erwerbe sich Humor! Das ist nicht unmöglich. Denn immer und überall ist es einigen gelungen. Der Humor rückt den Augenblick an die richtige Stelle. Er lehrt uns die wahre Größenordnung und die gültige Perspektive. Er macht die Erde zu einem kleinen Stern, die Weltgeschichte zu einem Atemzug und uns selber bescheiden. Das ist viel. Bevor man das Erb- und Erzübel, die Eitelkeit, nicht totgelacht hat, kann man nicht beginnen, das zu werden, was man ist: ein Mensch.

ERICH KÄSTNER

Bräuche zu Neujahr

Das neue Jahr ist Anlaß, es in Gesellschaft zu begrüßen, mit vielen Hoffnungen, großen Erwartungen und guten Vorsätzen. Für die kommende Zeit wünscht man sich Glück und Segen. Oft wird der Jahresanfang mit einem Choral vom Kirchturm (im ersten Augenblick des neuen Jahres von Posaunen intoniert) eingeleitet, mit Glockengeläut und Schiffssirenen.

In vielen Gemeinden ist das Neujahrssingen Brauch: Ein Vorsänger zieht mit einem Chor durch das Dorf, macht auf Höfen halt und singt dort den Neujahrswunsch, worauf die Sänger von den Hausleuten beschenkt werden. Das Sich-Beschenken spielt ohnehin zu Neujahr eine große Rolle, so daß es in einigen Gemeinden Sitte war, daß Gastwirte ihre Gäste in der Neujahrsnacht umsonst bewirteten: Man stellte vor den Häusern Tische mit Gebäck und Getränken auf, von denen sich jeder bedienen konnte, der vorüberkam. In Skandinavien spielt das Neujahrsfrühstück mit Freunden, Nachbarn und Verwandten eine große Rolle, zu dem der Tisch festlich gedeckt wird mit einem üppigen Frühstück am späten Vormittag.

Viele kennen als Neujahrssymbol das Glücksschwein, das an den wilden Eber, das heilige Tier der germanischen Götter, erinnert, oder das vierblättrige Kleeblatt, welches glücksverheißend ist. Auch Neujahrsbesuche und Neujahrsgebäck (Brezeln, Backwaren, herzförmige Kuchen) sind vielerorts üblich. Zum neuen Jahr verschenkt man geschriebene Neujahrswünsche oder Kalender.

Der du die Zeit in Händen hast,
Herr, nimm auch unsrer Jahre Last
und wandle sie in Segen!
Nun von dir selbst in Jesus Christ
die Mitte fest gewiesen ist,
führ uns dem Ziel entgegen!

Da alles, was der Mensch beginnt,
vor seinen Augen noch zerrinnt,
sei du selbst der Vollender!
Die Jahre, die du uns geschenkt,
wenn deine Güte uns nicht lenkt,
veralten wie Gewänder.

Wer ist hier, der vor dir besteht?
Der Mensch, sein Tag, sein Werk vergeht:
Nur du allein wirst bleiben.
Nur Gottes Jahr währt für und für,
drum kehre jeden Tag zu dir,
weil wir im Winde treiben!

Und diese Gaben, Herr, allein
laß Wert und Maß der Tage sein,
die wir in Schuld verbringen!
Nach ihnen sei die Zeit gezählt;
was wir versäumt, was wir gefehlt,
darf nicht mehr vor dich dringen.

Der du allein der Ew'ge heißt
und Anfang, Ziel und Mitte weißt
im Fluge unsrer Zeiten:
Bleib du uns gnädig zugewandt
und führe uns an deiner Hand
damit wir sicher schreiten!

JOCHEN KLEPPER

45

MAN SIEHT OFT
ETWAS
HUNDERTMAL,
TAUSENDMAL,
EHE MAN ES ZUM
ALLLERERSTENMAL
WIRKLICH SIEHT.

CHRISTIAN
MORGENSTERN

Stationen des Lebens:
Alleinsein und Stille

**Der kleine Grashalm
blickte mich verwundert
an, als ich mich neben ihn
setzte.**

**»Was willst du?«
fragte er mich.**

**»Ich will dich wachsen
hören«,
sagte ich verlegen.**

**»Ich wachse sehr leise«,
flüsterte er mir zu.**

**Er wußte nicht, daß ich die
Stille liebe.**

OTMAR SCHNURR

Um Mitternacht begann es zu schneien. Es ist wahr, am besten sitzt man in der Küche, selbst wenn es die Küche der Schlaflosigkeit wäre. Dort ist es warm, du kochst dir was, trinkst Wein und schaust durchs Fenster in die vertraute Ewigkeit. Wozu dich quälen, ob Geburt und Tod nur Punkte sind, da doch das Leben keine Gerade ist? Wozu dich grämen mit einem Blick in den Kalender und sorgen, wie viel auf dem Spiel steht? Wozu gestehen, du hättest kein Geld, um Saskia Schuhe zu kaufen? Und wozu solltest du prahlen, du littest mehr als die anderen? Selbst wenn es auf Erden keine Stille gäbe, dies Schneien hat sie schon erträumt. Du bist allein. So wenig Gesten als möglich. Nichts zur Schau.

VLADIMIR HOLAN

Suche dir oft eine passende Zeit aus, in der du mit dir ganz allein bist. Und wenn du dich dir dann gänzlich widmen kannst, so überdenk häufig die ungezählten kleinen und großen Freundlichkeiten, die du von Gott empfangen hast. Entzieh dich all dem, was nur deine Neugier reizt.

Lies und lies wieder in solchen Büchern, die, anstatt deine Gedanken nach allen vier Winden zu zerstreuen, dein Herz zur Sammlung und Einkehr bringen.

Wenn du dich vom unnötigen Geschwätz, vom müßigen Umherlaufen, von dem geistlosen Jagen nach Neuigkeiten und Gerüchten fernhältst, wirst du Zeit und Gelegenheit finden, heilsame Stille zu üben und Kräfte zu sammeln, von denen hernach deine ganze Umgebung zehrt.

Die heiligen Menschen sind, sooft sie vermochten, dem lärmenden Verkehr mit anderen aus dem Weg gegangen. Sie suchten vielmehr die Ruhe, um mit Gott zu sprechen und Gott zu sich sprechen zu lassen.

THOMAS VON KEMPEN

Glück ist nichts Äußeres, sondern ein leises Singen der Seele.

ZENTA MAURINA

Ich bin gern allein

Ich bin nicht gern ohne meinen Mann, ich vermisse ihn nach fünfzehn Jahren wie am ersten Tag. Allein zu leben, gefällt mir, ich gehe gern in meiner Wohnung umher, ich sehe auf den Hof oder hinüber zu den Pappeln, ich berausche mich an der Stille, ich drehe an dem Knopf, der mein Radio laut werden läßt, ich höre sogar die Reklamesendungen, ich höre sie, ich höre nicht zu. Ich brauche keine Ansprache, aber Stimmen, ich lasse die fremden Stimmen meine Wohnung erfüllen, ich kann besser arbeiten, es ist weniger kalt. Weil ich viele Freunde habe, halten mich die Menschen für eine gesellige Natur, in Wirklichkeit bin ich eine Eremitin, ich bin gern in Gesellschaft und verlasse am Ende jede Gesellschaft gern. Vom Telefon mache ich wenig Gebrauch, der Gedanke, es nicht zu haben, ist entsetzlich, ohne Verbindung, ohne guten Abend, gute Nacht. Ich bin gern allein im Freien, ins Theater zu gehen ohne Begleitung macht mich traurig, allein einen Film anzusehen ist der Gipfel der Melancholie. Ich lasse mir von den Fernsehansagern gute Nacht sagen, ich bin froh, sie vom Bildschirm verschwinden zu sehen, wenn Sendeschluß ist, wenn es dunkel wird, ich bin gern im Dunkeln allein. Ich bin gern im dunklen Zimmer, das bißchen Licht von der Straßenbeleuchtung genügt mir, und die Zigarette, das Fünkchen Leben.

MARIE LUISE KASCHNITZ

FEBRUAR

Februar

Steckbrief des Monats

Der Februar hat seinen Namen nach dem römischen Februarius, dem Reinigungsmonat; die Bedeutung des Namens kommt von *februare* = reinigen. Im Februar reinigen sich Natur und Mensch von den Härten und Unbilden des Winters und bereiten sich langsam auf den Frühling vor.

Andere Namen: Taumond, Schmelzmond, Narrenmond, Hornung (Schmutzmonat).

Fortdauer des Hochwinters

Feste des Monats

2. Februar:
Darstellung des Herrn im Tempel
Mariä Lichtmeß
(in der katholischen Kirche)

14. Februar:
Valentinstag

Aschermittwoch

1. – 5. Mildes, regnerisches Tauwetter,
wenige schwache Fröste.
6. – 12. Überwiegend trockenes Frostwetter,
und   in strengen Wintern ohne ausgeprägte milde
19. – 24. Zwischenzeiten, mitunter erst jetzt bei
anhaltender Schneedecke tiefste Temperaturen
des Jahres.

Februar warm – Frühling kalt.
Ein nasser Februar bringt ein fruchtbar Jahr.
Läßt der Februar Wasser fallen, so läßt's der März
gefrieren.
Februartau bringt Nachtfrost im Mai.
Ist der Februar trocken und kalt, kommt im Frühjahr Hitze
bald.
(2.) Wenn's zu Lichtmeß stürmt und tobt,
der Bauer sich das Wetter lobt.
(3.) Blasius macht mit dem Winter Schluß.
(22.) Ist Sankt Peter kalt,
hat der Winter noch lange Halt.
(24.) Nach Mattheis geht kein Fuchs mehr übers Eis.

Zum Februar

Graue Erde, haselnuß-umbuscht,
Wenn es Gold auf Wassergräben stäubt,
Schwarze Drossel aus dem Schlehdorn huscht,
Lautlos und vom Windstoß wie betäubt.

Wenn die Hungerblume aus dem Stein,
Aus dem Dunkel sich zum Lichte zieht,
Dringt der Taugeruch der Wiesen ein
In den Tag, der elsternfarben flieht.

Den der Frost der Nächte noch erschreckt,
Unablässig wachsend und durchzankt
Von den Sperlingsvölkern, die versteckt
Hausen, wo das Gelb der Weiden schwankt.

KARL KROLOW

Winter ade!

Win-ter a - de! Schei-den tut weh; a - ber dein Schei-den macht,

daß mir das Her - ze lacht. Win-ter a - de! Schei-den tut weh.

Winter ade! Scheiden tut
    weh;
gerne vergeß ich dein,
kannst immer ferne sein.
Winter ade! Scheiden tut
    weh.

Winter ade! Scheiden tut
    weh;
gehst du nicht bald nach
    Haus,
lacht dich der Kuckuck aus.
Winter ade! Scheiden tut
    weh.

TEXT: HEINRICH HOFFMANN VON FALLERSLEBEN
MELODIE: FRÄNKISCHE VOLKSWEISE

Thema des Monats:
Teilen

Miteinander teilen

Die vier Segen

Segen des Brotes
das Leben austeilt
für alle Hungernden
von diesem Brot nimm
  ein Stück.

Segen des Weines
der Leiden löscht
für alle Weinenden
von diesem Wein trink
  einen Schluck

Segen des Kreuzes
das Zukunft ist
für alle Scheiternden
an diesem Kreuz trag mit

Segen der Rose
die Liebe ist
für alle Verzweifelten
von dieser Rose lerne
  leben

Mache deine Wohnräume zu einem Ort,
an dem andere immer willkommen sind …
Du hast Nachbarn im Treppenhaus, im Wohnviertel.
Nimm dir Zeit, immer wieder auf sie zuzugehen
und mit ihnen Verbindungen zu knüpfen.
Du wirst dabei oft auf große Einsamkeit stoßen
und feststellen,
daß die Grenze der Ungerechtigkeit
nicht nur zwischen Kontinenten,
sondern nur einige hundert Meter
von deiner Wohnung entfernt verläuft.

Lade andere zum Essen ein.
Das Fest wird eher bei einem einfachen
als bei einem übertriebenen Mahl entstehen …

Das Gleichnis des Miteinanderteilens
bezieht sich auch auf deine Arbeit.
Setze deine Kräfte dafür ein,
daß für alle eine Angleichung der Löhne
und menschenwürdige Arbeitsbedingungen
erreicht werden …

Das Miteinanderteilen
schließt die ganze Menschheitsfamilie ein.
Es ist unerläßlich, gemeinsam zu kämpfen,
um die Güter der Erde neu aufzuteilen.
Maßstab sind die tatsächlichen Bedürfnisse
aller Menschen bis hin zu den Allergeringsten
und nicht die Befriedigung der Bedürfnisse
der westlich orientierten Menschen.

Es gibt nur eine einzige Menschheitsfamilie.
Kein Volk, kein einziger Mensch
ist davon ausgeschlossen.

ROGER SCHUTZ

Richtig teilen

Teilst du dein Brot ängstlich,
ohne Vertrauen,
ohne Wagemut,
überstürzt,
wird es dir fehlen.
Versuch es zu teilen,
ohne in die Zukunft zu denken,
ohne zu rechnen,
ohne zu sparen,
als ein Sohn
des Herrn über alle Ernten der Welt.

HELDER CAMARA

Wenn man sich im Freundeskreis zusammenfindet, dann setzt man sich miteinander zu Tisch. Die Kirche ist das Volk, das zur Aufgabe hat, einen gemeinsamen Tisch für die ganze Menschheit zu decken.

JEAN CARDONNEL

Mit Mühen und Beschwerden wird man allein fertig; aber die Freude muß man mit jemandem teilen.

HENRIK IBSEN

55

Kalender

1
2
3
4
5
6
7
8
9
10
11
12
13
14
15
16
17
18
19
20
21
22
23
24
25
26
27
28
29

Gedenk- und Namenstage im Februar

1	Brigitte, Sigisbert · *Klaus Harms († 1855)*
2	Dietrich, Bodo, Markward · *Ludwig Eichrodt († 1892)*
3	Blasius, Ansgar · *Johannes Gutenberg († 1468)*
4	Rabanus, Veronika, Gilbert · *Carl Hauptmann († 1911)*
5	Agatha, Adelheid · *Philipp Jakob Spener († 1705)*
6	Dorothea, Reinhild, Hildegund · *Karl Graul (* 1814)*
7	Richard · *Adolf Stoecker († 1909)*
8	Hieronymus · *David Friedrich Strauß († 1874)*
9	Apollonia · *John Hooper († 1555)*
10	Scholastika, Bruno · *Friedrich Chr. Oetinger († 1782)*
11	Dietbert, Anselm · *Benjamin Schmolck († 1737)*
12	Benedikt, Gregor · *Friedrich Schleiermacher († 1834)*
13	Adolf, Irmhild · *Gertrud Reichardt († 1869)*
14	Cyrill, Valentin, Methodius · *Joh. Daniel Falk († 1826)*
15	Siegfried, Drutmar · *Gotthold Ephraim Lessing († 1781)*
16	Juliana · *Wilhelm Schmidt († 1924)*
17	Benignus · *Johann Heinrich Pestalozzi († 1827)*
18	Simon, Konstantia · *Martin Luther († 1546)*
19	Irmgard, Hadwig · *Pierre Brully († 1545)*
20	Falko, Amata · *Friedrich Weißler († 1945)*
21	Petrus, Gunthild · *Lars Levi Laestadius († 1861)*
22	Isabella, Margareta · *Bartholomäus Ziegenbalg († 1719)*
23	Polykarp, Romana · *Schmalkaldische Artikel (1537)*
24	Matthias, Irmengard · *K. Hjalmar Branting († 1925)*
25	Walburga, Adeltrud · *Johann Christoph Blumhardt († 1880)*
26	Dionysius, Mechthild · *Karl Jaspers († 1969)*
27	Markward · *Patrick Hamilton († 1528)*
28	Romanus, Silvana · *Martin Bucer († 1551)*
29	Oswald

Der Winter

Der Winter nimmt zurück, was die Natur in den vorausgegangenen Zeiten gegeben hat. Die Farbigkeit weicht dem Grau, die Helligkeit der Dunkelheit, die Wärme der Kälte. Die langen Nächte kommen und die Zeit der geheizten Räume. Es gibt Tage, an denen die Sonne nicht ein einziges Mal aufsteht. Der Nebel kommt tief herab und sackt zwischen die Häuser. Er schnürt das Gefühl von Einsamkeit und Eingeschlossensein. Schnee fällt. Unsere Schritte knirschen im Frost. Wir frieren.

Im Winter nimmt sich das Leben zurück. Es stirbt in den dunklen Schoß der Erde hinein. Die Natur hält ihren langen Schlaf. Im gänzlichen Sich-zurück-Nehmen der Natur zur Zeit des Winters bereitet sich ihre Auferstehung vor. Der Winter ist die Zeit der großen Ruhe und Sammlung. Die Erde, die sich verausgabt hat, ruht sich aus für den schöpferischen Aufbruch im Frühling.

Winter. Es ist eine Zeit der Hoffnung, eine Zeit des Glaubens: Manches Samenkorn wird schon im Herbst in die Erde gesät und stirbt. Unsere Augen nehmen nicht teil an der geheimnisvollen Wandlung vom Tod zum Leben. Der Winter ist die Zeit des Glaubens. Er verhüllt die Geburtsstunde des Lebens. Der Winter ist die Zeit der Armut. Er ist die Zeit des Wartens. Eine Zeit der Bereitung auf das Licht, auf neues Leben. Die Sonne wird zur Verheißung für eine Zeit erneuter Fülle und Fruchtbarkeit.

Der Winter sagt uns, was das hohe Alter sein kann. Eine Zeit, in der das Leben sich immer mehr zurücknimmt. Eine Zeit, in der sich das Leben ver-innert, in der die Lebenssubstanz sich unsichtbar sammelt zu ihrer letzten großen Anstrengung: zur Wandlung in die Unvergänglichkeit. Im Alter, wenn unser Horizont seine Weite verliert, wenn die Kraft schwindet und der Leib hinfällig wird, in dieser Zeit rettet allein der Glaube vor dem Tod: »Ich bin die Auferstehung und das Leben. Wer an mich glaubt, wird leben, auch wenn er stirbt« (Johannes 11,25). Wer so glaubt, hat Leben.

THERESIA HAUSER

Es tickt die Zeit. Das Jahr
dreht sich im Kreise.
Und werden kann nur, was
schon immer war.
Geduld, mein Herz. Im
Kreise geht die Reise.
Und dem Dezember folgt
der Januar.

ERICH KÄSTNER

Herrn Winters Anzeige

Rettet die Schneeflocken! Unterstützt die Hilfsaktion für die Schneeflocken! Was ist passiert?

Unzählige dieser zarten, unschuldigen Gebilde enden kläglich. Sie färben sich grau und schwarz in den Abgasen der Großstädte, sie schmelzen zu Matsch im Streusalz der Straßen; sie müssen sich auf ihrem sanften Flug alle möglichen Beleidigungen gefallen lassen!

Deshalb: Schützt den weißen Schnee! Gebt den heimatlosen Schneeflocken eine Chance. Schafft Flächen, auf denen sie sich nach ihrer gefährlichen Landung wohl fühlen. Selbst kleinste Flecken können helfen.

Die Belohnung ist groß. Sie wird in Schneebällen und Schneemännern ausbezahlt.

Meldungen an Herrn Winter in
5788 Winterberg

2. Februar: Mariä Lichtmeß

An diesem Tag begeht die katholische Kirche Mariä Reinigung und die Darstellung des neugeborenen Kindes im Tempel. Es ist ein hoher Feiertag, bereits römischen Ursprungs, denn bereits im 5. Jahrhundert vor Christus wurde er zu Ehren der römischen Februa gefeiert, mit Umzügen, Kerzen und Fackeln.

»Lichtmeß« kommt von der Kerzenweihe: Man läßt an diesem Tag alle Kerzen weihen, die im Laufe des Jahres in der Kirche und in der Familie gebraucht werden. Diese Kerzen sollen vor allerlei Gefahren, vor Epidemien, Feuer und Blitzschlag schützen. In einigen Landstrichen machen die Kinder mit frisch geweihten Lichtern Laternenumzüge. In Alpendörfern kauft die Familie weiße Kerzen für jeden Mann im Haushalt und rote für die Frauen. Im Mittelalter war das Pfannkuchenbacken an diesem Tag Tradition. Romanische Länder kennen den Brauch der Prozession mit Lichtern.

> Meine Augen haben deinen Heiland gesehen, den du bereitet hast vor allen Völkern, ein Licht, zu erleuchten die Heiden und zum Preis deines Volkes Israel.
>
> **LOBGESANG DES SIMEON**
> **LUKAS 2, 30–32**

14. Februar: Valentinstag

Ein Herz für dich

Ein Herz für dich:
damit du Brücken baust
  zu anderen Menschen
und die Mauern überwindest.

Eine Blume für dich:
damit du weißt, daß ich
  dich liebe
und wir tanzen und
  träumen können.

Ein Gruß für dich:
damit du spürst, daß wir
  den Frieden brauchen
und wir zusammen stark
werden.

Der Valentinstag ist einer der schönsten und unbeschwertesten Festtage im Jahr — vielleicht weil er auch ein Tag der Verliebten und Liebenden ist? Das Herz ist das Symbol des Tages, deshalb werden kleine Blumensträuße in Herzform gebunden und Kuchen in der entsprechenden Form gebacken. Seit dem Mittelalter ist der Valentinstag das eigentliche Fest der Jugend und der Liebe: Man lädt sich gegenseitig ein, beschenkt sich mit Karten und Blumen. Der Brauch des Blumenschenkens ist zwar jüngeren Datums, aber die Wurzeln dieses Festes sind alt. Man glaubte, daß ein Mädchen den jungen Mann heiraten wird, den es am Valentinstag zuerst vor dem Haus erblickt.

Ein Sonntag im Februar:
Von der Freundlichkeit der Menschen

Einmal habe ich eine Zeitlang in China gelebt.

Ich war im Frühling in Shanghai angekommen, und die Hitze war mörderisch. Die Kanäle stanken zum Himmel, und immer war der ranzige, üble Geruch von Soja-bohnenöl in der Luft. Ich konnte und konnte mich nicht eingewöhnen. Neben Wolkenkratzern lagen Lehmhütten, vor denen nackte Kinder im Schmutz spielten. Nachts zirpten die Zikaden im Garten und ließen mich nicht ein-schlafen.

Im Herbst kam der Taifun, und der Regen stand wie eine gläserne Wand vor den Fenstern. Ich hatte Heimweh nach Europa. Da war niemand, mit dem ich befreundet war und der sich darum kümmerte, wie mir zumute war. Ich kam mir ganz verloren vor in diesem Meer von frem-den gelben Gesichtern.

Und dann kam Weihnachten. Ich wohnte bei Euro-päern, die chinesische Diener hatten. Der oberste von ihnen war der Koch, Ta-tse-fu, der große Herr der Küche. Er radebrechte deutsch und war der Dolmetsch zwischen mir und dem Zimmer-Kuli, dem Ofen-Kuli, dem Wäsche-Kuli und was es da eben sonst noch an Dienerschaft im Haus gab. Am Heiligen Abend, ich saß wieder einmal ver-heult in meinem Zimmer, überreichte mir Ta-tse-fu ein Geschenk. Es war eine chinesische Kupfermünze mit einem Loch in der Mitte, und durch das Loch waren viele bunte Wollfäden gezogen und dann zu einem Zopf zusammengeflochten. »Eine sehr alte Münze«, sagte der Koch feierlich. »Und die Wollfäden sind von mir und mein Frau und von Zimmer-Kuli und sein Schwester und von Eltern und Brüder von Ofen-Kuli, von uns allen sind die Wollfäden.«

JOE LEDERER

Ein Sonntag im Februar:
Der Himmel verhangen,
die Äcker verschneit,
über den Wiesen
Wasser und Eis.
Viele Tore verschlossen,
alle Äste leer.
Noch ist es kalt.
Aber Leben
ruht tief drinnen,
neue Möglichkeiten
und Perspektiven.

Ich will
dem Licht hinter den
  Wolken
entgegengehen.
Ich will dabei sein,
wenn die Erde sich öffnet,
der Himmel aufreißt
und die Verheißung
  über mir
Wirklichkeit wird.

HINRICH C. G. WESTPHAL

VIEL ZU WENIG
KENNEN WIR
DIE BÄUME,
DIE VOR UNSERN
FENSTERN STEHN
UND RAUSCHEN.
VIEL ZU SELTEN
BAU'N SICH UNS'RE
TRÄUME
NESTER, UM DIE
WINDE ZU
BELAUSCHEN.
UND DES HIMMELS
SILBERWOLKEN-
SPIELE
GEHN VORÜBER,
OHNE UNS ZU
TRÖSTEN. –
GANZ VERGESSEN
HABEN WIR
SO VIELE
WUNDER, DIE UNS
EINST DAS HERZ
ERLÖSTEN.

INA SEIDEL

Stationen des Lebens: Kinderlachen, Kinderweinen

Libe Mama
ich gratulire
und wünsche
dir vil glük
du solst
Lange leben
und du solst
recht glüklich
sein tzu deinem
Geburztag
Und ich wünsche
dir du solst heute
dich nicht ergern
wie gefalen dir
die Wünsche Mama
aber ich weis gar
nichz mehr also kan
ich nichz mer
als noch ein par
Linjen schreiben.
Wie gefelt dir diser
Brif.

WALTER RATHENAU
(sieben Jahre alt)
17. März 1874

Was uns Angst macht

Wenn es auf dem Boden knistert und knarrt,
wenn etwas leise hinter der Holzbeige scharrt,
wenn der Himmel schwarz und dunkel ist,
wenn es donnert und blitzt,
wenn ein Stier uns entgegenrennt,
wenn es hagelt und brennt,
wenn der Sturm an den Läden rüttelt
und die Kronen der Bäume schüttelt.

Wenn wir durch einen Wald spazieren
und plötzlich die Richtung verlieren,
wenn hinter den Büschen Gespenster lauern
und hinter den Steinen Gestalten kauern,
wenn sich Riesen im Traum verstecken
und uns mitten in der Nacht wecken,
wenn uns die Mutter in den Keller schickt,
wenn vor uns ein Mäuslein erschrickt.

MAX BOLLIGER

Was uns die Angst nimmt

Vater und Mutter und vertraute Gesichter,
im Dorf und in der Stadt die Lichter.
Die Sonne, die uns am Morgen weckt,
das Kätzchen, das sich in unserm Arm versteckt.
Im Bett Teddybären und Puppen,
Sterne, die durchs Fenster gucken.
Bruder, Schwester, Neffen und Nichten
und in der Schule die schönen Geschichten.
Alles, was jeden Tag mit uns lebt,
und am Abend das Gutenachtgebet.   MAX BOLLIGER

Die Geschichte von Colombin

Am Hofe gab es starke Leute und gescheite Leute, der
König war ein König, die Frauen waren schön und die
Männer mutig, der Pfarrer fromm und die Küchenmagd
fleißig – nur Colombin, Colombin war nichts.

Wenn jemand sagte: »Komm, Colombin, kämpf mit
mir«, sagte Colombin: »Ich bin schwächer als du.«

Wenn jemand sagte: »Wieviel gibt zwei mal sieben?«
sagte Colombin: »Ich bin dümmer als du.«

Wenn jemand sagte: »Getraust du dich, über den Bach
zu springen?«, sagte Colombin: »Nein, ich getraue mich
nicht.«

Und wenn der König fragte: »Colombin, was willst du
werden?«, antwortete Colombin: »Ich will nichts werden,
ich bin schon etwas, ich bin Colombin.«   PETER BICHSEL

Es stand ein Sternlein am Himmel,
Ein Sternlein guter Art;
Das tät so lieblich scheinen,
So lieblich und so zart.

Ich wußte seine Stelle
Am Himmel, wo es stand,
Trat abends vor die Schwelle
Und suchte, bis ich's fand.

Das Sternlein ist verschwunden,
Ich suche hin und her,
Wo ich es sonst gefunden,
Und find es nun nicht mehr.

MATTHIAS CLAUDIUS

65

Karneval, Fasching und Fastnacht

Lied der Narren

Träumer und Clowns
   erhalten die Macht,
wer sich aufspielt, wird
   ausgelacht:
die ganze zerstrittene,
   heillose Welt
wird Fastnacht auf den
   Kopf gestellt.

Verschlossene Hände tun
   sich auf,
das Leben nimmt einen
   anderen Lauf,
schon jetzt, wenn das Fest
   der Narren beginnt
unter allen, die guten
   Willens sind.

Die Bibel singt von neuer
   Erde,
von einer friedlich verein-
   ten Herde:
von Löwen, die neben
   Böcklein liegen,
und Wölfen, die sich an
   Schafe schmiegen.

Die schönsten Träume
   sind noch nicht wahr,
auch nicht zum Fasching
   im Februar.
Und doch erinnert die
   spaßige Welt
an das, was noch kommt
   – und wirklich zählt.

Die Kirche hat immer ihre Schwierigkeiten mit dem Fastnachtsspuk gehabt — ihr war diese Zeit der heidnischen Bräuche verdächtig. Jedenfalls ist es ihr gelungen, dem Fastnachtstreiben mit dem Aschermittwoch endgültig ein Ende zu bereiten — bis zum nächsten Jahr.

Fastnacht kommt aus dem mittelhochdeutschen *vasenaht,* was so viel bedeutet wie Unfug in der Nacht — aus Freude über den nahenden Frühling. Lange vor dem 12. Jahrhundert wurde in dieser Zeit bereits ein altes Fruchtbarkeits- und Vorfrühlingsfest gefeiert. Masken, Mummenschanz und Winterspiel sind auch heute noch gepflegte Bräuche der Fastnachtszeit. Besonders im Westen und Südwesten Deutschlands haben sich viele Formen herausgebildet: Bekannt sind nicht nur Karneval an Rhein und Main, sondern auch die Freiburger Fastnacht, der Münchner Fasching und die Baseler Fasnacht mit Morgenstreich, Taganrufen, Narrengericht, Hexenlaufen und Tänzen.

Der letzte Donnerstag vor Aschermittwoch wird Weiberfastnacht genannt, noch heute ein Fest des Weiberregiments. Weitere Höhepunkte des Fastnachtstreibens sind Rosenmontag (Umzüge an Rhein und Main, aber auch in vielen Orten Westfalens) und Fastnachtsdienstag — um Mitternacht wird der »Fastnacht« begraben: eine Strohpuppe wird aus dem Dorf getragen, verbrannt oder in den Bach geworfen. Das weitverbreitete Wort »Karneval« kennt mehrere hübsche Erklärungsversuche: Die einen leiten es ab aus *carne val* (Fleisch leb wohl), die anderen, weniger scherzhaft und auch wahrscheinlicher, aus dem *carrus navalis,* einem Schiffskarren, mit dem sich die Göttinnen der Fruchtbarkeit und des Frühlings durch die Lüfte oder über Land und Wasser bewegen — und der als Räderwagen bei vielen Umzügen wieder auftaucht.

Brauchtum: Fastnachtsspeisen sind meist füllig und fetthaltig. Der Schmaus hatte seinen Grund: Die Wintervorräte konnten getrost dem Ende zugehen, und man wollte sich noch einmal vor dem großen Fasten etwas Gutes gönnen. Die Mahlzeiten bestehen daher aus viel Fleisch (Bratwurst).

Aschermittwoch

Mit dem Aschermittwoch beginnt die eigentliche Fastenzeit, die Heilige Quadragesima, das vierzigtägige Osterfasten. Für die Christen sind diese Tage eine Zeit der Vorbereitung auf Ostern, zu denen Schriftlesung, Fasten, Beten gehört, aber auch der Verzicht auf Bälle, Partys und Tanzveranstaltungen. Der Aschermittwoch will Gelegenheit geben, sich von Zerstreuung und Unterhaltung zurückzuziehen und den Blick auf das Wesentliche zu richten, das unser Leben ausmacht. Nur an diesem Tag und am Karfreitag wird strenges Fasten empfohlen: nur einmal satt essen und auf Fleisch verzichten. Diese beiden Tage markieren also sinnfällig Anfang und Ende der vierzigtägigen Fastenzeit, die an das Fasten Jesu in der Wüste erinnert.

> **Bedenke, Mensch, daß du Staub bist und wieder zum Staub zurückkehren wirst, aber bestimmt zur Auferstehung in das ewige Leben.**
>
> **ASCHENSEGEN NACH GENESIS 3,19**

Das Symbol des Tages ist Feuer/Asche. Das Feuer gilt als Sonnensymbol, denn die Sonne überwindet den Nebel, und das Feuer ist ein Sinnbild für die Überwindung des Todes. Am Vormittag des Tages findet in den katholischen Kirchen die Segnung mit dem Aschenkreuz auf die Stirn der Gläubigen statt. Sie ist die Asche der geweihten Palmzweige vom vorhergehenden Palmsonntag. Asche gilt von alters her als Zeichen der Trauer, des Schmerzes und der Reue für getane Sünden. Mit dem Aschenkreuz auf der Stirn anerkennen die Gläubigen ihre Vergänglichkeit und bringen ihre Bereitschaft zur Buße zum Ausdruck, aber auch ihre Hoffnung, gereinigt aus der Asche aufzuerstehen.

Herings- oder Kücheltag heißt der Aschermittwoch nach den ersten klassischen Fastenspeisen.

Aschermittwochgedanke

Der Rausch verflog. Die letzte Maske fiel.
Und was dein armes Herz sich auch ersehnte,
den Traum vom Glück, den es für Wahrheit wähnte,
erkennt enttäuscht es nun als Trug und Spiel.

FRIEDRICH WINKELMÜLLER

MÄRZ

März

Steckbrief des Monats

Der Name März geht zurück auf Mars, den römischen Kriegsgott. März ist der Monat des Kampfes und des Umbruchs: Jetzt erfolgt endlich der Abschied vom Winter und der Anfang des Frühlings.

Andere Namen: Lenzmonat, Lenzing, Frühlingsmond.

Vorfrühling

Feste des Monats

**Vierter Fastensonntag:
Sonntag Laetare**

**19. März:
Fest des heiligen Josef**

**20./21. März:
Frühlingsanfang
(Tag- und Nachtgleiche)**

**24./25. März:
Verkündigung des Herrn
(Mariä Verkündigung)**

3. – 8. Kaltes Schauerwetter mit Regen und Schnee, oft – besonders nach strengem Winter – noch tagelang anhaltende Schneedecke.

13. – 22. Heitere, oft wolkenlose Sonnentage, starke Temperaturgegensätze zwischen Tag und Nacht, vielfach leichter Nachtfrost. In Südwestdeutschland gebietsweise oft schon über 20 Grad Wärme, in Norddeutschland unter Umständen gleichzeitig winterlich kalt.

23. – 31. Beginn des sprunghaft zwischen sonniger Wärme und kalten Regen- und Schneeschauern wechselnden Wetters.

Wenn's donnert in den März hinein,
    wird der Roggen gut gedeihn.
Märzenregen bringt keinen Segen.
Der März soll kommen wie ein Wolf,
    aber gehen wie ein Lamm.
Märzenschnee und Jungfernpracht
    dauern oft kaum über Nacht.
Soviel Tau im März, soviel Frost im Mai.
Trockener März füllt die Keller.
Märzschnee tut den Bäumen weh.
Ein grüner März bringt selten etwas Gutes.
(17.) Friert es an Sankt Gertrud,
    der Winter noch vierzig Tage nicht ruht.
(19.) Joseph macht dem Winter ein End.

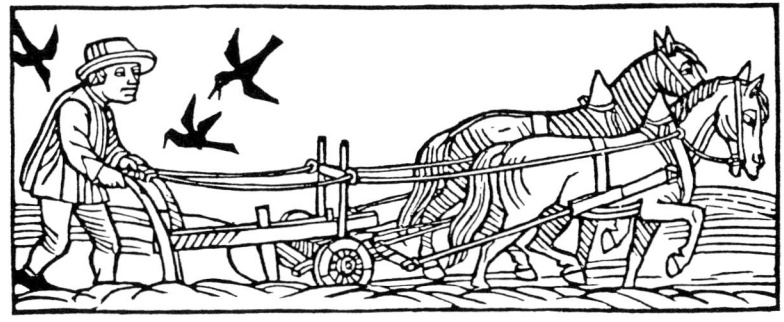

Zum März

Durch die frühe Dämmerung
Geh ich ganz in Träumen hin,
Und ich weiß es nicht, warum
Ich so still und selig bin,
Daß mein Herz ganz hold und leicht
Wie ein Veilchenstrauß sich trägt,
plötzlich überkommt es mich:
Horch, die erste Amsel schlägt.

INA SEIDEL

Jetzt fängt das schöne Frühjahr an

Jetzt fängt das schö - ne Früh - jahr an, und al - les fängt zu

blü - hen an auf grü - ner Heid —— und ü - ber - all.

Es blühn die Blumen auf
  dem Feld,
sie blühen weiß, blau, rot
  und gelb,
so wie es meinem Schatz
  gefällt.

Jetzt leg ich mich in grünen
  Klee,
da singt das Vöglein in der
  Höh,
weil ich zu mein'm Feins-
  liebchen geh.

Jetzt geh ich in den grünen
  Wald,
da such ich meinen Aufent-
  halt,
weil mir mein Schatz nicht
  mehr gefällt.

AUS DEM RHEINLAND

Thema des Monats:
Beten

Im Gebet ist beides in einem eigenartigen Zusammen-
klang, das Sprechen und das Schweigen. Schon wenn ich
meine Hände falte, mich niederknie, mir im Kreuzzeichen
das Signum meines Lebens vergegenwärtige, meinen
schweren Kopf in die Hände stütze, wenn ich schweige
und dadurch mit dem spreche, für den ich kein Wort, keinen Namen finde und der mich trotzdem spürbar in seiner
Hand hält, finde ich Zuspruch, Ermutigung und den Ruf
zum Leben.

Unser Beten kann nichts anderes sein als ein Suchen des
Gebets, das Gott selbst in den Menschen gesprochen hat.
Erst wenn unser eigenmächtiges Reden ein Ende findet,
unsere Erkenntnis weitergeht und wir schweigen lernen
vor dem Geheimnis, ist Raum gegeben für die Sprache
Gottes, der uns beim Namen gerufen hat. Wir werden
ermutigt zum helfenden, heilenden Wort.

Was ist Beten? Was rede ich denn da, was denke ich, was
formuliere ich vor mich hin? Ist Beten ein Gespräch?

Wenn ich bete, wird etwas in mir aufgebrochen, von
dem ich weiß: Ich finde eine Antwort auf die Frage, wem
ich mein Leben anbestimme, an was ich mein Herz hänge,
was ich Gott und der Welt und auch mir selbst verspreche.

**Beten ist eine ebenso
wirkliche Kraft wie die
Schwerkraft der Erde.**

ZENTA MAURINA

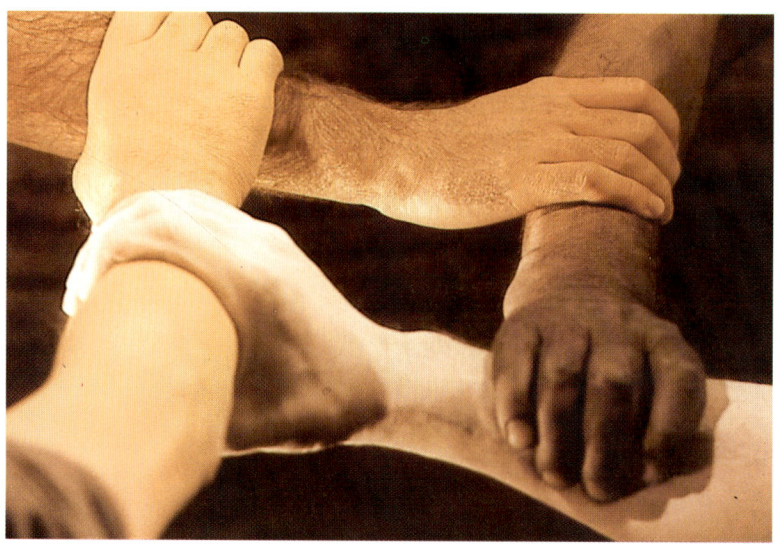

Beten

Du wirst vielleicht durch lange Übung langsam
Die ersten Zeilen des Gebetes lernen.
Wenn du sie kannst, wird er dich dann entfernen
Aus dem Bereich der leicht gesagten Worte.

Und diese ersten Zeilen des Gebetes
Sind alles, was du mitnimmst auf die Reise.
Sie bleiben die nie aufgezehrte Speise
Für dich an dem von ihm bestimmten Orte.

Du wirst die ersten Zeilen des Gebetes
Mitbringen, wenn du wiederkehrst von drüben,
Und ihrer mächtig wirst du weiterüben –
Und einmal wird Gebet sein ohne Worte.

INA SEIDEL

Herr, darum bitte ich,
   daß Du meinen Glauben
   stützt und stärkst, auch sichtbar, auch spürbar.
Nicht um große Wunder bitte ich,
   sondern um kleine Zeichen Deiner Liebe,
   die unverkennbar sind.
Immer wieder hast Du sie gegeben,
   wenn alles schon trostlos,
   verfahren, am Ende schien.
Immer wieder hast Du meine Gebete erhört,
   hast wunderbar getröstet, geheilt, gerettet.

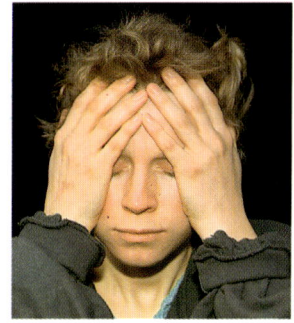

PAUL ROTH

Als mein Gebet immer andächtiger und innerlicher wurde, da hatte ich immer weniger und weniger zu sagen. Zuletzt wurde ich ganz still.

Ich wurde, was womöglich noch ein größerer Gegensatz zum Reden ist, ich wurde ein Hörer.

Ich meinte erst, Beten sei Reden. Ich lernte aber, daß Beten nicht bloß Schweigen ist, sondern Hören.

So ist es: Beten heißt nicht sich selbst reden hören, beten heißt still werden und still sein und warten, bis der Betende Gott hört.

SÖREN KIERKEGAARD

Kalender

1
2
3
4
5
6
7
8
9
10
11
12
13
14
15
16
17
18
19
20
21
22
23
24
25
26
27
28
29
30
31

Gedenk- und Namenstage im März

1	Albin, Roger · *Hermann Samuel Reimarus († 1768)*
2	Karl, Agnes · *John Wesley († 1791)*
3	Friedrich · *Johann Pachelbel († 1706)*
4	Rupert, Kasimir · *Elsa Brandström († 1948)*
5	Dietmar, Oliva · *Hermann Friedrich Kohlbrügge († 1875)*
6	Fridolin, Mechthild · *Martin Niemöller († 1984)*
7	Felicitas, Volker, Reinhard · *Rudolf Otto († 1937)*
8	Johannes · *Pilgermission St. Chrischona (1840)*
9	Bruno, Franziska · *Christian Adolf Overbeck († 1821)*
10	Gustav · *Johann Geiler von Kaisersberg († 1510)*
11	Rosina · *Friedrich Wilhelm Raiffeisen († 1888)*
12	Almud, Beatrix · *Robert Bosch († 1942)*
13	Judith, Paulina, Leander · *Luise Otto-Peters († 1895)*
14	Mathilde, Einhard · *Friedrich Gottlieb Klopstock († 1803)*
15	Klemens, Louise · *Kaspar Olevianus († 1587)*
16	Gummar · *Selma Lagerlöf († 1940)*
17	Gertrud, Patrick · *Günther Dehn († 1970)*
18	Cyrill, Eduard · *Marie Schlieps († 1919)*
19	Josef · *Michael Weiße († 1534)*
20	Wolfram, Irmgard · *Albrecht von Preußen († 1568)*
21	Christian · *Nikolaus von Flüe († 1487)*
22	Lea, Elmar · *August Schreiber († 1903)*
23	Rebekka · *Wolfgang zu Anhalt († 1566)*
24	Katharina · *Veit Dietrich († 1549)*
25	Jutta · *Gertrud Bäumer († 1954) · Novalis († 1801)*
26	Liudger · *Samuel Scheidt († 1654)*
27	Frowin
28	Guntram · *Kurt Scharf († 1990)*
29	Helmut, Ludolf · *Emanuel Swedenborg († 1772)*
30	Diemut, Dodo · *Adam Riese († 1559)*
31	Cornelia, Benjamin · *Eduard Graf von Pückler († 1924)*

Fastenzeit

Die Namen der Sonntage in der Fastenzeit werden durch biblische Texte bestimmt, meistens durch die Sonntagspsalmen:

Erster Fastensonntag Invocabit (Er ruft mich) Psalm 91,15

Zweiter Fastensonntag Reminiscere (Gedenke, Herr) Psalm 25,6

Dritter Fastensonntag Oculi (Meine Augen) Psalm 25,15

Vierter Fastensonntag Laetare (Freuet euch) Jesaja 66,10

Fünfter Fastensonntag Judica (Schaffe Recht mir, Gott) Psalm 43,1

Unter Fastenzeit versteht man die vierzig Wochentage von Aschermittwoch bis Karfreitag (die Sonntage werden ausgespart). Die Zahl vierzig ist für die Dauer der Fastenzeit nicht ohne Bedeutung: vierzig Tage dauert die Zeit von Ostern bis Christi Himmelfahrt, vierzig ist die Zahl der Fülle, des Gerichts, der Vorbereitung, vierzig Tage regnete es bei der Sintflut, vierzig Tage war Mose auf dem Berg Horeb, vierzig Jahre zogen die Israeliten durch die Wüste in das Gelobte Land, vierzig Tage wanderte Elia zum Horeb, vierzig Tage betrug die Bußzeit in Ninive, vierzig Tage und vierzig Nächte fastete Jesus in der Wüste.

Fasten gehörte auch schon zum alten heidnischen Frühlingsritual. In früheren Jahrhunderten waren die christlichen Vorschriften sehr streng: kein Fleisch, an Montagen, Mittwochen und Freitagen außerdem keine Milch und keine Eier. Erlaubt waren Fische, Mehlspeisen, Hülsenfrüchte, Gemüse und Früchte.

Die Fastenvorschriften, nach denen Erwachsene zwischen einundzwanzig und sechzig Jahren sich nur einmal am Tag satt essen dürfen, ohne Fleischgerichte, bestehen für die Gläubigen heute nur noch am Aschermittwoch und Karfreitag.

Es gibt viele sinnvolle Möglichkeiten, die Fastenzeit auch heute zu begehen: Solidarität mit den Armen und Hungernden (Opfer für die großen kirchlichen Hilfswerke *Misereor* und *Brot für die Welt,* Familienfasttag in Österreich, Schweizerisches Fastenopfer), Einübung umweltfreundlichen Verhaltens, Überprüfung des Energieverbrauchs, verantwortungsvoller Umgang mit Radio und Fernsehen.

Die Fastenzeit kennt zahlreiche Bräuche, unter anderem Kreuzweg, Passionsspiele, Heringsschmaus, Saatgang, Palmzweige an Kruzifix, Spiegel oder Heiligenbildern, Grünes Essen zum Gründonnerstag usw. Am Passionssonntag steht der leidende Christus im Vordergrund. Im Gottesdienst werden Altarkreuz und Altarbilder mit dunklen Tüchern verhüllt, um an die Erniedrigung Jesu zu erinnern.

Die Zeit der vierzig Tage

Was wird in der Fastenzeit von uns erwartet? Früher war alles viel deutlicher und klarer. Es gab eine genaue Fastenverordnung, die dem Menschen die Vorstellung gab, daß er jedenfalls etwas tat. Aber nun ist das Fasten eine weniger klare Angelegenheit geworden. Unsere oft nervenaufreibende Arbeit, unsere Vorstellung vom Verhältnis Körper – Geist, unsere Eßgewohnheiten (die oft tatsächlich nicht üppig sind) machen das Fasten zu einer Sache, die manchmal nur schwer in unser Leben paßt.

Die Fastenzeit ist eine Zeit der Einfachheit, keine Festzeit. Mit evangelischer Wachsamkeit und einer bestimmten unerbittlichen Ehrlichkeit gegenüber uns selbst versuchen wir, die Herrschaft Gottes in uns zu erneuern, solidarisch mit unserem Herrn, der seinem Leiden entgegengeht. Diese Erneuerung kann für jeden etwas anderes bedeuten, je nachdem es die Liebe ihm eingibt. Für den einen bedeutet Fastenzeit Einschränkung im Rauchen und Trinken, für den anderen strenge Pflichterfüllung in seiner Arbeit und in der Familie, größere Geduld bei dem, was schwierig ist, Konzentration auf das, was der andere will. Sehr wirklichkeitsgemäß ist auch, daß man zum Beispiel für bedürftige Menschen und für gute Werke Geld erübrigt, während man vielleicht selbst gut etwas gebrauchen könnte. Einen besonderen Wert sollte man in dieser Zeit auch auf die stärkere Betonung des Gebetes legen. So wäre es vielleicht angebracht, das eigene Morgen- und Abendgebet einer gründlichen Revision zu unterziehen und das Tischgebet innerhalb der Familie mit besonderer Sorgfalt zu beten. Die Pfarrgemeinden bieten in dieser Zeit besondere liturgische Feiern an, an denen man teilnehmen könnte. Vor allem aber ist die Fastenzeit die Zeit einer ruhigen, ehrlichen Beichte.

Auch im geselligen Leben könnte die Einfachheit der Fastenzeit sichtbar werden. Auch die Liturgie schiebt ja Feste auf, zum Beispiel Hochzeiten, wenn es ohne große Schwierigkeiten geht. Ebenso wäre es doch im alltäglichen Leben zu ermöglichen, Feste aufzuschieben. Die Unbequemlichkeit, die man dadurch vielleicht anderen bereitet, wird manchmal durch das Gute aufgewogen, das man den gleichen Menschen erweist, indem man ihnen ermöglicht, ein ehrliches und bewußt eingeschränktes Leben zu führen.

GLAUBENSVERKÜNDIGUNG FÜR ERWACHSENE

Manches Vergnügen
besteht darin,
daß man mit Vergnügen
darauf verzichtet.

PETER ROSEGGER

Wir basteln im Frühjahr

Eine Pflanzenpresse

Im März können wir eine Pflanzenpresse bauen, denn draußen beginnt das Grünen und Blühen, und gerade die ersten Frühlingsboten Veilchen, Adonis und Primel, Waldtulpe, Krokus, Perlhyazinthe, Leberblümchen und all die anderen geben besonders hübsche Motive.

Wir besorgen uns zwei kräftige Brettchen – am besten im Format DIN A 4 –, einen Drillbohrer, mit dem wir lauter kleine Luftlöcher in diese Holztafeln bohren, und vier längere Flügelschrauben, die wir an den vier Ecken der Bretter anbringen.

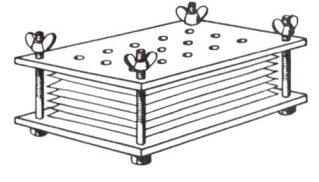

Damit ist unser Handwerkszeug schon fast komplett, es gehört nur noch eine Schicht Zeitungs- und Löschpapier zwischen die Bretter, und das Pressen kann beginnen. Dazu werden die Pflanzen auf Löschpapier so ausgebreitet, wie wir sie nachher sehen wollen, mit Löschpapier gedeckt, zwischen das Zeitungspapier und die Bretter gelegt und durch Anziehen der Flügelschrauben unter Druck gesetzt.

Die fertig gepreßten und getrockneten Pflanzen werden für die Vorratsmappe dann zunächst mit Papierstreifen befestigt und später beim Verbrauch für unsere kunstgewerblichen Erfindungen mit durchsichtigem, wasserhellem Klebstoff direkt auf ihre Unterlage geklebt.

Wir bauen Nistkästen

Nistkästen für die Vogelfamilien bauen und anbringen: Wie unsere Zeichnungen zeigen, ist das keine übertrieben schwierige Tischlerarbeit, an die auch der Ungeübte mutig und mit Erfolg herangehen kann. Es gilt, ein paar Bretter auf die richtige Größe zu schneiden, zusammenzupassen, zu leimen und zu verschrauben, im oberen Drittel der Vorderwand das Flugloch in der richtigen Größe herauszubohren und den Anflugstock einzusetzen.

Der Grundriß der gezeigten Bauwerke mißt jeweils 15 × 15 cm und die Höhe 25 cm. Daraus ergeben sich alle anderen Maße. Die Fluglochweite richtet sich danach, welche Bewohner wir willkommen heißen wollen:

Damit unsere Vogelwohnungen nicht von der Feuchtigkeit zwischen Rückwand und Baumstamm faulen, bringen wir sie mit einer Aufhängeleiste an, was auch den Vorteil hat, daß wir sie oben und unten solide festmachen können. Beim Anbringen ist zu beachten, daß die Kästen nicht zu hoch in den Bäumen hängen und daß das Flugloch immer nach Osten zeigt. Je mehr solcher Vogelheime wir im Garten haben, um so fröhlicher wird das Konzert im Frühling sein und um so weniger Raupen im Kohl und Maden in den Äpfeln werden wir haben.

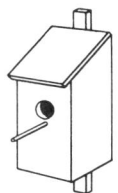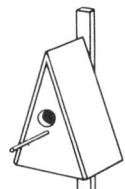

2,5 cm Durchmesser paßt für Meisen
3,5 cm Durchmesser paßt für Kleiber
4,5 cm Durchmesser paßt für Stare und Buntspechte
 6 cm Durchmesser paßt für Grünspechte
8,5 cm Durchmesser paßt für Schwarzspechte u. Dohlen

Der Zeitungsbaum

Der Wunsch, die genaue Zeit festzustellen, die ein im Walde stehender Baum braucht, um sich in eine Zeitung zu verwandeln, hat dem Besitzer einer Harzer Papierfabrik den Anlaß zur Ausführung eines interessanten Experiments gegeben. Um 7 Uhr 35 Minuten ließ er in dem der Fabrik benachbarten Walde drei Bäume fällen, die nach Abschälung der Rinde in die Holzstofffabrik transportiert wurden. Die Umwandlung der drei Holzstämme in flüssige Holzmasse ging so schnell vor sich, daß bereits um 8.39 Uhr die erste Rolle Druckpapier die Maschine verließ. Diese Rolle wurde mittels Automobil unverzüglich nach der vier Kilometer entfernten Druckerei einer Tageszeitung geschafft, und bereits um 11 Uhr vormittags wurde die Zeitung auf der Straße verkauft. Demnach hatte es nur eines Zeitraumes von 3 Stunden 25 Minuten bedurft, damit das Publikum die neuesten Nachrichten auf dem Material lesen konnte, das von den Bäumen stammte, auf deren Zweigen die Vögel noch am Morgen ihre Lieder gesungen hatten.

KARL KRAUS

Woher wüßten wir, wie wir leben sollen, wenn wir nicht an etwas glaubten, das größer ist als wir? Wer würde uns lehren zu leben? Wer sagt dem Baum, wann die Zeit da ist, seine kleinen Blätter auszutreiben? Wer sagt diesen Drosseln da, daß es warm geworden ist und sie wieder nach Norden fliegen können? Vögel und Bäume hören auf etwas, das weiser ist als sie, von sich aus würden sie es niemals wissen.

CHIPAROPAI,
EINE YUMA-INDIANERIN

Ein Sonntag im März:

Wachsen

Wir sind in das schöpferische Tun Gottes hineingetaucht.

PIERRE TEILHARD
DE CHARDIN

Hochgewachsen mit schwerem Blütenteller steht sie vor dem Haus. Das Kind hat im Frühling den Samen gesetzt, hat die kleine Pflanze im Topf gehegt und dann sorgfältig in den Vorgarten gebracht. Es hat zusehen können, wie etwas lebendig wird und wächst und eine große Gestalt bekommt und Früchte, neue Samen hervorbringt.

Es hilft nicht sehr, wenn wir darüber jammern, daß viele Kinder heute die grundlegende Erfahrung, daß eine Pflanze heranwächst, wenn sie Pflege bekommt, nicht mehr machen. Aber es ist nüchtern festzustellen, daß wir in vielen Lebensbereichen nicht mehr dabei sind, wenn etwas entsteht. Das gilt für die Natur (Mensch, Tier, Pflanze) ebenso wie für viele Bereiche der Arbeit und Produktion. Wir sehen, wenn es gut geht, Teilprozesse. Die Dinge, die wir täglich brauchen, von der Milch über die Kleidung bis zum Benzin von der Tankstelle, stehen fertig vor uns. Gedankenarbeit ist nötig, um sich den Weg und die Menschen vorzustellen, die am Entstehen beteiligt waren ...

Ich denke, daß sich da etwas verändert hat in der europäischen Kultur gegenüber früheren Zeiten. Es gehen uns dabei sicher wichtige Werte verloren: Ist die Hoffnung auf einen Frieden, der die Menschen leben läßt, so klein, weil wir zu wenig erfahren, daß ein Same, eine Idee wachsen und groß werden kann?!

Auf Französisch heißt »kennen« con-naître, was etwa soviel bedeutet wie: beim Werden einer Sache dabei sein. Wieviel im Leben sehen und fühlen wir werden?

BRUNO DÖRIG

... Leser,

Wir informieren Sie gerne über weitere Bücher und die Zeitschriften aus dem Kreuz Verlag. Schicken Sie einfach diese Karte ausgefüllt zurück. Übrigens: Wenn Sie gerade Zeit und Lust haben, beantworten Sie doch die nebenstehenden Fragen. Ihre Antworten würden uns helfen, unsere Arbeit effektiver und noch besser auf unsere Leser zugeschnitten zu tun.

Herzlichen Dank! Es grüßt Sie

Ihr
Kreuz Verlag

Dieter Breitsohl
Verleger

P.S. Wenn Sie Ihre Karte mit dem ausge-füllten Fragebogen an uns zurücksen-den, wartet eine **Überraschung** auf Sie! Sie können bei unserer **wöchentlichen Verlosung** unter den Einsendungen eines von zehn Buchgeschenken ge-winnen!

Gewinnspiel teil: Hier meine Antworten.

Haben Sie dieses Buch
☐ gekauft ☐ geschenkt bekommen?

Sind Sie auf dieses Buch aufmerksam geworden durch

☐ Ihren Buchhändler ☐ Empfehlung
☐ Werbung; Besprechung in ☐ Funk ☐ TV
☐ Zeitung/Zeitschrift

Wie hat Ihnen dieses Buch gefallen?
☐ sehr gut ☐ geht so ☐ gar nicht

Kannten Sie den KREUZ Verlag bereits?
☐ ja ☐ nein

Welche Titel/Themen vermissen Sie bei KREUZ?

Wo kaufen Sie Ihre Bücher?
☐ Bei meinem Buchhändler ☐ Bahnhofsbuch-
handel ☐ Versandbuchhandel ☐ Kaufhaus

Wie viele Bücher kaufen Sie wohl pro Jahr?
☐ 1 bis 2 ☐ ca. fünf ☐ ca. zehn ☐ mehr

Verschenken Sie Bücher?
☐ ja ☐ nein

Welche Zeitschriften lesen Sie regelmäßig?

Verraten Sie uns Ihr Alter? _____ Jahre.

Bitte informieren Sie mich regelmäßig über
die Bücher aus dem KREUZ Verlag

Folgende Themen interessieren mich besonders:

01 ☐ Religion und Spiritualität
02 ☐ Psychologie und Lebenshilfe
04 ☐ Tod und Sterben
05 ☐ Märchen, Mythen, Symbole
06 ☐ Frauenthemen
07 ☐ Bücher zum Verschenken
08 ☐ Die Bücher aus der Edition Schaffer
09 ☐ Gesamtprogramm/Neuerscheinungen
10 ☐ Medizin und Gesundheit
00 ☐ Ratgeber

00 ☐ Bitte informieren Sie mich auch über die religiösen Zeitschriften aus dem KREUZ Verlag

Vorname/Name oder Institution

Straße, Nr.

PLZ/Wohnort

Beruf

Diese Karte entnahm ich dem Buch:

Antwort

An den
Kreuz Verlag
Postfach 80 06 69
D-7000 Stuttgart 80

Weltgebetstag der Frauen

Spricht jemand zu mir vom Beten, reagiere ich meist erst mit Abwehr, oft ist es mir peinlich; ich empfinde es als verlogen – ich bin sehr unsicher.

Als ich mein Elternhaus verließ, legte ich den Tagesrhythmus des Gebets ab, befreite mich von lästiger Pflicht, ließ Gott einen guten alten Mann sein und stellte all das in einen verstaubten Winkel meines Seins. Ich brach aus und auf zu neuen Ufern.

Ich nahm mein Leben selbst in die Hand, war meines eigenen Glückes Schmied, steckte die Schläge ein und weg, und immer war da auch etwas, das ich nicht ganz zu Wort kommen ließ, nicht wahrhaben wollte. Diese lange Zeit ohne Beten. –

Meine eigenen Maßstäbe waren noch nicht so recht vorhanden oder entpuppten sich als hohl und nicht haltbar; denn ich orientierte mich nach außen, nach anderen: ich wollte sein wie die oder der; ich wollte aussehen wie die oder der; ich wollte mehr leisten als die oder der; ich wollte anerkannt sein, versichert sein, entschuldigt sein.

Ich finde mich heute im Prozeß, dem Auf und Nieder, Vor und Zurück: ich meine, den roten Faden zu finden, ich packe ihn, verliere ihn, ich ertappe mich beim Beten, merke, es sind immer noch nicht meine Worte, meine Sprache; empfinde das Unechte, die Selbsttäuschung, die Notwendigkeit, den Stolz abzulegen, die wohlgesetzten Worte, die Sicherheit im Umgang, die Eitelkeit des Herzens; ich stammle.
Ich wage das Wort Demut nicht in den Mund zu nehmen. Und gleichzeitig ist da Kraft, ich erfahre sie, ich bin erfüllt.

Gesetzte Grenzen sind nicht mehr so starr, ich springe über meinen Schatten, ich höre auf, mich nur um mich selbst zu drehen: ich bete mitten im Alltag.

Meine Kinder, die ohne den Rhythmus des Betens aufwachsen, ohne die Form und das Auswendiglernen von Credo und Vaterunser, wollen mit mir beten.

Ich biete ihnen an mein Suchen und Tasten, mein Lernenwollen, mein Angewiesensein, mein Sehnen, auch nach gemeinsamer Form und Rhythmus, mein Hoffen und unseren gemeinsamen Weg. BARBARA DAXER

Ich möchte tolerant werden, ohne etwas zu übersehen; niemand verfolgen, auch wenn alle mich verfolgen; besser werden, ohne es zu merken; trauriger werden, aber gerne leben; heiterer werden, in anderen glücklich sein; niemand gehören, in jedem wachsen.

ELIAS CANETTI

81

Frühlingsanfang

Die linden Lüfte sind erwacht,
sie säuseln und weben Tag und Nacht,
sie schaffen an allen Enden.
O frischer Duft, o neuer Klang!
Nun, armes Herze, sei nicht bang!
Nun muß sich alles, alles wenden.

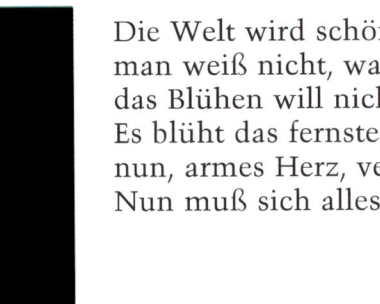

Die Welt wird schöner mit jedem Tag,
man weiß nicht, was noch werden mag,
das Blühen will nicht enden.
Es blüht das fernste, tiefste Tal;
nun, armes Herz, vergiß der Qual!
Nun muß sich alles, alles wenden.

LUDWIG UHLAND

Die Sonne hat mich ins Freie gelockt. Ihre zarte Wärme sagt mir, daß der Winter zu Ende geht. Die Erde riecht nach Frühling.

In den Vorgärten habe ich Schneeglöckchen und Krokusse entdeckt, und als ich zum strahlendblauen Himmel sah, blieben meine Augen an samtweißen Weidenkätzchen hängen. Die Weide, seit Monaten ein totes Gehölz, ist aufgewacht. Neues Leben, wohin ich auch blicke.

Auch in mir wächst neues Leben. Ich spüre es voll Freude. Kleine, noch unsichtbare Händchen suchen in mir. Sie tasten sich vor bis zum Herzen, das das Glück noch nicht fassen kann. Ab und zu stößt ein Füßchen energisch gegen meine Bauchdecke. Dann muß ich schmunzeln und denke, daß da etwas recht Temperamentvolles in mir heranwächst.

Noch ist alles Staunen, Erwartung, Sehnsucht, Lächeln.

Eine unbesiegbar erscheinende Hoffnung auf eine bessere Welt für mein Kind beschwingt meinen Schritt. Meine Seele preist voll Freude den Herrn, denn ich habe ja gesagt zum neuen Geschlecht.

Ein Stück Frühling bin ich, gesegnet mit neuem Leben. Danke, Schöpfergott.

HILDEGARD KREMER

Nun wird die Stube mir zu eng

Nun wird die Stube mir zu eng,
zu eng wird mir die Brust,
denn wieder füllt die Sonne mir
das Herz mit Frühjahrslust.
Sie lockt mich aus dem dunklen Haus
mit strahlendem Gesicht,
denn vor den Fenstern, vor der Tür
ist soviel, soviel Licht.

In alle Täler eilte flink
der Frühling über Nacht.
Nun sind die Wiesen überschwemmt
mit Himmelsschlüsselpracht.
Die Bächlein springen hell und klar.
Zu Wasser ward der Schnee.
Die schlanken Birken stehen blank
am himmelblauen See.

Nun kommt die allerschönste Zeit
mit jedem Frühlingswind.
Mir ist so heiter und so leicht
und wie die Luft so lind.
Vergessen sind schon Schnee und Eis
und Winterdunkelheit.
Nun freuen wir uns wie die Braut
auf Frühlings Hochzeitskleid.

HERBERT KÜMMEL

Kalender hin,
   Kalender her!
Der Frühling ist
   gekommen.
Er hat die alte, dunkle Mär
vom Winter
   mitgenommen.

Das Bächlein singt,
   ein Vogellaut
tönt nun aus allen
   Zweigen:
Zum Nest,
   auf hohem Baum
   erbaut,
will froh ein Star
   aufsteigen.

An jedem jungen
   Morgen will
die Sonne früher
   scheinen.
Nun schweigt das Herz
   nicht länger still.
Dem Licht will sich's
   vereinen.

Kalender hin,
   Kalender her!
Der Frühling ist
   gekommen.
Er hat die alte, dunkle Mär
vom Winter
   mitgenommen.

HANS BAHRS

Der Frühling

Der Frühling ist meine Zeit. Vielleicht weil ich im Frühjahr geboren bin. Ich weiß es nicht, denn in meinen jungen Jahren liebte ich den Herbst mit seiner Melancholie. Aber seit ich mehr in der Landschaft, und das heißt mit den Jahreszeiten, lebe, gehört meine Zuneigung dem aufsteigenden Jahr. Dabei ist Frühling nicht gleich Frühling. Die Jahre sind in unseren Breiten selten, in denen man den Lenz aufschlagen kann wie ein Buch, Seite für Seite. In denen die Schneerosen den Schneeglöckchen – anderswo Märzenbecher genannt – und Krokussen sozusagen die Hände reichen. Leberblümchen, Anemonen, Lungenkraut und Seidelbast machen dann Ernst mit dem Aufbruch, und die Schlüsselblumen in den Wiesen mit ihrem unvergleichlichen Duft geben ein unwiderrufliches Zeichen. Weit öfter aber fällt in vorwitzig aufgetane Blumenkelche wieder Schnee, und erst nach monatelangem Warten platzt dann plötzlich alles aus den Nähten, und die eben aufgeblühten Schlüsselblumenwiesen ersaufen schon im Löwenzahn. Diese unverwüstlichen Sonnen sind dann freilich nur noch durch die Mähmaschine totzukriegen, und sie erwischt niemals alle. Aber da sind auch die Obstbäume erwacht, im Wald ist der Sauerklee schon überständig, und die Buchen dringen mit ihrem Grün heraus, daß man sie anbeißen könnte. Neben ihnen sieht man kaum noch alle anderen, die längst vor ihnen da waren. Aber das ist vielleicht auch gut so. Denn wer heute noch Plätze kennt, an denen Veilchen oder Maiglöckchen wachsen, der behält es lieber für sich und läßt sie unberührt. Aus den Büschen überschwemmen einen nun die Düfte, die Vögel können sich zeitweise sogar gegen Motorenlärm behaupten, alles Viehzeug paart und vermehrt sich, in den Waldbächen gluckert und schäumt es, und die Sonne – wenn sie scheinen mag – wärmt noch, ohne zu erhitzen.

Im Frühling, wenn der Himmel hoch ist, packt mich die Wanderlust, ja das Fernweh. Wenn ich dann in Länder reise, die nur der Frühling grün sein und noch üppiger in Blüten schwelgen läßt unter einer Fülle von Licht, wenn mir dann immer die Verse einfallen »Trinkt o Augen, was die Wimper hält ...«, dann schwingt zugleich das leise

Bedauern mit, daß ich gerade in der Zeit aufgebrochen bin, in der es auch zu Hause am schönsten ist.

Meinen Augen, Ohren, meiner Nase, meinem ganzen Lebensgefühl gilt das Frühjahr als die hohe Zeit des Jahres, der Sommer nur als erschöpfte Übergangszeit vor dem Herbst, der noch einmal ein Höhepunkt ist. Für mich ist es nur zu natürlich, daß auch die menschlichen Hochfeste in die Zeit des aufsteigenden Lichtes fallen. Warum sonst so viele »Hochzeiten« gerade im Mai? Der christliche Kalender, wenn auch in der nördlichen Hemisphäre zubereitet, hat immerhin den geschichtlichen Orientierungspunkt des Passahfestes: das Fest der Auferstehung mußte nicht etwa künstlich im Frühjahr angesiedelt werden. Ostern ist ein Frühlingsfest im doppelten Sinn. Wir können es mit allen feiern, die noch etwas von »Stirb und Werde«, von Verheißung und Trost der alljährlichen Wiederkehr allen Lebens begreifen – und das sind glücklicherweise immer noch mehr als die Kirchgänger, ja die Getauften. Vielleicht sollten wir auch gelegentlich daran denken, so zwischen Ostern und Pfingsten. Denn auch der »Heide« hat ein Herz. Und das Herz hat viele Türen, und ohne die gelegentliche Euphorie eines verheißungsvollen Neubeginns ist ein Menschenleben schwer zu bestehen.

ANNELIESE STARKE

Die Amseln haben Sonne
  getrunken,
aus allen Gärten strahlen
  die Lieder,
in allen Herzen nisten die
  Amseln,
und alle Herzen werden
  zu Gärten
und blühen wieder.
Nun wachsen der Erde
  die großen Flügel
und allen Träumen neues
  Gefieder,
alle Menschen werden
  wie Vögel
und bauen Nester im
  Blauen.
Nun sprechen die Bäume
  im grünen Gedränge
und rauschen Gesänge
  zur hohen Sonne,
in allen Seelen badet die
  Sonne,
alle Wasser stehen in
  Flammen,
Frühling bringt Wasser
  und Feuer
liebend zusammen.

MAX DAUTHENDEY

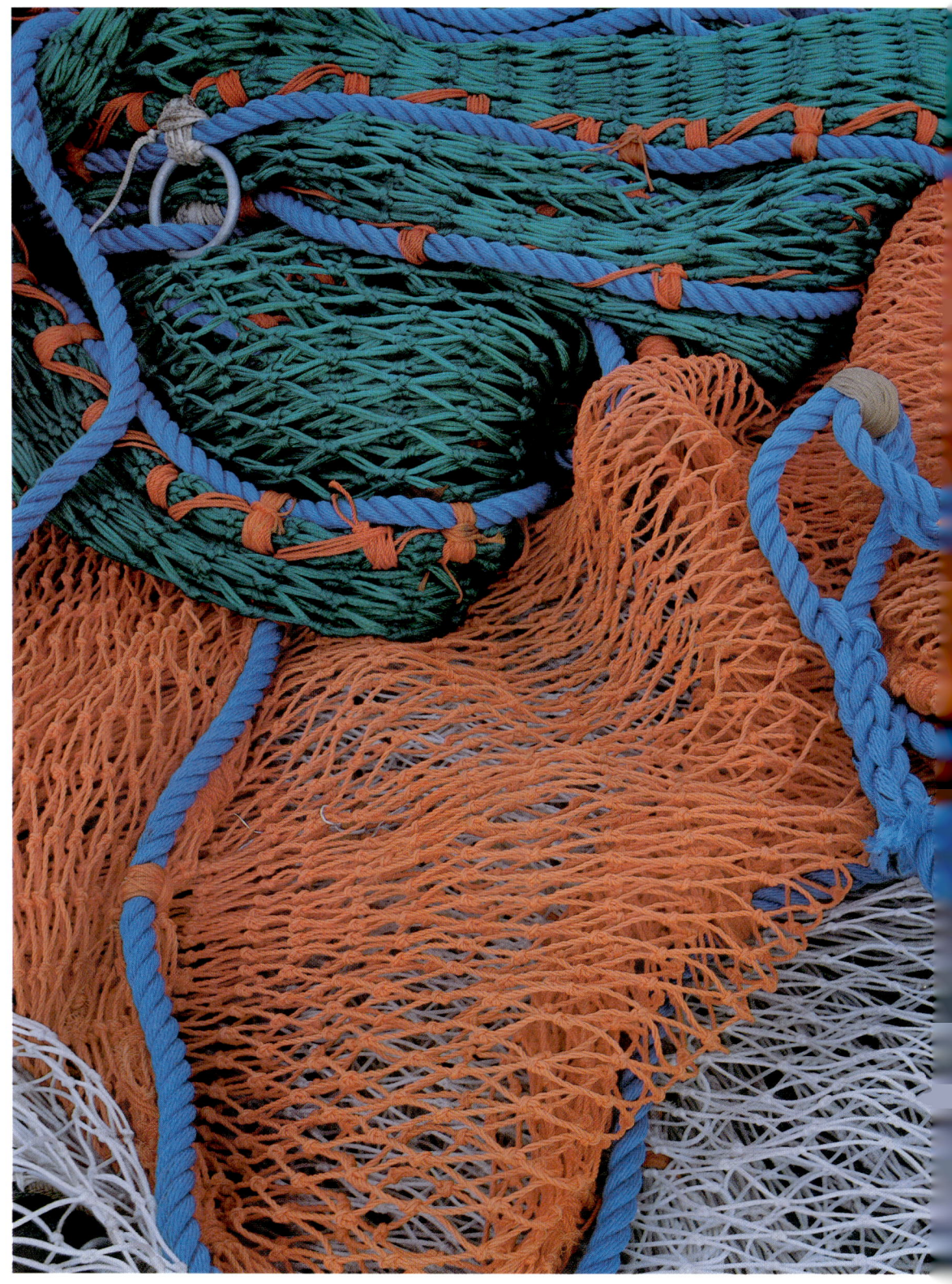

ES LIEGT DAS
GLÜCK NICHT IN
DEN DINGEN,
SONDERN IN DER
ART UND WEISE,
WIE SIE ZU UNSERN
AUGEN, ZU
UNSERM HERZEN
STIMMEN.

JEREMIAS GOTTHELF

Stationen des Lebens: Jung und fast erwachsen

Wunschlos glücklich?

Blättern in alten Fotoalben. Diese vertrauten und doch fremdgewordenen Gesichter. Familienidyllen (oder -verheißungen?). Abgeblätterte Fassaden. Kleine Katastrophen. Feier-Stunden (ungezählte: Weihnachten, Karneval, Geburtstag, Hochzeiten). Alberne Spiele. Stille Fluchten. Klassenfahrten. Erste Reisen und Phantasien vom ungebundenen Leben. Studentenulks. Eigenschaften, Freundschaften, Liebschaften. Vergängliches und Flüchtiges. Stetiges und Verläßliches. Abgeheftete Erinnerungen. War das mein Leben bisher? Zwanzig, fünfundzwanzig Jahre lang? Wo sind die vielen Alltage geblieben, die wilden Wünsche, die geheimen Sehnsüchte, der Geschmack ersehnter Freiheiten, die Vorstellungen von einem Leben, wie ich es einmal gewollt habe?

Meine vielen Gesichter? Es ist nicht nur, daß man älter wird und sich verändert im Laufe der Jahre. Andere Frisuren, wechselnde Stimmungen, inneres und äußeres Wachstum (komisch: das Lächeln ist fast immer gleich). Die vielen Gesichter, die ich habe.

Das Kind der Eltern. Das Kindergartenkind. Der Schüler, die Schülerin. Der Klassenkamerad. Der Freund, die Freundin. Daheim in wechselnden Zimmern – auf der Straße – im Urlaub – im Club – im Beruf – in der Kirche – auf Behörden.

Immer wieder ein anderes Gesicht: die vielen kleinen Welten, in denen man lebt, sich begeistert, sich streitet, sich versöhnt, sich entwickelt. Nach all den Kämpfen, Auseinandersetzungen, Konflikten und Momenten ungeahnten Glücks: Wer will ich sein?

Welche Wünsche habe ich (noch)? Was will ich mit meinem Leben, jetzt, wo alles schon so in geordneten Bahnen verläuft? Wo alles festgelegt ist? Wo man sich seine Rente oder Sozialhilfe ausrechnen kann? Für was will ich einstehen mit dem, was ich bin? *Wem* will ich *was* sein?

Es gibt kein wunschloses Glück. Es gibt nur das Glück, noch Wünsche zu haben, Hoffnungen, Sehnsüchte, Geschichten.

Fragen ist schwerer als antworten. Die meisten lernen es nie, wissen nicht einmal, daß man überhaupt fragen kann. Antworten umstellen ihr Leben, aber nicht Antworten auf eigene Fragen, sondern Scheinantworten, die den eigenen Fragen zuvorkommen, damit sie nur ja nicht gefragt werden.

Willst du fragen lernen, schnür die amtlich verpackten Bündel auf. Stürz den Inhalt der geordneten Kisten um und erprobe selbst, womit du leben kannst. Wag dich auch an die schweren Pakete mit den Etiketten »Gott«, »Erlösung«, »Gebet« heran. Laß dich nicht irritieren durch die Warnung, es würde dir wie mit der Uhr ergehen, die du, auseinandergenommen, nicht wieder zusammenfügen kannst.

Vertrau auf dich und wage zu fragen. Das führt dich ins Weite. Religion ist eine Straße zu Gott. Eine Straße ist kein Haus.

HUBERT HALBFAS

Wissen, wofür man lebt

»Vor allem, ich liebe Dich und sorge mich, wie es Dir geht. Das weißt Du ja. Und das bleibt, ob Du nun ein Engel bist oder ein Bengel, ein Genie oder ein Trottel. Viel davon hängt schließlich von Dir selber ab und was Du entscheidest, mit deinem Leben zu tun.

Was ich sagen möchte, manches davon ist nicht gerade ein lustiger Geburtstagsschwatz, aber es ist real. Gestern stand ich und sah nieder auf einen Sechzehnjährigen, der ein paar Stunden zuvor getötet worden war. Ich weiß von vielen Kindern, sogar jüngeren, die tot sind. Es ist eine furchtbare Zeit in El Salvador für Jugendliche. So viel Idealismus und Engagement wird hier kaputtgemacht.

Brooklyn ist nicht El Salvador. Aber ein paar Dinge bleiben wahr, wo immer man ist. Und in welchem Alter auch immer. Was ich sagen möchte, ist, ich hoffe, es gelingt Dir, das zu finden, was dem Leben für Dich einen tiefen Sinn gibt. Etwas, das wert ist, dafür zu leben, vielleicht sogar etwas, für das Du sterben kannst, etwas, das Dir Kraft gibt und Dich begeistert und Dich befähigt weiterzugehen.

Ich kann Dir nicht sagen, was das sein könnte. Du mußt das selber finden und wählen und lieben. Ich kann Dir nur Mut machen, danach Ausschau zu halten, und Dich bei der Suche unterstützen.«

Ita Ford, eine junge Nonne aus Brooklyn, umgebracht in El Salvador, in einem Geburtstagsbrief an ihre Nichte Jennifer in New York.

Ich will bei der Wahrheit bleiben.
Ich will mich keiner Ungerechtigkeit beugen.
Ich will frei sein von Furcht.
Ich will keine Gewalt anwenden.
Ich will in jedem zuerst das Gute sehen.

MAHATMA GANDHI

APRIL

April

Steckbrief des Monats

April ist der vierte Monat im Kalender, der zweite nach der römischen Zählung. Das Wort kommt vom lateinischen Verb *aperire* = öffnen.

Andere Namen: Grasmonat, Launing (Anspielung auf das wechselhafte Wetter), Ostermonat, Ostermond (weil Ostern meist in den April fällt: Das Fest wird am ersten Sonntag nach dem auf Frühlingsanfang folgenden Vollmond gefeiert; frühester Termin für Ostern ist also der 22. März, der späteste am 25. April).

Frühling

Feste des Monats

In der Regel im April:

Palmsonntag
Gründonnerstag
Karfreitag
Ostern

1. – 30. »Aprilwetter«, schneller Wechsel zwischen warmem Schönwetter und kalten Regen- und Schneeschauern. Bei Aufklaren nach Kälteeinbrüchen Nachtfrostgefahr.
16. – 20. Oft heitere, trockene Sonnentage.

April weiß nicht, was er will.
Wenn der April bläst in sein Horn,
   steht es gut um Heu und Korn.
Nasser April – blumiger Mai.
Aprilwetter und Kartenglück wechseln jeden Augenblick.
Wohl hundertmal schlägt's Wetter um,
   das ist dem April sein Privilegium.
Wenn's im April donnert, gibt's keinen Reif mehr.
April naß und kalt, wächst das Korn wie ein Wald.
Heller Mondschein im April,
   gibt an Wein und Obst nicht viel.
(5.) Ist Sankt Vinzent Sonnenschein,
   gibt es viel und guten Wein.
(23.) Ist Georgi warm und schön,
   wird man noch rauhes Wetter sehn.

Zum April

Saatengrün, Veilchenduft,
Lerchenwirbel, Amselschlag,
Sonnenregen, linde Luft!

Wenn ich solche Worte singe,
Braucht es dann noch großer Dinge,
Dich zu preisen, Frühlingstag?

LUDWIG UHLAND

Nun will der Lenz uns grüßen

1. Nun will der Lenz uns grüßen, von Mittag weht es
   aus allen Ecken sprießen die Blumen rot und
   lau;
   blau.
   Draus wob die braune Heide sich
   ein Gewand gar fein und lädt im Festtags-
   kleide zum Maientanze ein.

Waldvöglein Lieder singen,
wie ihr sie nur begehrt;
drum auf zum frohen
   Springen,
die Reis' ist Goldes wert!

Hei, unter grünen Linden
da leuchten weiße Kleid'!
Heija, nun hat uns Kindern
ein End all Wintersleid.

NEIDHART VON REUENTHAL

Thema des Monats:
Begegnen

So nimm von der Sonne und geh

Ich habe gebetet. So
  nimm von der Sonne
  und geh.
Die Bäume werden
  belaubt sein.
Ich habe den Blüten
  gesagt, sie mögen dich
  schmücken.
Kommst du zum Strom,
  da wartet ein Fährmann.
Zur Nacht läutet sein Herz
  übers Wasser.
Sein Boot hat goldene
  Planken, das trägt dich.
Die Ufer werden bewohnt
  sein.
Ich habe den Menschen
  gesagt, sie mögen dich
  lieben.
Es wird dir einer begeg-
  nen, der hat mich
  gehört.

GÜNTER BRUNO FUCHS

Alles wirkliche Leben ist Begegnung«, schreibt Martin Buber. Es gibt viele Bilder, welche die Begegnung, das wirkliche Leben der Menschen, umschreiben. Von den Begriffen Herz, Seele, Verbundenheit, Antlitz, ist mir der letzte besonders wichtig: Antlitz, Begegnung in Gesichtern.

Wir schauen oft in Gesichter, die auf Begegnung aus sind und uns anfragen. Immer wieder ist es unsere Schuld, unser Versagen, in solchen Augenblicken das eigene Gesicht nicht aufzudecken, uns zu verweigern und vorzuenthalten, uns zu »vergegnen«. Von Angesicht zu Angesicht: hier geschieht Gnade, Heil. Mit welchem Gesicht trete ich, treten wir vor den Gott im Angesicht unseres Nächsten? Wie sind *wir* darin lesbar? Ein Gesicht schaut uns an: Wir verantworten diesen Blick. In meinem Gesicht drückt sich aus: Begegnung – oder Vergegnung, wirkliches Leben – oder verfehltes Leben. In meinem Gesicht kann ein spöttisches Lächeln die Frage und die Hoffnung im Gesicht meines Nächsten zerstören, wenn ich mich zurückziehe und vorenthalte.

Gesichter erzählen Geschichten. In jedem Gesicht ist eine Lebensgeschichte eingeschrieben. An ihnen wird deutlich, daß das Leben auf dieser Erde eine Heimat sein kann. Fridolin Stier schrieb: »Einige Augenblicke fühlt sich das Sein auf der Erde wie Heimat an« – solche Augenblicke sind es, wenn ich in Gesichter schaue und weiß: Du bist nicht allein, du bist gehalten im Glück der Menschen, das sich Verbundenheit und Begegnung nennt.

Zur Begegnung braucht es nicht immer viele Worte. Unsere tiefsten Erfahrungen des Weges aus dem Dunkel der Einsamkeit können wir wort-los, ohne Sprache machen: in der Handauflegung, in der Umarmung, durch Blicke und Gesten, die behutsam und einfühlend über uns kommen und uns aufblicken lassen.

Und auf bestürzend wahrhaftige Weise können wir das Wunder der Begegnung über uns kommen lassen: wenn wir es zulassen, angeschaut zu werden. Wenn wir erkennen, daß wir nichts sind ohne die Menschen um uns und ihre Hoffnungen, die uns anschauen und wahr-nehmen und herausrufen aus unserer Selbstvergessenheit.

Es gibt keine dringendere
   Aufgabe
im Leben als diese:
allen und allem
mit Liebe begegnen.

REINHOLD SCHNEIDER

Gemeinsam

Vergesset nicht
Freunde
wir reisen gemeinsam

besteigen Berge
pflücken Himbeeren
lassen uns tragen
von den vier Winden

Vergesset nicht
es ist unsre
gemeinsame Welt
die ungeteilte
ach die geteilte

die uns aufblühen läßt
die uns vernichtet
diese zerrissene
ungeteilte Erde
auf der wir
gemeinsam reisen.

ROSE AUSLÄNDER

95

Kalender

1
2
3
4
5
6
7
8
9
10
11
12
13
14
15
16
17
18
19
20
21
22
23
24
25
26
27
28
29
30

Gedenk- und Namenstage im April

1	Irene, Hugo · *Amalie Sieveking († 1859)*
2	Franz, Sandrina · *Friedrich von Bodelschwingh († 1910)*
3	Liutbirg · *Gerhard Tersteegen († 1769)*
4	Isidor · *Martin Luther King († 1968)*
5	Vinzenz, Juliana · *Christian Scriver († 1693)*
6	Wilhelm · *Emanuel Geibel († 1884)*
7	Johannes · *Albrecht Dürer († 1528) · Joh. Wichern († 1881)*
8	Walter, Beate · *Martin Chemnitz († 1586)*
9	Waltrud · *Dietrich Bonhoeffer († 1945)*
10	Hulda, Engelbert · *Hans Franck († 1964)*
11	Reiner, Gemma · *Matthäus A. von Löwenstern († 1648)*
12	Herta, Zeno · *Petrus Waldes († um 1217)*
13	Martin, Ida · *Emil Nolde († 1956)*
14	Hadwig, Lidwina · *Simon Dach († 1659)*
15	Huna, Nidker · *Karoline Fliedner († 1892)*
16	Benedikt, Bernadette · *Theodor Schneller († 1935)*
17	Eberhard, Rudolf · *Joachim Camerarius († 1574)*
18	Aya · *Heinrich Rendtorff († 1960)*
19	Gerold, Werner · *Philipp Melanchthon († 1560)*
20	Odette, Hildegund · *Johannes Bugenhagen († 1558)*
21	Konrad, Anselm · *Ernst J. Christoffel († 1955)*
22	Wolfhelm · *Käthe Kollwitz († 1945)*
23	Adalbert, Gerhard, Georg · *Großer Katechismus (1529)*
24	Wilfried, Egbert · *Johann Walter Blankenmüller († 1570)*
25	Markus, Erwin · *Philipp Friedrich Hiller († 1769)*
26	Ratbert, Trudbert · *Valentin Trotzendorf († 1556)*
27	Petrus, Zita · *Taizé gegründet (1949)*
28	Hugo · *Ludwig Tieck († 1853)*
29	Katharina, Dietrich, Irmtrud · *Harald Poelchau († 1972)*
30	Pius, Rosamunde · *Samuel Heinicke († 1790)*

Karwoche

Höhepunkt des Kirchenjahres ist die Karwoche (= Trauerwoche), liturgisch auch »Heilige Woche« genannt. In ihr vollzieht sich die liturgische Vergegenwärtigung der Erlösung und die Erinnerung an das Leiden und Sterben Jesu Christi. Karwoche und Ostern als Feier der Auferstehung des Herrn bilden eine liturgische Einheit: transitus (Durchgang) des Herrn durch Leiden und Tod hindurch zur Auferweckung.
Die Karwoche beginnt am Palmsonntag und endet am Karsamstag. »Große Woche« hieß sie in Jerusalem schon um 400 n. Chr. — diese Bezeichnung ist in der römischen Kirchensprache erhalten geblieben und heute noch üblich.
Andere Bezeichnungen sind: Stille Woche oder Heilige Woche, auch Trauerwoche (daher, von althochdeutsch chara oder cara, die Trauer, der Name Karwoche).

Gedanken zur Heiligen Woche

Die Wirklichkeit des menschlichen Lebens ist alles andere als ein Paradies. Man braucht kein Pessimist zu sein, um festzustellen, wie elend, unglücklich, klein, krank, unbedeutend und zum Tode verdammt wir Menschen sind. Schlimmer noch: die Lust zum Bösen steckt von klein auf in uns. Es gibt kein Kind, das nicht von Geburt und Erziehung her eine gewaltige Hypothek an Verkehrtheit und Aggressivität in sich trägt. Alle Bemühungen der Erziehung vermochten es bisher nicht, diese Gebrochenheit, die wie eine Urverschuldung im Menschen steckt, auszutreiben. Im Gegenteil! Nicht nur die Gesellschaft verdirbt — oft bei bester Absicht — ständig in ihren Schulen und Universitäten, in den Behörden und Institutionen die Individuen. Auch die Kirche machte und macht sich immer wieder schuldig. Sie verdeckt die Wahrheit manchmal mehr, als sie zu bezeugen. Sie erstickt gar zu leicht mit dem sogenannten »Mantel der Liebe« nicht nur die Gerechtigkeit, sondern auch die Brüderlichkeit, die Jesus verkündete. Um des lieben Friedens willen wird der wahre Friede so oft verdorben.

Wie sieht denn dieser Mensch aus, dessen Tod wir am Karfreitag bedenken? Seht diesen Mann der Schmerzen! Diesen Wurm! Man hat ihn fertiggemacht, geprügelt und zerschlagen. Ein Sterbender ist er, aufgehängt zwischen Himmel und Erde. Keine Heimat hat er, weder hier unten bei den Menschen noch oben im Himmel. Allein gelassen ist er! Und dennoch sind die Hände ausgebreitet, alle Welt zu umarmen. Aber nicht nur in der Horizontalen wird dieser Mensch Jesus zerbrochen. Auch in der Vertikalen, senkrecht zwischen Himmel und Erde, wird er auseinandergerissen, so daß er schreit: »Gott, mein Gott, warum hast Du mich verlassen?«

In dieser größten Gottferne ist Gott so nah, daß wir sagen: Hier stirbt Gott als Mensch. Es zerreißt ihm das Herz. Und dieses Herz wird noch durchbohrt. Für den Wissenden wird alles Irdische zur Lanze, die das Herz öffnet und verwundet. Was wie eine Krone aussieht, ist mit schmerzenden Dornen besetzt. Der Denkende wird vom Kopf her gepeinigt. Was man weiß, macht einen heiß! Das ist das Bild des Menschen, wie es die Schrift zeichnet. So stellt uns Gott selbst den Menschen in Jesus vor Augen, in der Wirklichkeit der Geschichte, nicht nur damals – sondern auch heute gilt das Wort: »Seht den Menschen!«

Die christliche Lehre ist bei Gott keine »Seid schön nett zueinander!«-Moral. Diese Botschaft vom Kreuz ist ein Skandal. Sie ist eine Dummheit für alle, die nicht glauben. Uns aber ist sie Gotteskraft und Gottesweisheit, zum Verständnis der Welt, wie sie wirklich ist, geschenkt.

Diese Spannung müssen wir aushalten: die Spannung zwischen dem Jetzt, da wir als Lebende immer sterben, weil dieses Leben eine Krankheit zum Tode ist – und der Zukunft, in der uns die Hoffnung der Auferstehung erstrahlt. Wer sonst kann meinem Leben einen Sinn geben als dieser Jesus? Wer sagt mir denn, daß der Einsatz der Besten dieser Menschheit, diese »Leidenschaft für das Mögliche« in der Wissenschaft, in der Technik, in der Medizin, in der Fürsorge, in den Bildungseinrichtungen, in der Entwicklungshilfe – kurz, überall, wo Menschen sich ernsthaft engagieren für den Mitmenschen – erfolgreich und damit sinnvoll sein wird? Ich habe keine andere Antwort als die Botschaft vom Kreuz und der Auferstehung. Aber dieser Glaube ist nicht nur ein bloßes, verstandesmäßiges Fürwahrhalten. Dieser Glaube ist nicht bloße Vergangenheit. Die Sache Jesu, das Werk der Gerechtigkeit und der Liebe soll durch uns weitergehen. Für ein solches Leben gilt, was Jesus für sich und für uns alle sagte: »Wenn das Weizenkorn nicht in die Erde fällt und stirbt, bleibt es allein. Stirbt es aber, so bringt es viel Frucht« (Johannes 12, 24).

Bis auf den heutigen Tag ist der Lohn, den die Welt für unseren Einsatz gibt, das Leid und die Verlassenheit, Not und Tod. Trost kommt allein aus dem Glauben, von diesem Jesus, von diesem Kreuz. In unserer Schwachheit wird die Kraft Gottes stark.

Wenn wir mit Jesus unseren Kreuzweg gehen, stirbt etwas von unserer Ich-Sucht, bricht die Herrschaft Gottes, die die Herrschaft dieses Jesus ist, in unserer Welt auf. Nur durch das Kreuz hindurch kann der Ostermorgen ankommen, als Zielpunkt der Menschheitsgeschichte und in jedem Moment des Weges, den wir auf dieses Ziel zugehen.

WOLFGANG SCHÖPPING

■ Das Eingangstor zur Karwoche ist der Palmsonntag, liturgisch der zweite Passionssonntag. Die Palmweihe bedeutet unsere eigene Einfügung in das Kargeschehen, die Palmprozession ist eine Versinnbildlichung des Leidensweges auch der Kirche, die den Weg Jesu Christi in die Verwerfung nach-geht.

■ Gründonnerstag, liturgisch »Donnerstag des Herrenmahles«, will das letzte Abendmahl erneuern, in der katholischen Kirche mit Fußwaschung, der Übertragung des Allerheiligsten auf einen Seitenaltar, einer Abendmesse und dem anschließenden Gebet in der Leidensnacht. Dieser Tag schließt auch die Fastenzeit ab.

■ Am Karfreitag, liturgisch »Freitag des Leidens und Sterbens des Herrn«, verzichtet die Kirche in Trauer auf die Meßfeier. Die ältesten Formen des Gottesdienstes haben sich erhalten: am Anfang Gebets- und Lesegottesdienst, im Mittelpunkt Kreuzenthüllung und -verehrung als symbolische Kreuzigung und schließlich gemeinsame Kommunion – das alles am Nachmittag um die Todesstunde Christi. Vormittags findet häufig ein »Kreuzweg der Kinder« statt.

■ Der Karsamstag, liturgisch »Heiliger Sabbat«, ist der einzige liturgielose Tag des Jahres, der Tag der Grabesruhe Jesu. Die Volksfrömmigkeit kennt die Verehrung des heiligen Grabes.

Palmsonntag

Mit diesem Sonntag beginnt die Karwoche. *Palmarum* ist der Erinnerungstag an Jesu Einzug in Jerusalem (Mt 21). Die katholische Meßfeier beginnt mit der Palmweihe – eine symbolische Wiederholung des Jubels von Jerusalem mit Palmen (Symbole des Sieges über den Fürsten des Todes) und Ölzweigen (Symbole des Friedens). Nach alter Vorstellung sind Jesus Kinder entgegengelaufen, daher gibt es in vielen Kirchen noch die Kinderprozession mit festlich geschmückten Palmstecken. Die Palmen werden je nach Region und Landschaft ersetzt durch »Palmkätzchen« (Weidenkätzchen), Buchsbaum, Immergrün, Wacholder, Haselzweige oder Stechpalmen mit roten Beeren. Auch Herzen mit den beiden Buchstaben AM (Ave Maria) werden oft mitgeführt.

Der »richtige« Palmbusch besteht in manchen Gegenden aus immer dreierlei vom Gleichen: drei Buchszweige, drei blühende Palmkätzchen, drei Stechpalmenzweige, drei lange blühende Haselruten etc. Die Kinder tragen die Palmbuschen zur Kirche, wo sie geweiht werden. Anschließend werden sie mit nach Hause genommen und am Kruzifix angebracht. Der fromme Glaube schreibt ihnen Schutz- und Segenswirkung zu. Mancherorts werden die Zweige auch in warmes Wasser gestellt und am Karsamstag mit ausgeblasenen und buntbemalten Eiern geschmückt.

Wo ich Wüste befürchten, erleben, durchstehen muß, ist beste Voraussetzung für die Begegnung mit der anderen Wirklichkeit.

JOHANNES NIGGEMEIER

Ein alter Rabbi fragte einst seine Schüler, wie man die Stunde bestimmt, in der die Nacht endet und der Tag beginnt. Ist es, wenn man von weitem einen Hund von einem Schaf unterscheiden kann? fragte einer der Schüler. Nein, sagte der Rabbi. Ist es, wenn man von weitem einen Dattel- von einem Feigenbaum unterscheiden kann? fragte ein anderer. Nein, sagte der Rabbi. Aber was ist es dann? fragten die Schüler. Es ist dann, wenn du in das Gesicht irgendeines Menschen blicken kannst und deine Schwester und deinen Bruder siehst. Bis dahin ist die Nacht noch bei uns.

CHASSIDISCH

100

Gründonnerstag

Der Gründonnerstag hat durch das Gedächtnis der Fußwaschung und des Abendmahls seinen besonderen Inhalt.
Der Tag stellt uns jene dunklen Abendstunden vor Augen,
in denen Christus verraten wurde. Aber hell leuchtet auch
der Segen: Unter dem gebrochenen Brot und dem ausge-
teilten Wein gibt Christus sich selbst. Seine Liebe wird
äußerlich am sichtbarsten im Dienst der Fußwaschung,
die er an seinen Jüngern vornimmt.

Als ein Tag festlicher Freude hebt sich dieser Tag aus
der Karwoche heraus. Der Altar ist weiß gedeckt, die
Kerzen brennen, die Orgel ertönt.

Der Name »Gründonnerstag« hat mit grün nichts zu
tun, sondern kommt von *greinen* – »weinen«. Doch wird
weithin der Brauch gepflegt, an diesem Tag grünes
Gemüse, Grünkohl oder Spinat zu essen. In manchen
Gegenden kennt man noch Neun- oder Siebenkräuter-
suppe, die aus Kresse, Lauch, Nessel, Sauerklee, Zichorie,
Löwenzahn, Bibernelle, Bachbunge und Fetthenne zubereitet wird. Daß hierbei die Sieben- oder die Neunzahl eine
Rolle spielt, hat denselben Ursprung wie das siebenerlei
oder neunerlei Gewürz für die weihnachtliche Bäckerei.
Sieben Tage hat die Woche, jeder Tag soll durchdrungen
sein von dem Heil, das uns in Christus begegnet, so wählte
man sieben Zutaten. Neunerlei Gewürze oder Grün-
kräuter aber bezog man auf die heilige Zahl Drei, die die
göttliche Ganzheit repräsentiert. Man zog früher ebenso
die Parallelen zu Erde, Luft und Wasser wie zu Himmel,
Erde und Hölle oder Vergangenheit, Gegenwart und
Zukunft.

Während sich mancherorts die »grüne Mittagsmahl-
zeit« erstaunlich gehalten hat, sind die »grünen Gebäck-
formen« weitgehend in Vergessenheit geraten, Kuchen
also, die mit grünen Kräutern belegt waren.

Auch das Zeichen der Liebe, das in der Fußwaschung
sichtbar wird, hat zu Bräuchen und Sitten inspiriert. Man
kennt die »Liebesmahlbrötchen«, ein einfaches Rund-
stück von acht Zentimeter Durchmesser. In gleicher
Weise gibt es das »Mandelbrot« im Westfälischen und am
Niederrhein.

Der grüne Tag

**Früher wurden am Grün-
donnerstag beim Gottes-
dienst grüne Meßgewän-
der getragen. Die Kirche
kannte den Brauch, Men-
schen, die wegen eines
Vergehens aus der Ge-
meinde ausgeschlossen
waren, mit grünen Zwei-
gen zu schmücken und
wieder zur Messe einzu-
laden. In Deutschland,
aber auch in Österreich
und in der Schweiz
verzehrte man grüne
Speisen:
Schwaben: Maultaschen
Böhmen: Spinatkrapfen
aus Kartoffelteig
Norddeutschland:
Kräutersuppe
Hessen: Gemüse aus
neunerlei Kräutern
Schweiz und Elsaß:
Kräuterküchli
Die Kräuter, die am Grün-
donnerstag gesammelt
wurden, galten als beson-
ders heilkräftig.**

Gründonnerstag

Der Gründonnerstag ist der Tag der Versöhnung, die letzten Stunden vor dem Kreuzestod Jesu. In der Kirche verstummen nach dem Gloria Orgel und Glocken. Der Priester entblößt in vielen Gegenden alle Altäre, verhängt Kruzifixe und Bilder mit violettem Stoff, und statt der Glocken erklingt auf dem Land der Lärm der Holz-ratschen, mit denen die Jungen durch das Dorf ziehen.

Jesus hat mit seinen Jüngern am Tag vor seinem Tode das Osterlamm verzehrt. Dieses letzte Abendmahl ist ein Zeichen des Neuen Bundes. Zur Erinnerung daran findet in Rom, aber auch in vielen Bischofskirchen und in Klöstern die symbolische Handlung der Fußwaschung statt.

Gott,

In mir ist Dunkel
Aber bei dir ist Licht.
Ich bin einsam
Aber du verläßt mich
    nicht.
Ich bin mutlos
Aber du hilfst mir.
Ich bin unruhig
Aber du schenkst mir
    Frieden.
In mir ist Bitterkeit
Aber bei dir ist Geduld.
Ich verstehe deine Wege
    nicht
Aber du weißt den Weg
    für mich.

DIETRICH BONHOEFFER

Karfreitag

Am Karfreitag überwiegt der Ernst wie zu Ostern die Freude. Das Symbol dieses Tages ist das Kreuz. In England und in Skandinavien kennt man als Speise des Karfreitags das Kreuzbrot. Es werden besondere Semmeln gebacken, auf die vor dem Backen ein Kreuz eingedrückt wird. Bereits in den ältesten christlichen Gemeinden Ägyptens, in der koptischen Kirche, kannte man diese Kreuzbrote. In den römischen Katakomben finden wir sie auf christlichen Särgen als das Zeichen, daß der am Kreuz gestorbene Christus das Brot des ewigen Lebens ist. Kein Tag des Jahres ist mit so vielen Tier- und Pflanzenlegenden verknüpft wie der Karfreitag. Durch diese Erzählungen wird ausgedrückt, daß das Geschehen des Tages in einer einzigartigen Weise die ganze Schöpfung berührt.

In der evangelischen Kirche ist der Karfreitag der höchste Feiertag im Jahr und steht unter strengem Fasten, Stille und Besinnung. Statt Kirchenliedern werden Trauergesänge gesungen, Orgel und Glocken schweigen noch immer. Die Arbeit ruht, und Tanz und lärmende Freude ist untersagt.

Der Tod Jesu

Als die sechste Stunde kam, brach über das ganze Land eine Finsternis herein. Sie dauerte bis zur neunten Stunde. Und in der neunten Stunde rief Jesus mit lauter Stimme: Eloi, Eloi, lama sabachtani?, das heißt übersetzt: Mein Gott, mein Gott, warum hast du mich verlassen? Einige von denen, die dabeistanden und es hörten, sagten: Hört, er ruft nach Elija! Einer lief hin, tauchte einen Schwamm in Essig, steckte ihn auf einen Stock und gab Jesus zu trinken. Dabei sagte er: Laßt uns doch sehen, ob Elija kommt und ihn herabnimmt. Jesus aber schrie laut auf. Dann hauchte er den Geist aus.

Da riß der Vorhang im Tempel von oben bis unten entzwei. Als der Hauptmann, der Jesus gegenüberstand, ihn auf diese Weise sterben sah, sagte er: Wahrhaftig, dieser Mensch war Gottes Sohn.

AUS DEM EVANGELIUM DES MARKUS

Kreuzweg

Erst im Mittelalter kam die Kreuzwegandacht auf als szenische Vergegenwärtigung des Leidensweges Jesu. Sie hat ihren Ursprung in Jerusalem selbst, wo die Christen den Kreuz-Weg vom Haus des Pilatus zum Kalvarienberg nachgingen. Die Zahl der Stationen ist unterschiedlich — biblisch belegt sind nur neun, die in der katholischen Kirche übliche Zahl liegt bei vierzehn. Pilger brachten die Kreuzwegandacht ins Abendland; erst später fanden die Kreuzwegdarstellungen Eingang in Kirchen und Kapellen. Eindrucksvolle und zugleich leicht nachvollziehbare Stationsbilder können Kindern auch heute helfen, Meditation und Beten einzuüben.

103

Karsamstag

Kartage in Tirol

Karsamstag

Im Volksbrauch gilt der Karsamstag als Reinigungstag, säkularisiert im »Osterputz«. Das Haus wird gescheuert und gereinigt und für die Ostertage festlich hergerichtet. Am Abend findet in den Kirchen die Feier der Osternacht statt mit der Weihe von Feuer, Weihrauch, Osterkerze und Weihwasser. Die Kerze ist ein Sinnbild für den Auferstandenen, sie wird am Feuer geweiht, indem der Priester sie mit fünf Weihrauchkörnern besteckt, die an die fünf Wunden Christi erinnern. »Lumen Christi venit« heißt es zu Beginn der feierlichen Osterprozession mit der Kerze, an deren Licht alle anderen Kerzen in der Kirche, das Ewige Licht und die Lichter in den Händen der Gläubigen, entzündet werden. In einer dunklen Kirche kommt es so zu einer beeindruckenden symbolischen Handlung: das Licht vermehrt sich und wird immer heller, bis der Raum im Glanz des Auferstandenen erstrahlt. Bis zum Himmelfahrtstag wird dann die Osterkerze neben dem Altar aufgestellt und jeweils zu Beginn der Meßfeier angezündet.

Am Gründonnerstag läuteten zum letzten Mal die Glocken; dann flogen sie nach Rom und kehrten erst beim Gloria der Karsamstagsmesse zurück. In dieser Zeit war es zu Hause verboten, zu singen oder zu lärmen; auch der Vater rührte sein Instrument nicht an. In der Kirche waren die Schellen verstummt, und die Ministrantenbuben schwangen die klappernden Ratschen. Ihr dürrer Klang stimmte zu den veröderten Altären, von denen jeder Schmuck entfernt war; nur noch zwei Kerzen brannten. Das Violett der Tücher, mit denen Kreuze und Bilder verhüllt waren, verbreitete Trauer in den kalten Räumen.

Aber nun wich sie einer innigen Heiterkeit: in einem Garten von Grün und Blumen barg sich das Heilige Grab, Hyazinthen umdufteten es, Dutzende von Kerzen strahlten vor der weißverschleierten Monstranz, und das Grab selbst, in dem der vom Kreuz Genommene schlief, war von farbigen Kugeln umglüht. Ein schöneres Gestorbensein ließ sich nicht denken. Unaufhörlich kamen Besucher, um zu schauen und zu beten. Am Abend erklang die Grabmusik. Sie kam aus einer verklärten Welt, in der Schmerz und Tränen in Lächeln vergehen.

Noch einmal trat uns die Majestät des Todes mächtig vor die Augen: Die Zeremonien des Karfreitags begannen damit, daß sich die drei Priester, die die Passion zu singen hatten, der Länge nach zu Boden warfen, wie gefällt von Verzweiflung über den sterbenden Gott. Unter Chorälen wurde ein riesiges Kruzifix stückweise enthüllt, dreimal sang der Priester, und jedesmal stieg seine Stimme um eine Stufe höher: »Ecce lignum crucis!« Seht das Holz des Kreuzes! Und die Menge trat hinzu, es zu küssen.

Selbst das Sonnenlicht schien an diesem Tag gebrochen; daß die Glocken schwiegen, aber tags darauf um so jubelnder läuten würden, machte die Stille des Karfreitags tief und erwartungsvoll. Der Vater hatte blumenbunt bedrucktes Papier gekauft. In der Küche roch es nach Essig; ein Löffel voll gehörte ins Wasser, darin er die Eier färbte. So oft er eines aus dem Tüchlein schälte, in das es beim Kochen eingewickelt war, trauten wir unseren Augen nicht: über und über war es mit kleinen Blumen und grünem Rankwerk überwuchert, und die Farben gingen nicht ab, wenn man sie mit Butter fettete, damit sie noch greller glänzten. Die Mutter knetete den Teig für das Osterbrot, und wir durften den gekochten Mandeln die Haut abziehen, bevor sie unters Wiegemesser kamen. Das Schönste an solchen Stunden war das Gefühl völliger Geborgenheit, und ich erinnere mich deutlich, daß ich ihren Frieden und den Einklang unseres Zusammenseins ebenso innig genoß wie die Stimmungen, die das Wetter, das Licht, das Abendwerden, das Wasser und das Feuer, das Aufblühen der Blumen und der Duft des Grases hervorbrachten.

Waren Eier und Osterbrot bereitet, dann legte sie die Mutter in einen Korb und deckte ihn mit einem weißen Tuch zu, um ihn zum Osterfest in die Kirche zu tragen, damit alles seinen Segen empfange.

JOSEF LEITGEB

Osternacht

In der Osternacht hat die Auferstehungsfeier der ganzen Kirche ihren Ort: im Symbol des Lichts (Osterfeuer, Weihe der Osterkerze vor der Kirche, Exsultet, Lichterprozession, in der alle vom Licht der Osterkerze empfangen), dann im Sakrament der Taufe (Taufwasserweihe, eventuell Taufe, Erneuerung des Taufversprechens), schließlich am frühen Morgen des Ostertages im Gottesdienst, in welchem der Herr aus dem Tod in Brot und Wein aufersteht und sich im Abendmahl bzw. in der Kommunion austeilt. Die aktive Beteiligung der Gläubigen gehört wesentlich zur sinnvollen Feier der Osternacht.

Ostern ist Licht im Frühling.
Ostern ist der Tag der Auferstehung Jesu.
Daraus folgert die sinnenfreudige byzantinische Liturgie:
Umarmen wir einander und sagen Bruder und Schwester!
Ostern ist auch Aufbruch aus dem Dunkel der Tage
und aus der Nacht der Schuld.
Ostern ist Auferstehung eines jeden, der glaubt.
Ostern ist mitten im Frühling ein Fest des Findens.

HANS WALLHOF

Ostern

Auferstehung

An die Auferstehung glauben, heißt nicht nur für dermaleinst, sondern jetzt, mitten am Tag in unserer atmenden Haut. Auferstehung zum Helfen und Trösten, Beten und Kämpfen; nicht sich aufgeben und den nebenan auch nicht. Hier, jetzt nicht matt werden, in der Verbundenheit Gottes zu leben. Jetzt kriegen wir neue Kraft, aufzustehen zu gerechterem Teilen, Gemeinschaft zu bauen und dann mit gelassener Neugier in die Fülle Gottes zu sterben. Diese Lebenskunst kann ich mir nur wünschen. Ich habe sie nicht, höchstens hat diese Kunst mich und macht mich zum aufgeweckten Menschen. TRAUGOTT GIESEN

Lied vor dem Osterfeuer

Tanzend ziehen helle
  Lichter
über träumende
  Gesichter —
unsere Hoffnung bleibt
  nicht klein:
Leben kommt aus Brot
  und Wein.

Im hellen Feuer, das uns
  weckt,
haben wir ein Lob
  versteckt —
unsere Angst verliert
  Gewicht:
Zukunft kommt aus
  diesem Licht.

In Atlanten Grenzen
  fehlen,
niemand kann die
  Menschen zählen —
die nun auf den Straßen
  singen:
Friede kommt vor allen
  Dingen.

Gestern herrschte noch
  der Tod,
nahm den Hungernden
  das Brot —
doch lernen wir in diesen
  Zeiten:
Liebe kommt aus Mahl-
  bereiten.

Lob der Osternacht

Dies ist die Nacht, in der Du, o Gott, einst
unsre Väter, Israels Kinder, aus Ägypten
geführt und trockenen Fußes durchs Rote Meer
geleitet hast.

Dies ist die Nacht, die das Dunkel der Sünde
durch das Leuchten der Feuersäule
verscheucht hat.

Dies ist die Nacht, die heute auf der ganzen
Erde alle, die an Christus glauben, den Lastern
der Welt und der Sündennacht entreißt, der
Gnade zurückgibt, den Heiligen einreiht.

Dies ist die Nacht, in der Christus die Bande
des Todes zerriß und siegreich vom Grabe erstand.

Denn nichts nützte es uns, geboren zu werden,
wär' uns nicht Hilfe geworden durch die Erlösung.

O wunderbare Herablassung Deiner Güte zu
uns! O unschätzbarer Erweis der Liebe: den
Knecht zu erlösen, gabst Du hin den Sohn.

O wahrlich liebenswürdige Sünde Adams, die durch
Christi Sterben getilgt ward! O glückliche
Schuld, die einen so großen, so erhabenen Erlöser
zu erhalten verdiente!

O wahrhaft selige Nacht, du allein durftest Zeit
und Stunde kennen, da Christus von den Toten erstand!

AUS DER LITURGIE DER HEILIGEN OSTERNACHT

Kleines Lied

Zieh nicht vorbei,
Hoffnungsstern klein,
wir brauchen dich,
Hoffnung zu sein.

Verglimm nicht ganz,
Friedenslicht klein,
wir brauchen dich,
Frieden zu sein.

Pflanze dich ein,
Freundschaftskorn klein,
wir brauchen dich,
Freunde zu sein.

Teile dich aus,
Glaubensbrot klein,
wir brauchen dich,
Glauben zu sein.

Glaubst du das?

Ein österlicher Brief

»Ich bin die Auferstehung. Wer an mich glaubt, wird
leben, auch wenn er stirbt. Und jeder, der lebt und an mich
glaubt, wird in Ewigkeit nicht sterben. Glaubst du das?«
(Johannes 11, 25 f.).

Ja, glaube ich das? Diese Frage aus dem Evangelium des
Johannes begleitet mich in diesen Tagen. Ich fühle mich
angesprochen und sehe dahinter die große Frage nach der
Wahrhaftigkeit des Lebens. Ich spüre, wie diese Frage
mich fordert und umkrempelt.

Was ist denn mein Glauben an Kreuz und Auferstehung? Hat die Auferweckung Jesu Auswirkungen auf mein Leben? Die christliche Tradition macht sie zur unaufgebbaren Mitte ihrer Verkündigung. Vielen Zeitgenossen klingt jedoch die Botschaft befremdlich, daß da jemand gestorben ist und den Tod doch überwunden haben soll. Aber die brutale Frage nach der natürlich-biologischen Erklärbarkeit bekommt die tiefere Wahrheit des Sprechens von der Auferstehung nicht in den Blick. Ein Geheimnis wird zerstört, wenn man es allzu vernünftigem Nachdenken aussetzt und es bis in die letzten Winkel hinein zu erklären versucht.

Daß Jesus, unser Bruder, »für uns« gestorben ist, ist für den Christen niemals abgetan: »Jesus im Todeskampf bis an das Ende der Zeit« (Blaise Pascal). Das heißt: Er leidet und stirbt noch immer, weil er sich mit jedem Leidenden identifiziert (Matthäus 25).

Da sind Geschichten vom Kreuz, vom Tod mitten unter uns: Plötzlich gibt einer auf, vor unseren Augen und unter unseren Händen erhält das Leiden unermeßlichen Raum. Es sind verborgene Geschichten, und wir nehmen sie nur wahr, wenn wir die Stummgemachten hören. In den Grauzonen des Lebens gibt es viele Schatten, in den Stunden gänzlichen menschlichen Versagens ein unerbittliches Dunkel.

Die Rede vom noch immer sterbenden und auferstehenden Messias Christus klingt in unseren Ohren deshalb so fremd, weil das Leiden immer weniger wahrgenommen, immer stärker verdrängt wird. Wir wollen es nicht sehen, wir haben bestimmte Techniken entwickelt, den Nächsten fern, unsichtbar und stumm zu machen. Niemand hat Gott je gesehen, wir können ihm nur begegnen im anderen Menschen, der sein Gesicht trägt. Das ist der tiefere Sinn, wenn wir von der Gottebenbildlichkeit des Menschen reden, die erst im leidenden Jesus und damit in jedem leidenden Menschen sichtbar werden kann. Und die einen sind im Dunkel und die anderen sind blind.

Die Geschichte von der Auferstehung ist daher auch eine Geschichte von der Blindenheilung: Da sind einige für immer sehend geworden, als sie im Todesschrei des Gekreuzigten den Schrei aller Leidenden und aller Gequälten hörten. Deswegen rufen die Auferstehungsgeschichten in die Nachfolge: Die Emmausjünger, deren Augen vor Angst und Resignation zugewachsen waren, werden sehend und erkennen den Herrn; Thomas be-greift das Wunder der Auferweckung mit seinen eige-

Der Engel steht abends am Tor.
Er hat gebräuchliche Namen
und sagt, wenn ich sterbe: Steh auf.

RUDOLF OTTO WIEMER

108

nen Händen; Maria von Magdala berührt den Auferstandenen und erkennt ihn mit wachgewordenen Augen.

Ostern ist keine Geschichte zur bloßen Vertröstung, daß dem Gerechten der Lohn im Jenseits winke. Sie macht uns darauf aufmerksam, Augen zu bekommen, die das Dunkel um uns durchdringen können. Das könnten »Auferstehungserfahrungen« mitten im Leben werden: nicht weggehen, die Augen nicht verschließen, nicht Gott mit dem Rücken zu den Leidenden lieben wollen, sondern stehenbleiben, wahrnehmen, teilnehmen am Leben anderer, daß man selbst angstlos wird, um immer ein Stück mehr lieben zu können.

Mit dieser Liebe können wir für die Auferstehung auch in diesem Leben einstehen. Dieses Ziel heißt mit christlichen Worten: Auferstehung in das Reich Gottes hinein, das nach dem Willen Gottes zwischen den Menschen anbrechen soll. »Worauf wartest du?« fragt in einer alten jüdischen Geschichte der Vorübergehende den armen Mann am Straßenrand. Die Antwort kommt ebenso einfach wie radikal: »Auf dich.«

Jetzt, nicht später, wird auf dich, auf mich gewartet. Ich habe einen Namen. Ich bin gerufen. Auf mich richten sich Blicke und Hoffnungen. Wir sind gemeint, mit unserem so halbherzigen Christ- und Menschsein. »Glaubst du das?« will eine ganze, existentielle Antwort.

Ich weiß jetzt, daß wir immer eine Antwort geben sollen auf diese eine Frage. Mein ganzes Leben soll diese Antwort sein. Unser gemeinsames Leben, unsere Verbundenheit im Mahl von Brot und Wein, alles soll die eine, die große Antwort auf diese Frage sein.

Unterbrechen wir die langsame Gewöhnung ans Totsein mitten im Leben. Rollen wir den großen Stein vor der Tür des fernen Nächsten weg. Nichts hat die Frauen und Männer vor zweitausend Jahren mehr überrascht als dieser Stein, an dem vorbei das Licht des anbrechenden Tages in das leere und verlassene Grab hineinfiel. Einer ist schon mal von den Toten auferstanden, Jesus Christus, gestorben für uns, aber immer noch da. Wir sind nicht voneinander getrennt. Wir haben noch etwas zu erwarten vom lebendigen Gott. Wir können uns durch das Leben anderer beschenken lassen. Wir können für die Auferstehung in diesem Leben kämpfen und beten. Wir haben in diesen Tagen viele Möglichkeiten, wieder lebendig zu werden und die Liebe zu wagen.

JOHANNES THIELE

**Gebet auf dem Weg
nach Emmaus heute**

Herr bleibe bei uns
wenn es Abend wird
und der Tag zu Ende geht.
Wenn es dunkel wird in
  unseren Herzen
unsere Gesichter düster
  werden
dann bleibe bei uns.

Herr verlaß uns nicht
wenn wir uns fremd
  werden
und uns nicht mehr
  zurechtfinden.
Wenn wir den Nachbarn
  nicht mehr sehen
und nur noch uns selbst
dann verlaß uns nicht.

Herr bleibe bei uns
wenn die Nacht herein-
  bricht
und sich Finsternis aus-
  breitet zwischen uns.
Wenn keiner dem Freund
  mehr traut
und jeder zum Feind
  des andern wird
dann bleibe bei uns.

Herr verlaß uns nicht
sondern öffne unsere
  Augen
wenn wir mit dir gehen.
Schließe auf unsere
  Ohren
wenn wir von dir hören
laß unsere Herzen
  brennen
in deiner Gegenwart.

Was unsere Osterbräuche bedeuten

Ostern und Naturjahr ergeben äußerlich eine Parallele, innerlich einen Gegensatz. Die aus der Todesstarre erwachende Natur kann uns zum Gleichnis des aus dem Grab wiedererstehenden Lebens werden, und doch stehen Ostern und Frühlingswehen in einem inneren Gegensatz. All das, was in der Natur jetzt zu neuem Leben erwacht, geht schon wieder dem Winter entgegen. Die Auferstehung Christi ist zeitlos, sie durchbricht die Naturgesetze.

Das Osterfest ist randvoll mit Bräuchen und Gepflogenheiten, auch wenn vieles heute in Vergessenheit geraten ist oder nicht mehr beachtet wird. Ostergebäcke kennt man kaum noch. Wie zum Weihnachtsfest der in seiner Form an ein Wickelkind erinnernde Stollen, so gehörte zum Osterfest fladenförmiges Backwerk. Eigelbes Weizenbrot oder auch Kuchen wurden als flaches, mehr dünnes und ausgebreitetes als voluminöses Rundgebäck hergestellt. Der Osterfladen geht auf das ungesäuerte Flachbrot zurück, das beim Passahmahl verzehrt wurde. Das Brot und das Lamm dieses Mahles wurden dann auf Christus bezogen. In einigen Landen hat sich als Gebildbrot noch das Osterlamm erhalten, aber immer stärker ist an seine Stelle der Kuchen- oder Schokoladen-Osterhase getreten.

Der Brauch der Ostereier hat eine sehr lange und wechselvolle Geschichte. Ursprünglich ist die Betrachtung des Eies als eines Sinnbildes der Schöpfung. Daß aus einem Ei alles Leben entstanden ist, wird in sehr alten Schöpfungsmythen erzählt. Schon in der vorchristlichen Welt symbolisierte das mit bunten Ringen geschmückte Ei die Welt im Morgenrot, die Schöpfung des Himmels und der Erde.

Diese Vorstellung, das Ei als Abbild allen Lebens, hat die frühchristliche Kirche übernommen. Sie sah aber nicht wie wir in der Entstehung neuen Lebens in einem Ei einen »natürlichen Vorgang«, sondern das unbegreifliche Wunder der Schöpfung. Von da her kam es im Mittelalter zu langen, gelehrten Auseinandersetzungen über die Frage: »Was war eher, das Ei oder die Henne?« Sie führt uns auch heute noch sehr rasch an das Ende unserer Weisheit: Das Ei kann »natürlicherweise« nicht vor der Henne dagewesen sein, aber die Henne »natürlicherweise« auch nicht vor dem Ei. Einen vorläufigen Abschluß der uferlosen Diskussion hat das lustige Gedicht gebracht, das Eduard Mörike 1847 geschrieben hat und das nebenstehend abgedruckt ist.

Die Gelehrten und die
  Pfaffen
stritten sich mit viel
  Geschrei:
Was hat Gott zuerst
  geschaffen,
wohl die Henne, wohl
  das Ei?
Wäre das so schwer
  zu lösen?
Erstlich ward ein Ei
  erdacht,
doch weil noch kein
  Huhn gewesen,
darum hat's der Has
  gebracht.

EDUARD MÖRIKE

In der christlichen Welt war das Ei nicht nur Symbol der Schöpfung, sondern auch Sinnbild der Auferstehung. Es lag nahe, die Eierschale mit dem Grab zu vergleichen, das durch die Auferstehung gesprengt wird. Seit dem 17. Jahrhundert werden bunte Eier verschenkt, die kunstvoll verziert sind. Sie werden beschriftet mit Eier-Versen.

Der fröhliche Brauch des Versteckens und Suchens der Ostereier kam nach der Reformation auf, als die »Ostermärlein«, die lustigen Predigtgeschichten am Ostertag, aus der Kirche verbannt wurden und hier das laute Lachen verstummte. Nun begann das »Spiel des Osterwunders«, daß in der aufblühenden Natur etwas ganz unnatürlich Schönes versteckt wird.

Das Suchen der Ostereier ist für Kinder die Hauptsache am Osterfest. Ostern ist ein fröhliches Fest, das kann gar nicht deutlich genug zum Ausdruck kommen, und Ostereier und andere Geschenke sollen ein Ausdruck dieser österlichen Freude sein. Jahrhunderte hindurch gab es Wettspiele mit Ostereiern. Im allgemeinen sind diese Nachbarschaft-Lustbarkeiten in den letzten Generationen ausgestorben. Am stärksten gehalten hat sich in manchen Gebieten der Brauch, daß in den Ostertagen Kinder von Haus zu Haus ziehen und um Ostereier bitten. Im gleichen Maße, wie die nachbarlichen Spiele mit Ostereiern zurückgegangen sind, haben sich häusliche Spielereien mit Ostereiern entwickelt. Auf bunte Pappkragen werden Eier gestellt. Diese bekommen lustige Gesichter gemalt und ein Papierhütchen.

Der Osterhase gehört für uns, vor allem für die Kinder, genauso zu Ostern wie der Weihnachtsbaum zum Christfest. Was aber der Hase mit Ostern überhaupt zu tun hat und wie er zum Osterhasen wurde, das weiß kaum noch jemand. Die Kirchenväter erkannten aus biblischen Texten, in denen der Klippdachs (umgedeutet auf den heimischen Hasen) erwähnt wurde, Hinweise auf die Furchtsamkeit, Wachsamkeit und Schnelligkeit dieses Tieres, das auf dem Felsen Zuflucht sucht. In der alten Kirche fand zu Ostern die Taufe der neubekehrten »Heiden« statt: Ostern erreichten also die »Hasen« den »Felsen«. Eine weitausholende Deutung, die allerdings ihre Richtigkeit hat. Rätselhafter sind da schon die mittelalterlichen Hasenornamente: In einem Kreis sitzen oder laufen drei Hasen so, daß ihre Ohren in der Kreismitte zusammenstoßen. Dabei ist das Kuriose: Es sind nur drei Ohren dargestellt, aber bei der Betrachtung hat jeder Hase seine zwei Ohren (siehe Seite 112 Drei-Hasen-Ornament aus dem

Eier-Verse

Ich schenke dir ein
    Osterei.
Das Osterei geht bald
    entzwei,
die Osterfreude ewig sei.

Was sagt das Osterei?
Daß alles Lachen neu,
weil Christus erstanden
    sei.

Mahnen will dies Osterei,
daß Jesus Christus Sieger
    sei
und alle Todesnacht
    vorbei.

Zwei Ostereier schenk ich
    dir,
darunter meinen Namen:
und wenn es Gottes Wille
    ist,
so bleiben (kommen) wir
    zusammen.

Aus Liebe schenk ich dir
    dies Ei,
daß es ein Sinnbild des
    Lebens sei
und ein Zeichen auch
    meiner Treu.

Dies Osterei will ich dir
    geben,
auf daß du noch viel Jahr
    sollst leben.

Kreuzgang des Paderborner Domes). Man hat wohl nie daran gezweifelt, daß es sich hier um ein besonders eindrückliches Dreieinigkeitssymbol handelt. Warum der Hase nun die Eier bringt, ist schwer zurückzuverfolgen. Es hängt mit mittelalterlichen Gepflogenheiten zusammen, denn der Hase war das Symbol des Schuldners, der zu Ostern von seiner Schuld freikam. Einen wesentlichen Teil der zu Ostern fälligen Abgaben stellten Eier dar. Über mancherlei Umwegen hat sich hier ein Brauch verdichtet, der bis auf die heutige Zeit nachwirkt mit den Osterhasen aus Schokolade und den süßen Ostereiern, die verschenkt werden.

Wie das Ei zum Osterei wurde

Katharina war eine Königstochter im Ägypterland. Sie lebte vor langer Zeit in der Stadt Alexandria. Damals herrschte dort der Kaiser von Rom. Er hieß Maxentius und war der mächtigste Mensch der Welt.

Eines Tages besuchte er seine Stadt Alexandria. Er ließ Katharina zu sich kommen. Sie sollte ihm von Jesus erzählen. Er hatte nämlich erfahren, daß sie eine Christin war. Katharina kannte viele Jesusgeschichten. Der Kaiser hörte gespannt zu. Ihm gefiel das, was Jesus unter den Menschen getan hatte. Alle seine Ratgeber wunderten sich darüber. Der Kaiser hatte nämlich die Christen verfolgt. Viele waren auf seinen Befehl getötet worden.

Katharina erzählte vom Leben Jesu, von seinem Sterben, und schließlich auch, daß er von den Toten auferstanden sei. »Von den Toten auferstanden?« fragte der Kaiser verblüfft. Katharina nickte. Da lachte der Kaiser laut auf und rief: »Das will ich dir nur glauben, wenn du aus einem Stein neues Leben erwecken kannst.« Katharina ging betrübt davon. Aber dann kam ihr ein Gedanke. Sie kaufte von einem Bauern ein beinahe ausgebrütetes Entenei. Damit ging sie am nächsten Tag zum Kaiser. »Na, willst du es versuchen?« spottete der. Sie hielt ihm das Ei entgegen. Die junge Ente riß einen Spalt in die Schale. Der Kaiser schaute geduldig zu, wie das kleine Tier sich aus dem Ei befreite. Der Spott wich aus seinem Gesicht. »Scheinbar tot«, sagte Katharina. »Scheinbar tot und doch Leben.« Es heißt, daß der Kaiser sehr nachdenklich geworden sei. So ist das Ei zum Osterei geworden als Zeichen für das, was kein Mensch begreifen kann: Christus ist auferstanden. Wahr und wahrhaftig, er ist auferstanden.

WILLI FÄHRMANN

Der Osterhas

Wenn erblühn die
  Palmenzweige
und der Winter geht zur
  Neige,
gibt es einen großen
  Spaß,
denn es kommt der
  Osterhas.
Doch der schlimme Has
  mich neckt,
weil er, was er bringt,
  versteckt.
Oh, du dummer Osterhas,
wer gut sucht, der findet
  was,
unterm Tisch, unterm
  Schrein
liegen farbige Eierlein.

Eiermalen

Das Köstlichste hatten wir Kinder selbst beizusteuern. Immer am Gründonnerstag wurden wir ausgesandt, um gewisse Farnkräuter zu suchen, Kresse und vor allem die zarten Triebe des Geißfußes. In manchen Jahren, wenn Ostern in den ersten Frühling fiel, war das schwierig, überall lag noch hoher Schnee, und man mußte stundenlang herumstöbern, bis sich irgendwo an einem warmen Quell das Gesuchte entdecken ließ. Durch und durch naß und durch und durch glückselig, brachten wir unsere hinfällige Beute heim. Die Kräutchen wurden sorgsam in das Gebetbuch der Mutter gelegt und bis zum Karsamstag darin aufbewahrt. An diesem Tag stand schon morgens, wenn wir aufwachten, der große Topf mit Salzwasser auf dem Herd. Zunächst wurden wir alle gebadet und bis in unsere Leibeshöhlen hinein unbarmherzig gesäubert, denn, obwohl wir eine Stunde später schon wieder wie Stieglitze gesprenkelt waren, sollte uns doch die Heiligkeit unseres Vorhabens eindringlich bewußt werden. Die Mutter gab uns Leinentücher von der Größe eines Schnupftuches, und darauf streuten wir nun, was in der Schachtel und sonst auf Tellern und in Tassen bereitstand. Auch der Vater saß dabei, und an der Art, wie er mit seiner gütigen Schläue bedächtig eins zum andern legte, zuletzt die Kräuter auf das sauber gewaschene und noch feuchte Ei, an seinem wortlosen Beispiel beruhigte sich allmählich auch unser ungeduldiger Eifer. Wenn alles fertig bereitlag, ließ die Mutter unsere mit einem Faden verschnürten Bündel in das kochende Wasser sinken. Indessen aber mußten wir auf dem Boden knien und drei Vaterunser beten, nicht in bedenkenloser Hast wie sonst, sondern sorgfältig, das »Gib uns heute« und das »Erlöse uns von allem Übel«. Amen! sagte die Mutter zuletzt. Sie bekreuzte sich und den Vater und uns der Reihe nach, und dann hob sie die dampfenden Osterfrüchte aus dem Topf und legte sie in die große Schüssel. Ach, da saßen wir in der Runde und verbrühten uns die Finger in unserer unbändigen Neugier, bis sich endlich das erste Ei aus der Hülle schälen ließ. Deutlich, mit einem unirdisch zarten Grün, zeichneten sich die Kräuter ab, und dazwischen glühte es von Farben, bis in eine unergründliche Tiefe hinein, nicht zu beschreiben, man konnte so ein Ei, mit Butter eingerieben, minutenlang zwischen Daumen und Zeigefinger drehen und sich doch nicht satt daran sehen.

KARL HEINRICH WAGGERL

Das Osterhäselein

Die Glocken läuten
  Ostern ein,
nun gibt es süße Kuchen!
Wo bleibst du, Osterhäselein?
Ei ja, ich will dich suchen.

Ich laufe schnell von
  Busch zu Busch,
dort, wo die Rosen
  stehen,
ja, liebes Häselein, husch,
  husch,
dort werd' ich dich schon
  sehen.

Und springst du dann
  auch schnell davon,
mich soll es gar nicht
  reuen,
ich finde jauchzend
  reichen Lohn
und kann mich herzlich
  freuen.

Ich klatsche in die Hände
  fest,
das Herz, es schlägt mir
  freier,
ich seh' vor mir ein
  ganzes Nest
voll roter Ostereier.

Ein ganz unwahrscheinliches Osterwunder

Das Engrosgeschäft, in das ich um Eier ging, war noch geschlossen, offenbar geht unsere Uhr vor, und es war noch nicht sechs Uhr. Ich setzte mich im nebenan liegenden Park auf eine Bank, um dort zu warten, bis das Geschäft geöffnet würde.

Zwei Frauen gehen eilig an mir vorbei, beide ganz in Schwarz gekleidet. Ihre Gesichter zeugen von Aufregung und Kummer, nichts an ihnen läßt es fühlen, daß sie um das Fest Ostern wissen.

Ostern! Das größte, das feierlichste Fest in Rußland! Noch niemals in meinem Leben war aber meine Seele weiter weg von dem, was Ostern für den Russen bedeutet. Keine Hoffnung, Rußland jemals wiederzusehen, keine Hoffnung, die Eltern wiederzusehen. Wo ist meine Heimat mit ihrem österlichen Glockengeläute, mit dem breiten Flusse, der aus seinen Ufern tritt, mit den bescheidenen weißen Schneeglöckchen, mit den geschäftigen Vorbereitungen auf das hohe Fest, mit dem triumphierenden »Christos woßkresse« (»Christ ist erstanden«), mit den süßen Kulitschen und der fetten Paßcha (Osterspeisen), mit den rotgefärbten Eiern? Nein, diesmal gibt es keine Ostern für mich. Das größte, das feierlichste Fest in Rußland — der traurigste, glückloseste Tag für mich!

Ach, warum sehne ich mich gerade heute so unsagbar nach einem Gruße aus Rußland? Warum?

Es gibt Wunder. Ein wirkliches, wahres Wunder ist mir begegnet. Ein ganz unwahrscheinliches Osterwunder. Ich kaufte doch heute einen Korb voll Eier und brachte ihn heim. Als ich die Eier auspackte, blieb mein Blick zufällig auf einem haften. Es trug eine Aufschrift in russischer Sprache: »Gruß von Landsleuten! Christos woßkresse!«

Lange konnte ich meinen Augen nicht glauben. Wer mochte das geschrieben haben? Woher und von wem kam mir dieser Gruß aus der Heimat? Jemand aus Rußland? Oder vielleicht jemand, der ebenso krank ist an Sehnsucht nach Rußland wie ich? Wer hat mir diesen Brief geschickt, ohne Marke und ohne Stempel, auf dem kleinen, weißen, lieben Ei?

Wie kam es, daß gerade ich dieses Ei erhielt, gerade heute? Gerade heute, an dem Tage, an dem mich die Sehnsucht nach meiner Heimat so stark erfaßte wie vielleicht noch nie?

Ich küßte dieses Ei, das mir ein Wunder gebracht in meinen grauen, freudlosen Arbeitstag. Es sagte mir, daß

Ostermontag

Und es will Abend
    werden,
mein Herz ist wunderstill.
Ich suche den Gefährten,
der mit mir wandern will,
mit mir davon zu
    sprechen,
wie uns der Herr geliebt,
mit mir das Brot zu
    brechen,
das uns sein Leben gibt.

Doch keiner läßt sich
    finden
im Namen dieses Herrn,
so blind sind sie in
    Sünden,
so unerreichbar fern;
ist mir gar oft erschienen,
wofür mich einer hält;
ich lebe unter ihnen
als Gast der fremden
    Welt.

Es soll mich nicht mehr
    schmerzen,
will unter ihnen sein
und schließ in meinem
    Herzen
das stille Wunder ein;
kommt einer dann zu
    sprechen
in meine Welt herein,
will ich das Brot ihm
    brechen,
und er wird sehend sein.

GEORG THURMAIR

alle Menschen Brüder seien und daß gerade dann, wenn man sich ganz einsam fühlt auf der Welt, es doch vielleicht jemanden gibt, der an einen denkt; es sagte mir, daß das Leben immer offen ist für das Wunder … deshalb wohl, weil unser Leben nichts anderes ist als ein großes, geheimnisvolles Wunder!

ALEXANDRA RACHMANOWA

Osterjubel

Jetzt ist der Himmel
  aufgetan,
jetzt hat er wahres Licht!
Jetzt schauet Gott uns
  wieder an
mit gnädigem Gesicht.
Jetzt scheinet die Sonne
der ewigen Wonne!
Jetzt lachen die Felder,
jetzt jauchzen die Wälder,
jetzt ist man voller Fröhlichkeit.

Jetzt ist die Welt voll
  Herrlichkeit
und voller Ruhm und
  Preis.
Jetzt ist die wahre, goldne
  Zeit
wie einst im Paradeis.
Drum lasset uns singen
mit Jauchzen und Klingen,
frohlocken und freuen;
Gott in der Höh sei Lob
  und Ehr.

ANGELUS SILESIUS

Ostergelächter

Es gibt Leute, die behaupten, Humor und Kirche, das gehöre nicht zusammen. Schrecklich, wenn sie recht hätten! Das hat schon Martin Luther empfunden, wenn er in seinen Tischreden einmal sagte: »Wenn Gott keinen Spaß verstünde, so möchte ich nicht im Himmel sein!« Unsere Väter jedenfalls haben von der Freude, vom Lachen in der Kirche noch etwas gewußt, ja es hat sogar einmal eine Zeit gegeben, da das Lachen, das richtige, von Herzen kommende Lachen zur Liturgie gehörte. Es war als Ostergelächter im Mittelalter sogar ein Teil des gottesdienstlichen Verlaufs. Und es wird berichtet, daß der Priester am ersten Ostertag in seiner Predigt derart viele lustige Geschichten, herzhafte Anekdoten und Fabeln erzählte, daß die ganze Gemeinde in ein jubelndes Gelächter ausbrach. Man hat gewußt, damals noch gewußt, was Ostern heißt, und hat das gelten lassen bis in die letzten Lebensfragen hinein. Denn wenn dem Tod die Macht genommen ist, dann bedeutet das ja Freiheit, tiefste Beglückung, überströmende Fröhlichkeit.

Humor und Lachen in der Kirche. Ich meine fast, daß, wenn es irgendwo Humor gibt, die Christen diejenigen sein müßten, die hier ganz vorn sind. Denn Humor ist eine Frage des inneren Abstandes, der inneren Freiheit. Und wo kann diese anders sein als bei einem Menschen, der außerhalb seiner selbst verankert ist – in Gott? Wo anders als bei denen, die begriffen haben, daß die Auferstehung Jesu Christi der Hoffnungslosigkeit, der Verzweiflung ein für allemal ein Ende gemacht hat? »Freude gibt es jetzt«, so sagte der Theologe Karl Barth einmal, »in der nicht nur Brot gegessen, sondern auch Wein getrunken, nicht nur geredet, sondern auch gesungen und gespielt, nicht nur gebetet, sondern auch getanzt werden darf und muß. Dem Menschen, der die biblische Botschaft hört und beherzigt, ist es nicht erlaubt, sondern klar verboten, ein unfroher Mensch zu sein.« Und er hat das nicht nur gesagt, er hat das auch gelebt. Er konnte über sich selbst lächeln. »Die Engel lachen über den alten Karl«, schrieb er einmal, »sie lachen über ihn, weil er die Wahrheit Gottes in einer Dogmatik fassen will; sie lachen darüber, daß sich Band an Band reiht, jeder dicker als der andere. Lachend sagen sie zueinander: Seht, da kommt er mit seinem Handwägelchen voll Dogmatiken! Und sie lachen über die Menschen, die so viel über Karl Barth schreiben, statt sich mit der Sache selbst zu beschäftigen. Ja, die Engel lachen.«

Haben Christen Humor? Ja – möchte ich sagen. Denn Humor gibt es nicht, ohne daß einer mit dem anderen Geduld hat und sein Leben bejaht. Er will ja nicht lächerlich machen, er will höchstens zum Lächeln verleiten. Wie es schon in einer frühchristlichen Schrift – dem Hirten des Hermas – heißt: »Bekleide dich mit der Fröhlichkeit, die allzeit bei Gott Gnade findet und ihm wohlgefällig ist, und schwelge in ihr. Denn jeder fröhliche Mann tut Gutes und sinnt auf Gutes und verachtet die Traurigkeit. Mache dich also rein von dieser bösen Traurigkeit, und du wirst Gott leben. Und alle werden Gott leben, wenn sie die Traurigkeit fortwerfen und nichts als Fröhlichkeit anziehen.«

JOHANNES KUHN

Ja, der Winter ging
  zur Neige,
holder Frühling kommt
  herbei,
lieblich schwanken
  Birkenzweige,
und es glänzt das rote Ei.

Schimmernd wehn die
  Kirchenfahnen
bei der Glocken Feierklang,
und auf oft betretnen
  Bahnen
nimmt der Umzug seinen
  Gang.

Nach dem dumpfen
  Grabchorale
tönt das Auferstehungslied,
und empor im Himmelsstrahle
schwebt er, der am Kreuz
  verschied.

So zum schönsten der
  Symbole
wird das frohe Osterfest,
daß der Mensch sich
  Glauben hole,
wenn ihn Mut und Kraft
  verläßt.

Jedes Herz, das Leid
  getroffen,
fühlt von Anfang sich
  durchweht,
daß sein Sehnen und sein
  Hoffen
immer wieder aufersteht!

FERDINAND VON SAAR

Ich denke gern an dich zurück, Opa

Ganz anders hatte Klaus sich das Osterfest in diesem Jahr vorgestellt. Sonnenschein hatte er sich gewünscht, richtig warme Sonne, und einen langen Spaziergang mit Opa, weit hinaus über den Wall bis zur Burg. Nun war Ostersonntag, doch Klaus konnte sich nicht freuen. Früher war das anders, denn Opa war zu Ostern immer besonders gut aufgelegt, richtig ansteckend war das.

Aber Opa war tot, »heimgegangen«, hatte der Pfarrer beim Begräbnis vor vier Wochen gesagt. Das war der traurigste Tag im Leben von Klaus gewesen. Niemand sprach mit ihm, keiner beantwortete seine Fragen. »Warum ist Opa tot?« hatte Klaus immer wieder gefragt, aber die Erwachsenen hatten nur traurig gelächelt und ihm durch das Haar gestrichen.

Klaus stand am Fenster seines Zimmers und sah mit düsterem Blick hinaus: seit drei Tagen regnete es Bindfäden. Doch wohin war Opa »heimgegangen«? In die Erde, in dieses dunkle Loch, in das sie den Sarg hinabgelassen hatten und das die Männer zugeschaufelt hatten nach der Beerdigung? Seltsame Worte haben die Erwachsenen, dachte Klaus. An die Trauerfeier in der Kirche und dann auf dem Friedhof erinnerte er sich nicht gern. Alle waren so traurig gewesen, viele hatten geweint, auch er. Aber er hatte schnell verstanden, was Tod heißt. Daß Opa nicht mehr da ist, ganz einfach, das ist Tod. Und daß wir ihn vergessen werden, auch klar. Und weil Klaus nicht mehr traurig sein wollte, hatte er sich vorgenommen, seinen Opa schnell zu vergessen. Und ein wenig war ihm das auch gelungen. Er wollte einfach nicht mehr daran denken und nicht mehr weinen.

Heute morgen, in der Frühe, waren sie zum ersten Mal ohne Opa in den Ostergottesdienst gegangen. Merkwürdig, daß rechts neben Klaus nun nicht mehr Opa saß, der seine Hand nahm und drückte, wenn der Pfarrer Frieden wünschte. Jetzt saß neben ihm eine alte Frau, die er nicht kannte und die ihn gleichgültig von der Seite ansah. Und wieder sagte der Pfarrer merkwürdige Sätze, von Auferstehung und Hoffnung, vom ewigen Leben und daß der Tod nicht das letzte Wort hat. Klaus hatte ihn mißmutig angesehen, er fühlte, wie ihm die Tränen kamen. Aber dann schüttelte er heftig den Kopf. Mit dem Tod ist halt alles aus, dachte er, was ändert's, wenn ich weine. Davon wird Opa nicht wieder lebendig. Wie fremd waren die Worte des Pfarrers für Klaus!

Ostern

Vom Münster Trauer-
glocken klingen,
Vom Tal ein Jauchzen
schallt herauf.
Zur Ruhe sie dort den
Toten singen,
Die Lerchen jubeln:
Wache auf!
Mit Erde sie ihn still
bedecken,
Das Grün aus allen
Gräbern bricht,
Die Ströme heil durchs
Land sich strecken,
Der Wald ernst wie in
Träumen spricht.
Und bei den Klängen,
Jauchzen, Trauern,
So weit ins Land man
schauen mag,
Es ist wie tiefes Frühlings-
schauern
Als wie ein Auf-
erstehungstag.

JOSEPH VON EICHENDORFF

Ein wenig hatte der Regen nachgelassen. Klaus wandte sich ab vom Fenster und ging aus seinem Zimmer hinunter in den Flur. Er nahm seinen Anorak vom Haken. »Wohin gehst du?« rief die Mutter ihm nach, aber Klaus hatte die Haustür bereits hinter sich geschlossen.

Der Kirchturm zeigte halb zwölf. Die Türen der Pfarrkirche waren halb geöffnet, die Besucher des letzten Gottesdienstes gingen nach Hause. Klaus erkannte Tante Maria und Onkel Theo, aber er wollte ihnen nicht begegnen und »Frohe Ostern« wünschen. Überhaupt niemanden wollte er sehen.

Hinter der Kirche lag der Friedhof. Die großen schweren Eisentore standen weit offen, und er konnte schnell mittendurch gehen. Keiner war zu sehen, was sollten die Leute auch am festlichen Ostersonntag auf dem Friedhof? Nur weit hinten erblickte Klaus jetzt eine alte Frau, aber sie stand unbeweglich an einem Grab. Klaus wußte noch, wo Opas Grab war, es befand sich gar nicht weit vom Eingang entfernt. Noch immer türmte sich ein großer Haufen Erde über dem zugeschaufelten Loch, einige verwelkte Kränze mit Schleifen lagen obenauf. Klaus nahm eine der Schleifen in die Hand, sie war naß und verdreckt: In dankbarer Erinnerung ...

... Opa und Klaus auf langen Spaziergängen, die warme faltige Hand in seiner kleinen Jungenhand, Opa in seinem Zimmer, mit dem Vergrößerungsglas Bücher und Zeitungen lesend – vieles kam Klaus in den Sinn. Bei Opa war es immer gemütlich gewesen. Er hatte immer Zeit gehabt und konnte zuhören wie kein zweiter. Unglaublich viel zu erzählen wußte Opa, und vieles in der Welt verstand Klaus erst, wenn er es ihm erklärt hatte. Opa war alt und doch noch so jung wie Klaus ...

Plötzlich schoß ihm ein Gedanke durch den Kopf. Er wußte nicht, woher er kam, so blitzschnell und deutlich war er mit einem Mal da: Ich denke gern an dich zurück, Opa. Dieser Satz tat ihm gut, und Klaus sagte ihn leise vor sich hin, als er die Schleife wieder fallen ließ: »Ich denke gern an dich zurück, Opa.«

Wie ein Wind lief Klaus den Friedhofsweg hinunter, durch das große Tor, durch Pfützen und Schlaglöcher, bis er, tief atmend, zu Hause vor der Tür stand. Die Mutter öffnete ihm, blickte in sein nasses Gesicht. Sie nahm seine Hand, an der noch Erde war, in ihre Hände, trocknete sie ab. Fest sah sie ihm in die Augen. Dann nahm sie ihren Jungen in die Arme.

Ein Sonntag im April:

Versuche glücklich zu sein

Gehe gelassen mitten in Lärm und Hast und bedenke den Frieden, den die Stille birgt. Soweit wie möglich und ohne dich auszuliefern, stehe in guter Beziehung zu allen Menschen. Sprich deine Wahrheit ruhig und klar und höre andere, auch Dumme und Unwissende, auch sie haben ihre Geschichte. Meide die Lauten und Aufdringlichen, sie sind eine Plage für den Geist.

Aber sei du selbst, heuchele keine Zuneigung, aber urteile auch nicht abfällig über Liebe; angesichts aller Dürre und Enttäuschung ist sie beständig wie das Gras. Ertrage freundlich den Ratschluß der Jahre und nimm dankbar von deiner Jugend Abschied. Stärke die Kraft des Geistes, damit sie dich in plötzlichem Unglück schützen kann.

Aber quäle dich nicht selbst mit Einbildungen. Viele Ängste werden aus Müdigkeit und Einsamkeit geboren. Bei einem heilsamen Maß an Selbstbegrenzung sei freundlich mit dir selbst.

Du bist ein Kind der Schöpfung, nicht weniger wert als Bäume und Sterne. Du hast ein Recht, hier zu leben. Ob es dir bewußt ist oder nicht: Die Schöpfung entfaltet sich wie vorgesehen. Darum lebe in Frieden mit Gott, wie auch immer du ihn dir vorstellst. Wie auch immer dein Mühen und Sehnen im lärmenden Wirrwarr der Welt sein mögen, halte Frieden mit deiner eigenen Seele. Trotz Trug, Schinderei und zerbrochener Träume, die Welt ist doch wunderbar. Sei achtsam. Versuche glücklich zu sein.

> Das wahre und sichtbare Glück
> des Lebens liegt nicht außer uns,
> sondern in uns.
>
> JOHANN PETER HEBEL

OLD SAINT PAUL'S CHURCH
Baltimore, Maryland USA,
datiert 1692

Lob der Heimat

Meine Heimat war es

Ein krummer Weg und alte Weidenstümpfe.
Ein halb zerfallner, schräger Bretterzaun.
Ein Heuschlag, still und weit. Dahinter Sümpfe,
die weltverloren in die Ferne graun.
Ein Wald mit Kiefern, die zum Himmel reichen.
Ein Roggenfeld, auf dem die Sonne glüht.
Ein Fluß, der zwischen Sand und alten Eichen
stumm und gemächlich seines Weges zieht.
Ein Scheunendach, das fern am Waldessaume
von Moos bewachsen altersschwach sich bückt.
Ein kleiner Kirchturm, der da wie im Traume
versonnen über weite Wälder blickt …
Ein stilles Land mit schweigendem Entsagen.
Ein trüber Streifen fern verblaßten Lichts,
in den die Birkenstämme dämmernd ragen –
und meine Heimat war es. Weiter nichts.

SIEGFRIED VON VEGESACK

Was mir gefällt

Was mir gefällt
auf dieser Welt,
lieber Gott
erhalte es mir.

Mit Vater Kuchen backen,
mit Mutter Rätsel knacken,
Karussell fahren,
Geheimnisse wahren,
Muscheln zählen,
Farben wählen,
an Geschichten denken,
das Fahrrad lenken,
beim Spiel verweilen,
die Freude teilen.

Was mir gefällt
auf dieser Welt,
lieber Gott,
dafür danke ich Dir.

MAX BOLLIGER

Lied für die Erde

Laßt uns singen für die Erde,
daß sie nicht durch Gifte oder Waffen
freventlich und blind vernichtet werde.
Du, o Gott, hast sie geschaffen!

Laßt uns bitten, daß die Erde,
die Du uns zur Pflege hast gegeben,
unsre Kinder noch erfreuen werde.
Jesus ließ für sie sein Leben!

Laßt uns kämpfen für die Erde,
daß der Mensch für ihre Pflanzen, Tiere
statt zum Fluch zu einem Segen werde.
Gott, Dein Geist uns treib und führe!

Laßt uns tanzen auf der Erde
und von Herzen der Verheißung trauen,
daß sie einmal Gottes Reich noch werde,
wo wir Heil und Frieden schauen.

KURT MARTI

Wieder daheim

Ich bin hinauf, hinab gezogen
und suchte Glück und sucht es weit;
es hat mein Suchen mich betrogen,
und was ich fand, war Einsamkeit.

Ich hörte, wie das Leben lärmte,
ich sah sein tausendfarbig Licht;
es war kein Licht, das mich erwärmte,
und echtes Leben war es nicht.

Die Welt, die fremde, lohnt mit Kränkung,
was sich, umwerbend, ihr gesellt;
das Haus, die Heimat, die Beschränkung,
die sind das Glück und sind die Welt.

THEODOR FONTANE

April! April!
Der weiß nicht,
    was er will!
Bald lacht der Himmel
    blau und rein,
bald schaun die Wolken
    düster drein,
bald Regen und bald
    Sonnenschein!
Was sind mir das für
    Sachen,
mit Weinen und mit
    Lachen
ein solch Gesaus' zu
    machen!
April! April!
Der weiß nicht,
    was er will!

HEINRICH SEIDEL

UNENDLICHKEIT

WER WEISS DER
VÖGEL FLUG,
UND WER DEN
WEG DES WINDES?
WER FOLGT DEM
WOLKENZUG,
DEM LÄCHELN
EINES KINDES,

DEM LICHT IM
WEIZENFELD,
DEM FALL DER
REGENTROPFEN,
DEM HERBSTLIED
ALLER WELT:
FRÜCHTE, DIE
NIEDERKLOPFEN?

DU WÜRDEST ARM
UND ALT,
EH DASS DU
KÖNNTST DURCH-
DRINGEN
DIE EWIGE GEWALT
IN DEN GERINGEN
DINGEN.

ALBRECHT GOES

Stationen des Lebens: Generationen leben zusammen

Eltern, wie sie sich gehören, sind vor ihren Kindern stets der gleichen Meinung; wenn sie es nicht sind, sprechen sie französisch. Sie sprechen also viel französisch, bis der Vater eines Tages auf gut deutsch erklärt, es sei ihm jetzt zu dumm, von heute an hätte es einfach so und so zu geschehen, basta.

»Devant!« ruft beschwörend die Mutter der Kinder, »devant les enfants!« Die Kinder verstehen es längst und haben es drollig lieb, dieses devant; sie spielen damit, und noch im späten Leben klingt es süß in ihnen nach mit ihrer Mutter Stimme.

Süß vertraut bleibt auch den einen durchs Leben der Name Vater und Mutter, den anderen Papa und Mama. Das Wort Mama hat den Vorteil, daß es lauter gerufen und hinausgeheult werden kann: »Mama-a!« das klingt durch die Stockwerke, hallt weit durch den Garten und weckt die Nacht. Doch ist das zärtlich klagende »Mutti«, mit langem U, vielleicht noch herzzerbrechender.

Die Koseformen Papi, Vati, oder gar Paps, Päpschen, Vazl und so weiter verraten, daß man etwas auf dem Gewissen hat oder etwas erreichen will.

Was Vazl gar nicht mag, ist, daß man ihm etwas davonträgt, zum Beispiel die Schere von seinem Schreibtisch.

Was Muzl nicht mag, sind Flecken jeglicher Art auf dem Boden, auf dem Tischtuch, auf dem Kleid.

Was Kinder nicht mögen: früh ins Bett, Lebertran und Spazierengehen. Außerdem gewisse Gerichte, von denen die Eltern versichern, andere Kinder wären froh darum.

Eine merkwürdige Tatsache ist die, daß Eltern in ihrer Jugend immer gute Noten hatten.

Doch macht es viel mehr Eindruck, daß Vater auch gelernt hat, Schiffe zu schnitzen, Papierdrachen zu kleben und Rauch durch die Nase zu blasen. Mutter dagegen ist die einzige auf der Welt, die es versteht, hoffnungslos verknotete Schuhbändel wieder aufzulösen und Holzsplitter, die man sich an Händen und Füßen eingezogen hat, mit einer Nähnadel zu entfernen.

Zu dem amerikanischen Schriftsteller Mark Twain kam einmal ein 17jähriger und erklärte: »Ich verstehe mich mit meinem Vater nicht mehr. Jeden Tag Streit. Er ist so rückständig, hat keinen Sinn für moderne Ideen. Was soll ich machen? Ich laufe aus dem Haus!« Mark Twain antwortete: »Junger Freund, ich kann Sie gut verstehen. Als ich 17 Jahre alt war, war mein Vater genauso ungebildet. Es war nicht zum Aushalten. Aber haben Sie Geduld mit solch alten Leuten. Sie entwickeln sich langsamer. Nach 10 Jahren, als ich 27 war, hatte er so viel dazugelernt, daß man sich schon ganz vernünftig mit ihm unterhalten konnte. Und was soll ich Ihnen sagen? Heute, wo ich 37 bin, – ob Sie es glauben oder nicht – wenn ich keinen Rat weiß, dann frage ich meinen alten Vater. So können die sich ändern!«

Wenn Besuch kommt, hoffen die Eltern, daß sich ihre Kinder artig und sauber präsentieren; die Kinder hoffen, daß von den Leckerbissen etwas für sie übrigbleibt. Beide Teile sehen sich in ihren Hoffnungen bisweilen getäuscht.

Nur ein Besuch wird sehnsüchtig erwartet, alle Jahre wieder. Kommt mit seinen Gaben und verlangt keine schöne Hand, kein schönes Kompliment, keinen schönen Knix, ist heimlich dagewesen, hat nichts gefordert und nur mitgebracht: das Christkind.

Ihm will man nacheifern, ihm gleich will man die lieben Eltern mit Geschenken überraschen.

Vätern ist es schwer, etwas zu schenken. Das liegt daran, daß sie sich alles selber kaufen, was sie brauchen; und was sie nicht brauchen, mögen sie nicht.

Man kann sie zum Beispiel nur schwer bewegen, gestickte Buchzeichen zu benützen, während die Mutter versichert, die hätten ihr schon längst gefehlt.

Ein Vater, befragt, was er sich wünsche, antwortet: Ein anständiges Zeugnis.

Zwar sagt auch die Mutter, sie wünsche sich vor allem, daß die Kinder recht brav sind, fügt dann aber hinzu, daß sie ferner noch Sicherheitsnadeln, Papierservietten und gestickte Topflappen sehr nötig habe.

In jeder ordentlichen Familie gibt es eine Uhr, die stehenbleibt, sobald man sie aufgezogen hat. Dann rücken sämtliche Familienmitglieder an ihr herum und behaupten, die Gewichte seien zu hoch hinaufgezogen worden und sie gehe nur richtig, wenn der Perpendikel schief hänge. Geht die Uhr dann endlich, ist es Vaters Recht, zu behaupten, er hätte sie wieder in Gang gebracht.

Wenn die Kinder groß geworden sind, finden sie das Elternhaus altmodisch und treten mit kühnen Ansichten ins Leben hinaus. Sie beschließen, ihre Kinder ganz anders zu erziehen; Fragen und Ermahnungen wie: Hast du auch ein Taschentuch? Die Zähne geputzt? Bist du warm angezogen? Hat jemand meine Schlüssel gesehen? – all dies wird unnötig sein, und niemals wird es Rindfleisch geben.

Aber kaum zu Eltern geworden – was gibt es? Rindfleisch. Was wird gesucht? Der Schlüsselbund. Was wird beredet? Ob Wolfi die Zähne geputzt hat und ob Irmchen warm genug angezogen ist. Denn alle Eltern sind darin gleich, es gehört einfach zu ihnen. Das haben die neuen Eltern nun eingesehen. Sie sagen daher zu ihren Kindern: »Ihr werdet schon auch noch dahinterkommen.« Worüber diese genauso lächeln, wie einst ihre Eltern gelächelt haben.

ERNST HEIMERAN

Gebet

Lieber Vater im Himmel!
Du möchtest, daß das Gespräch
zwischen den Generationen nicht aufhört,
das Gespräch des Glaubens.
Dazu gehört, daß wir einander anerkennen
und uns so annehmen, wie du, Gott,
die eine Generation für die andere gemeint hast.
Wir bitten dich, daß wir dich so sehen lernen.
Wie sollten wir nicht bei dir lernen,
uns mit neuen Augen zu sehen
und mit einem neuen Herzen zu verstehen,
um auf neue Weise Fragen und Antworten des
Glaubens zu geben.
Daß wir doch das Einmaleins der Nächstenliebe
dort lernen,
einüben und praktizieren, wo es am deutlichsten wird,
was der Glaube aus uns machen kann:
in der Begegnung zwischen Eltern und Kindern.
Und wenn wir gefragt werden,
dann gib du, Gott, uns die richtigen Antworten.
Aber auch die Gelassenheit, die wir brauchen,
um besonnen zu reagieren.
Gib uns den Mut, den wir brauchen,
um dort hinzustehen, wo wir gefragt werden.
Gib uns die Weisheit, das Wesentliche
zur richtigen Zeit zu sagen!

JOHANNES KUHN

125

MAI

Mai

Steckbrief des Monats

Der Name Mai kommt vermutlich von der Wachstums- und Erdgöttin Maja. Auch Göttervater Jupiter Maius hat Pate gestanden, der Herrscher über Blitz und Donner, Regen und Sonne.

Andere Namen: Weidemonat, Winnemond (davon abgeleitet: Wonnemonat), Marienmond (Marienmonat), Blumenmonat.

Feste des Monats

1. Mai:
Josef, der Arbeiter

Zweiter Maisonntag:
Muttertag

Vierzigster Tag nach Ostern:
Christi Himmelfahrt

Fünfzigster Tag nach Ostern:
Pfingsten

Donnerstag, der dem letzten Sonntag nach Pfingsten folgt:
Fronleichnam (in der katholischen Kirche)

12. bis 15. Mai:
Eisheilige

30. April/1. Mai:
Walpurgisnacht

In der katholischen Kirche gilt der Mai als Marienmonat.

Frühling

1. – 20. Beruhigung nach dem regellosen, wechselhaften »Aprilwetter«, vereinzelt Nachtfröste während der ganzen Zeit, besonders um den 9. und 17. Mai, weniger oft in den Tagen um den 11. bis 13. Mai, die noch heute die Eisheiligen heißen.

22. 5. – 2. 6. Heiter, trocken und oft schon sommerlich warm bis zu 30 Grad mit den ersten Gewittern.

Wenn im Mai die Bienen schwärmen,
  so soll man vor Freuden lärmen.
Vor Nachtfrost bist du sicher nicht, bis Sophia vorüber ist.
Donner im Mai führt großen Wind herbei.
Regen im Mai bringt fürs ganze Jahr Brot und Heu.
Mai kühl und naß, füllet Scheuer und Faß.
(4.) Der Florian, der Florian,
  noch einen Schneehut setzen kann.
(12.) Pankratius, Servaz und Bonifatius
  machen dem Gärtner noch manchen Verdruß.
(13.) Nach Servatius findet der Frost keinen Platz.

Zum Mai

Der Nachtigall reizende Lieder
Ertönen und locken schon wieder
Die fröhlichsten Stunden im Jahr.
Nun singet die steigende Lerche,
Nun klappern die reisenden Störche,
Nun schwatzet die gaukelnde Schar.

Nun heben sich Binsen und Keime,
Nun kleiden die Blätter die Bäume,
Nun schwindet des Winters Gestalt;
Nun rauschen lebendige Quellen
Und tränken mit spielenden Wellen
Die Triften, den Anger, den Wald.

FRIEDRICH VON HAGEDORN

Grüß Gott, du schöner Maien

Grüß Gott, du schö - ner Mai - en, da bist du wie - drum hier,
tust jung und alt er - freu - en mit dei - ner Blu - men Zier.

Die lie - ben Vög - lein al - le, sie sin - gen al - so hell, Frau

Nach - ti - gall mit Schal - le hat die für - nehm - ste Stell.

Die kalten Wind' verstummen,
der Himmel ist gar blau;
die lieben Bienlein summen
daher von grüner Au.

O holde Lust im Maien,
da alles neu erblüht,
du kannst mir sehr erfreuen
mein Herz und mein Gemüt.

VOLKSWEISE

129

Thema des Monats: Lieben

Die Liebe ist stark wie der Tod

Der Freund

Ja, du bist schön, meine Freundin, ja, du bist schön! Deine Augen sind wie Tauben. Alles ist schön an dir, meine Freundin. Du hast mich verzaubert mit einem einzigen Blick deiner Augen. Wie schön ist dein Liebesspiel, deine Zärtlichkeit um wieviel besser als Wein. Ein verschlossener Garten bist du, ein verschlossener Garten, ein versiegelter Quell.

Wer ist die, die kommt wie die Morgenröte, schön wie der Vollmond, klar wie die Sonne, furchterregend wie Bannerscharen?

Leg mich wie ein Siegel auf dein Herz, wie ein Siegel an deinen Arm. Ja, stark wie der Tod ist die Liebe. Ihre Brände sind wilde Feuer, sind Flammen Jahwes.

> **Denn das ist die Botschaft, die ihr von Anfang an gehört habt: Wir sollen einander lieben und nicht wie Kain handeln, der von dem Bösen stammte und seinen Bruder erschlug. Wundert euch nicht, meine Brüder, wenn die Welt euch haßt. Wir wissen, daß wir aus dem Tod in das Leben hinübergegangen sind, weil wir die Brüder lieben. Wer nicht liebt, bleibt im Tod.**
>
> **1. JOHANNES 3, 11–14**

Die Freundin

Wenn er mich doch küßte mit den Küssen seines Mundes! Horch! Mein Geliebter! Sieh da, er kommt, nun steht er hinter unserem Haus. Er schaut zum Fenster herein und sagt zu mir: Mach dich auf, meine Freundin, meine Schönste, so komm doch.

Nordwind, komm, und Südwind, eile herbei! Durchwehe meinen Garten. Mein Geliebter möge kommen in meinen Garten. Was soll ich sagen?

Ich bin krank vor Liebe. Ich gehöre meinem Geliebten, und mein Geliebter gehört zu mir. Ich verlange und begehre ihn. Komm, mein Geliebter, gehen wir aufs Land, wir bleiben die Nacht über in den Dörfern.

Und in der Frühe werden wir in die Weinberge gehen. Dort will ich dir meine Zärtlichkeit schenken.

AUS DEM ALTTESTAMENTLICHEN LIED DER LIEDER

**Liebe ist ein Überfluß
an Kraft,
die den erfüllt,
der nicht an sich selbst
denkt.**

DAG HAMMARSKJÖLD

**Die einzige Art, das Leben
erträglich zu machen, ist
zu lieben und anzubeten,
was es zuinnerst beseelt
und lenkt. Es macht den
Wert und das Glück des
Lebens aus, in etwas
Größerem aufzugehen,
als man selbst ist.**

**PIERRE TEILHARD
DE CHARDIN**

Es ist Unsinn
sagt die Vernunft
Es ist was es ist
sagt die Liebe

Es ist Unglück
sagt die Berechnung
Es ist nichts als Schmerz
sagt die Angst
Es ist aussichtslos
sagt die Einsicht
Es ist was es ist
sagt die Liebe

Es ist lächerlich
sagt der Stolz
Es ist leichtsinnig
sagt die Vorsicht
Es ist unmöglich
sagt die Erfahrung
Es ist was es ist
sagt die Liebe

ERICH FRIED

131

Kalender

1
2
3
4
5
6
7
8
9
10
11
12
13
14
15
16
17
18
19
20
21
22
23
24
25
26
27
28
29
30
31

Gedenk- und Namenstage im Mai

1	Josef, Arnold · *David Livingstone († 1873)*
2	Sigismund, Athanasius, Boris · *Hans-Joachim Iwand († 1960)*
3	Alexander, Viola, Jakobus · *Nikolaus Hermann († 1561)*
4	Florian, Valeria, Guido · *Michael Schirmer († 1673)*
5	Jutta, Godehard · *Franziska Tiburtius († 1921)*
6	Antonia, Gundula · *Adolph von Knigge († 1796)*
7	Gisela, Notker · *Franz von Sickingen († 1523)*
8	Friedrich, Wolfhild
9	Ottokar, Volkmar · *Nikolaus Graf von Zinzendorf († 1760)*
10	Gordian · *Sebastian Brant († 1521) · Johann Hüglin († 1527)*
11	Gangolf, Mamertus · *Johann Arndt († 1621)*
12	Pankratius, Nereus · *Florence Nightingale (*1820)*
13	Servatius · *Helene Lange († 1930) · Fridtjof Nansen († 1930)*
14	Christian · *Nikolaus von Amsdorf († 1565)*
15	Rupert, Sophia, Isidor · *Otto Dibelius (* 1880)*
16	Johannes Nepomuk · *Fünf Märtyrer von Lyon († 1553)*
17	Walter, Paschalis · *Valerius Herberger († 1627)*
18	Burkhard, Felix · *Christian Heinrich Zeller († 1860)*
19	Kuno, Ivo · *Wilhelm Hey († 1853)*
20	Valeria, Elfriede · *Samuel Hebisch († 1868)*
21	Wiltrud, Hermann Josef · *Elizabeth Fry (* 1780)*
22	Julia, Emil, Renate · *Johann Jakob Schütz († 1690)*
23	Desiderius · *Ludwig Nommensen († 1918)*
24	Esther, Dagmar · *Julius Schnorr von Carolsfeld († 1872)*
25	Maria Magdalena, Heribert · *Cornelius Becker († 1604)*
26	Philipp, Alwin · *Sebastian Münster († 1552)*
27	Augustinus · *Johannes Calvin (†1564) · Paul Gerhardt (†1676)*
28	Wilhelm, Germanus · *Thomas Müntzer († 1525)*
29	Irmtrud, Maximin · *Lorenz Lorenzen († 1722)*
30	Johanna, Reinhild, Ferdinand · *Gottfried Arnold († 1714)*
31	Mechthild · *Joachim Neander († 1680) · Gorch Fock († 1916)*

Erster Mai

Ich weiß einen Stern
gar wundersam,
darauf man lachen
und weinen kann.

Mit Städten, voll
von tausend Dingen.
Mit Wäldern, darin
die Vögel singen.

Ich weiß einen Stern,
drauf Blumen blühn,
drauf herrliche Schiffe
durch Meere ziehn.

Er trägt uns, er nährt uns,
wir haben ihn gern:
Erde, so heißt
unser lieber Stern.

JOSEF GUGGENMOS

Gespräch auf der Wiese

An einem schönen Sommertag um die Mittagszeit war große Stille am Waldrand. Die Vögel hatten ihre Köpfe unter die Flügel gesteckt, und alles ruhte. Da streckte der Buchfink sein Köpfchen hervor und fragte: »Was ist eigentlich das Leben?« Alle waren betroffen über diese schwierige Frage. Im großen Bogen flog der Buchfink über die weite Wiese und kehrte zu seinem Ast im Schatten des Baumes zurück.

Die Heckenrose entfaltete gerade ihre Knospe und schob behutsam ein Blatt ums andere heraus. Sie sprach: »Das Leben ist eine Entwicklung.« Weniger tief veranlagt war der Schmetterling. Er flog von einer Blume zur anderen, naschte da und dort und sagte: »Das Leben ist lauter Freude und Sonnenschein.«

Drunten im Gras mühte sich eine Ameise mit einem Strohhalm, zehnmal länger als sie selbst, und sagte: »Das Leben ist nichts anderes als Mühsal und Arbeit.«

Geschäftig kam eine Biene von der honighaltigen Blume auf der Wiese zurück und meinte dazu: »Nein, das Leben ist ein Wechsel von Arbeit und Vergnügen.«

Wo so weise Reden geführt wurden, steckte auch der Maulwurf seinen Kopf aus der Erde und brummte: »Das Leben? Es ist ein Kampf im Dunkeln.«

Nun hätte es fast einen Streit gegeben, wenn nicht ein feiner Regen eingesetzt hätte, der sagte: »Das Leben besteht aus Tränen, nichts als Tränen.« Dann zog er weiter zum Meer. Dort brandeten die Wogen und warfen sich mit aller Gewalt gegen die Felsen und stöhnten: »Das Leben ist ein stets vergebliches Ringen um Freiheit.«

Hoch über ihnen zog majestätisch der Adler seine Kreise. Er frohlockte: »Das Leben, das Leben ist ein Streben nach oben.« Nicht weit vom Ufer entfernt stand eine Weide. Sie hatte der Sturm schon zur Seite gebogen. Sie sagte: »Das Leben ist ein Sichneigen unter eine höhere Macht.«

Dann kam die Nacht. Mit lautlosen Flügeln glitt der Uhu über die Wiese dem Wald zu und krächzte: »Das

Leben heißt: die Gelegenheit nützen, wenn andere schlafen.« Und schließlich wurde es still in Wald und Wiese. Nach einer Weile kam ein junger Mann des Wegs. Er setzte sich müde ins Gras, streckte dann alle viere von sich und meinte, erschöpft vom vielen Tanzen und Trinken: »Das Leben ist das ständige Suchen nach Glück und eine lange Kette von Enttäuschungen.«

Auf einmal stand die Morgenröte in ihrer vollen Pracht auf und sprach: »Wie ich, die Morgenröte, der Beginn des neuen Tages bin, so ist das Leben der Anbruch der Ewigkeit!«

EIN SCHWEDISCHES MÄRCHEN

Obwohl der Tag Josefs, des Arbeiters, ist der Erste Mai kein kirchliches Fest, trotzdem aber reich an Bräuchen: Der Maibusch zum Beispiel ist früher eine Sitte gewesen, die sehr ernst genommen wurde. Die jungen Burschen steckten den Mädchen einen Maibuschen an die Tür oder an den Fensterladen und drückten damit ihre Zuneigung aus. Ein schöner grüner Zweig, manchmal geschmückt, bedeutet Liebe.

Der Maibaum in der Mitte des Dorfes ist ein stattlich hoher Baum, dessen Krone mit einem Maikranz und mit wehenden Bändern geschmückt wird. Jede Gegend kennt eine andere Verzierung, immer aber bedeutet der Schmuck Fruchtbarkeit (grüne Zweige oder Blätter), Reichtum und Fülle (vergoldete Nüsse, rote Früchte). Unter dem Maibaum wird der Maireigen getanzt.

Wach auf, mein Herz

Kanon: 3 Stimmen

Muttertag

Ein paar Blumen

Zeitiger als sonst war der Frühling gekommen. Man mußte Augen und Ohren für ihn haben, für die Knospen und Blüten, die sich überall zeigten, für das Singen und Zwitschern, das aus verborgenen Vogelkehlen kam und ganz zart in der Luft hing.

Die Fenster waren offen, und vom Garten her, wo ein paar kleine Vogelstimmen keck einander Antwort gaben, wehte die milde Frühlingsluft herein.

Ich stand am Fenster und starrte hinaus, wickelte mechanisch die Gardinenkordel um den Zeigefinger und fragte mich: Wozu bin ich eigentlich da, wer braucht mich?

Das war ein Tag, an dem einen nichts freute, an dem nichts gelang, man fing fünf Arbeiten auf einmal an, brachte keine richtig fertig und wartete auf ein Wunder, das Harmonie und Lebensfreude wiederherstellen sollte.

Eine Zeitlang hatte ich in stummen Monologen geklagt, daß die Kinder Egoisten sind und daß sich auch sonst niemand für mich interessiere, dabei aber keineswegs bedacht, daß die kranke Nachbarin doch viel eher Grund hätte, sich zu beklagen, als ich.

Ich war den Tränen nahe und wußte selbst nicht warum; niedergeschlagen und schlecht gelaunt bis zu jenem Augenblick, als der Blumenstrauß plötzlich dastand, mitten auf dem Tisch. Viele bunte Wiesenblumen in einem einfachen Wasserglas, die mir mit ihren weißen, blauen und gelben Köpfen aufmunternd zunickten.

Unser Jüngster hatte sie hingestellt.

Er sagte, das wäre ein Dankeschön für die viele Mühe und Arbeit, die ich mit ihm hätte.

Ich war sprachlos. Mit einem Dank von meinen Kindern, der sich in Blumen ausdrückt, hatte ich nicht gerechnet. Gerührt gab ich ihm einen Kuß.

Ich spürte die Wärme in mir, die aus dem tiefsten Winkel meines Herzens kam und den letzten Rest von Traurigkeit mit sich nahm.

HELENE PAULUS-MEYER

Gebet einer Mutter am Muttertag

Es ist nur ein Haus, Herr –
vier Wände und ein Dach.
Vorn die Haustür und
hinten die Terrassentür,
die meistens laut
zugeschlagen wird.
Nur ein Haus – und darin
Lachen und Weinen
und jubelnde Freude.

Es ist ein Heim,
unser Heim!
Hilf mir, Herr, ein Heim
zu schaffen, wie wir es
brauchen.
Eine Zuflucht,
wenn's nötig ist,
einen Ort, wo die Alltags-
schrammen heilen
können.
Eine Schule, in der wir
lernen,
mit uns selbst und mit
anderen auszukommen.
Eine Kirche. Ja, Herr, ein
Stück Gemeinschaft der
Gläubigen.
Einen Ort, an dem man
erfährt, wie Gott ist.

Die besten Dinge in der
Welt sind die haus-
gemachten, Herr.
Hilf mir, aus meinem
Haus ein rechtes Heim
zu schaffen.
Nur mit deiner Hilfe,
mein Gott und Vater,
kann es mir gelingen.
Amen.

JO CARR / IMOGENE SORLEY

Auch Mutter darf mal »Danke« sagen

Das wird heute ein anstrengender Tag werden. Die Kinder haben geplant, und ihre guten Vorsätze sehe ich ihnen an der Nasenspitze ab. Ich werde mich natürlich freuen, wenn ihre Liebe sich in Bastelarbeiten und kleinen Hilfeleistungen zeigt. Aber manchmal frage ich mich: warum der ganze Rummel um den Muttertag?

Über diese Frage hinaus bin ich nachdenklich geworden. In Zukunft, so habe ich mir vorgenommen, möchte ich etwas mehr darauf achten, wenn – auch ohne Muttertag – eine Situation zum Freuen entsteht. Denn manchmal nehme ich vieles als allzu selbstverständlich hin: die kleinen spontanen Hilfen, den überraschenden Kuß, das Aufstrahlen der Augen, wenn etwas gut gelungen ist. Ich weiß doch, wie mir selbst ein Lob Auftrieb gibt. Warum lobe ich denn meine Kinder nicht öfter? Warum sage ich nicht öfter »Danke«, auch bei eigentlich ganz selbstverständlichen Dingen?

Gott, laß mich mit offeneren Augen auf meine Kinder sehen und ihnen nicht nur in ernsten, sondern auch in fröhlichen, positiven Dingen ein Beispiel sein. Und das nicht nur am Muttertag.

HILDEGARD KREMER

Jedes Kind hat eine Mutter

**Jedes Kind hat eine
    Mutter,
jede Mutter hat ein Kind.
Und wir freuen uns von
    Herzen,
weil wir Mutters Kinder
    sind.**

**Jeder Strahl hat eine
    Sonne,
jede Sonne einen Strahl.
Und wir wünschen unsrer
    Mutter
Sonnenstrahlen ohne
    Zahl.**

**Jeder Stern hat einen
    Himmel,
jeder Himmel einen Stern.
Und wir haben unsre
    Mutter
über alle Sterne gern.**

RUDOLF OTTO WIEMER

Maria

Viele Christen sind in bezug auf Maria heute unsicher geworden. Sie ist jedoch als Mutter Jesu eine nach Bibel und Theologie zentrale Gestalt der christlichen Heilsgeschichte. Erwählt als Mutter des Messias (Lukas 1, 26–38), hat sie den Glauben Abrahams nachvollzogen und ist dadurch auch zur Mutter des *neuen* Gottesvolks geworden. In ihrer Person sind alle Phasen des Glaubens (Berufung, Nachfolge und Vollendung) gegenwärtig.

Die vielen Marienfeste haben in der katholischen Kirche noch immer einen hohen Stellenwert. Die evangelische Kirche kennt keine ausgeprägte Marienfrömmigkeit, die auch im Volk wurzelt. In den Marienfesten und in Liturgie, Volksfrömmigkeit, Brauchtum sowie Kunst bezeugt das Gottesvolk seinen Glauben und seine Verehrung zu Maria, die kraft der Auferstehung Jesu schon jetzt an der Existenz des künftigen Lebens teilhat. Gegen eine Überbetonung Marias muß festgehalten werden, daß sie nicht losgelöst von Christus betrachtet werden kann. Nach der Lehre der katholischen Kirche ist Maria als einzige voll erlöst und aufgenommen in den Himmel.

Die Marienverehrung greift tief in das religiöse Leben ein. Maria ist Schutzpatronin von Ländern (besonders Polen, Ungarn, Bayern), von Städten, Kirchen und Seefahrern *(Stella maris),* darüber hinaus häufiger Taufname. Ausgesprochene Marienmonate sind Mai und Oktober (Rosenkranzmonat).

Ave Maria

Gegrüßet seist du, Maria,
voll der Gnade,
der Herr ist mit dir.
Du bist gebenedeit unter den Frauen,
und gebenedeit ist die Frucht deines Leibes,
Jesus.

Heilige Maria, Mutter Gottes,
bitte für uns Sünder
jetzt und in der Stunde unseres Todes.
Amen.

Mutter Maria

Maria, du bist eine Mutter,
die Mutter von Jesus,
von Christus, dem Herrn.

Du hast ihn geboren,
auf den Armen getragen,
du hast ihm geholfen,
erwachsen zu werden.

Maria, du bist eine Mutter,
die Mutter von Jesus,
von Christus, dem Herrn.

Du hast ihn geliebt,
und du hast es gespürt,
daß er Gott gehört
und ihm folgen wird.

Maria, du bist eine Mutter,
die Mutter von Jesus,
von Christus, dem Herrn.

Du bist ihm gefolgt
auf allen Wegen,
bis unter das Kreuz
gingest du ihm nach.

Maria, du bist eine Mutter,
die Mutter von Jesus,
von Christus, dem Herrn.

Im Sterben sah er
dich an und sprach:
Nun wirst du die Mutter
für alle sein.

Maria, du bist unsre Mutter,
die Mutter von Jesus,
unserm Freund, unserm
Herrn.

CHRISTA PEIKERT-FLASPÖHLER

**Die wichtigsten
Marienfeste**

**Mariä Lichtmeß
2. Februar**

**Mariä Verkündigung
25. März**

**Fest Maria Königin
31. Mai**

**Mariä Heimsuchung
2. Juli**

**Fest der Aufnahme
Mariens in den Himmel
(volkstümlich:
Maria Himmelfahrt)
15. August**

**Mariä Geburt
8. September**

**Mariä Darstellung
21. November**

**Mariä Empfängnis
8. Dezember**

Christi Himmelfahrt

Wie die Wurzeln
der Pflanze
ohne Erde verdorren,
so die vom Himmel
abgeschnittenen Wurzeln
der Seele.

ZENTA MAURINA

Wer den Himmel nicht
in sich trägt,
sucht ihn vergebens
im ganzen Weltall.

CARL SONNENSCHEIN

Artikulierter Himmel:
eine unentschlossene
Blume
blüht auf meiner Hand.

KARL KROLOW

Das Himmelfahrtsfest, am vierzigsten Tag nach Ostern gefeiert, ist heute für viele Menschen eine große Verlegenheit. Sie können nichts mehr damit anfangen, so daß es nicht verwunderlich ist, daß es von ihnen zunächst als Vatertag begangen wird: Die Männer ziehen mit Bier, Schnaps und Schinken, oft auf einem Leiterwagen, ins Freie und trinken mehr, als sie vertragen können.

Gleichwohl ist dieser Tag im kirchlichen Kalender von großer Bedeutung. Das Neue Testament berichtet, daß sich Jesus nach der Auferstehung vierzig Tage lang in verschiedener Weise an mehreren Orten und vor vielen Menschen gezeigt hat. Die Himmelfahrt (Lukas 24, 50–53; Markus 16, 19; Apostelgeschichte 1, 1–12) beendet die Folge von Erscheinungen Jesu. Himmelfahrt ist die letzte Ostergeschichte: Jesus verabschiedet sich wie beim letzten Abendmahl. Himmelfahrt ist eine Verstehens- und Glaubenshilfe für Ostern, weil sie einige Aspekte der Osterbotschaft für die Zukunft von Kirche und Gemeinde deutlich macht.

Das Bild der Himmelfahrt ist nach dem Weltbild der Bibel zu verstehen, hat aber auch eine übertragene Bedeutung: Himmel als »Wohnung Gottes«. »Oben« weist auf die Bedeutsamkeit, Macht und Herrschaft Gottes hin und ist keine Ortsbezeichnung. Weil Gott überall ist, ist auch der Himmel überall. Dieses Fest formuliert den Auftrag an die Jünger, als Boten Jesu in die Welt zu gehen und allen Menschen das Evangelium zu verkünden.

Das Brauchtum dieses Tages ist spärlich, aber ausdrucksvoll: In den Alpenländern wird mancherorts eine Christusstatue in der Kirche emporgezogen, die man in einer Dachluke verschwinden läßt; und in einigen Orten begleiten geschnitzte Engel, an Seilen auf- und niedertanzend, diese »Himmelfahrt«. Manchmal auch werden Oblaten, Mandeln und Rosinen auf die Kirchgänger herabgeschüttet. Nur in wenigen Gemeinden hat sich der Brauch erhalten, an diesem Tag Gebäck in Vogelform zu essen.

Pfingsten

Ein Brausen von oben

Ein Brausen bricht los wie ein Sturmwind. Das ganze Haus, Zufluchtsort eines ängstlichen Häufleins verschüchterter Menschen, ist voll davon. Feuer fällt herab oder herein, und sie sind verwandelt. So berichtet die Schrift über die Entstehung der ersten Christengemeinde.

Seit Wochen hatten sie gewußt, daß der Meister lebte, aber das Wissen verwandelte sie nicht, die Erfahrung bewirkte nicht, daß irgend etwas von ihnen auf andere Menschen übersprang. Sie waren eine Gemeinschaft, sie hielten zusammen, aber was sie verband, war eine Erinnerung. Sie setzte sie nicht in Bewegung. Sie schützte sie nur vor den anderen, sie grenzte sie aus einer gefährlichen Welt aus. Und nun fällt »von oben her« etwas herein, Feuer, sagen sie, und etwas Neues entsteht: Fünfzig Tage nach Ostern ist sie da, die Gemeinschaft der Gerechten und Ungerechten, der Armen, der Bedrohten und Ausgestoßenen, derer, die nach Freiheit hungern, nach Erlösung, nach Gerechtigkeit, nach dem Reich, nach einem fühlbaren Zeichen der Nähe Gottes: die Kirche. Eine Kirche freilich, die nicht aus dem Gestern lebt, sondern aus dem Morgen, aus der Zukunft.

Ich wage es kaum auszudenken, was geschähe, wenn die Christenheit plötzlich anfinge, an die Gegenwart des Geistes Gottes zu glauben. Wenn sie glauben könnte, daß das Leben nicht aus Gewohnheiten besteht, sondern aus Einbrüchen, aus plötzlichen Erfahrungen und Erkenntnissen, die neu und anders sind als alles Gewohnte. Ich wage mir kaum auszudenken, was mit der Christenheit geschähe, wenn sie plötzlich einen lebendigen Gott erführe, einen Gott, der heute bei ihr ist, um sie her, ihr voraus. Einen Gott, der Wege zeigt und Neues vor die Augen der Menschen stellt.

Es ist kaum auszudenken, was es für die Menschheit, auch für die Menschen in unserem Land, bedeuten könnte, wenn die Christen die Probleme dieser Zeit mit neuen, offenen Augen anschauten und dann sagten: Im Namen Gottes: Wir gehen einen anderen, einen neuen

Weg. Wir lassen unsere Gewohnheiten, unsere Ansprüche und unsere Gedankenlosigkeit hinter uns und gehen, ärmer, aber von Hoffnung getragen und vom Geist Gottes geführt, in eine offene Zukunft.

JÖRG ZINK

Vom Pfingstverkehr berichtet der Rundfunk: verstopfte Autobahnen, kilometerlange Autoschlangen und Staus, zahlreiche Unfälle. Pfingsten ist ein idealer Ausflugstermin – in erster Linie jedoch ein Fest der Kirche.

Die Bezeichnung »Pfingsten« stammt vom Wort *pentecoste,* das die Römer von den Griechen übernommen haben und »der fünfzigste Tag« (nach Ostern) bedeutet.

Stark beeinflußt von einem jüdischen Fest ist das christliche Pfingsten: Die Israeliten feierten das Wochenfest mit einer Festversammlung, an der man an die Zehn Gebote erinnerte, an den Berg Sinai und an Gottes treuen Bund mit seinem Volk. Noch heute schmücken die Juden zu diesem Fest ihre Synagogen und Häuser mit Blumen und Grün. In Apostelgeschichte 2 erfahren wir in Form einer Geschichte, was Pfingsten für die Christen bedeutet. An diesem ersten Pfingstfest nach den Osterereignissen begannen die Jünger aus der Verborgenheit und dem Schweigen herauszutreten und sich öffentlich zum auferstandenen Herrn Jesus Christus zu bekennen. Sie erhielten den »heiligen Geist«, versinnbildlicht in den Feuerzungen und der Taube vom Himmel, das heißt den lebendigen Glauben – Gott schloß mit ihnen einen neuen Bund. Das Bild der Feuerzungen ist an die Feueroffenbarung des »alten Bundes« am Sinai angelehnt. Petrus, der Kopf der Jüngergruppe, predigte vom auferstandenen Herrn und taufte viele Menschen. Von da an lief die Botschaft durch Palästina, dann durch den Mittelmeerraum und in die ganze Welt.

Die Bräuche zu Pfingsten sind nicht so zahlreich und vielfältig wie zu Weihnachten und Ostern, aber dafür oft verknüpft mit der Feier des angebrochenen Frühlings: Wettkämpfe und Spiele, Tanzfeste und Gelage mit Pfingstbier, Pfingstritte, Kranzstecken und Pfingstochse.

Kehrvers

Ve - ni cre - a - tor, ve - ni cre - a - tor, ve - ni cre - a - tor spi - ri - tus.

* deutsch: Komm Schöpfer Geist

Pfingstflammen

Pfingstflammen sind etwas Seltsames.
Sie brennen, aber du bemerkst keine Flammen.
Du siehst sie nicht, weil sie im Herzen sind.
Sie brennen, weil es schmerzvoll ist, einem Feind das
»Du« anzubieten.

Pfingstflammen sind sehr zart, aber äußerst kraftvoll.
Ein böser Blick kann sie auslöschen.
Aber sie haben die Macht, dem Stärksten aus der Klasse
die Tränen in die Augen steigen zu lassen.

Pfingstflammen lehren, andere Menschen zu verstehen.
Ausländische Sprachen unterrichten sie nicht!
Aber sie bewirken, daß Fremde zu Freunden werden und
daß Spiele keine Grenzen kennen.

Pfingstflammen sind ansteckend.
Je mehr sie andere Menschen anstecken, um so heller
leuchten sie. Am liebsten brennen sie in Gemeinschaft.
Schon eine Berührung, ein einziges Wort kann sie über-
tragen.

Übrigens, Pfingstflammen gibt es natürlich nicht nur zu
Pfingsten.
Sie halten sich länger und brennen öfter, als man denkt.
Vielleicht wird sogar gerade eine in dir entzündet.

THOMAS KLOCKE

Komm, Du Geist Gottes

**Komm, Du Geist,
der Feuer auf die Erde
wirft
und der will, daß es
brenne**

**Komm, Du Geist,
der keinen faulen Frieden
will,
sondern Gespräch und Tat**

**Komm, Du Geist,
der Glauben nicht vom
Himmel
fallen läßt, der Wagnisse
eingeht**

**Komm, Du Geist,
der den Hunger nicht auf-
hebt,
aber Gerechtigkeit fordert**

**Komm, Du Geist,
der die Kälte nicht nimmt,
doch Wärme spendet**

**Komm, Du Geist,
der nicht nur große Worte
macht,
sondern mitentscheiden
will**

**Komm, Du Geist,
der nicht auf Ruhm
und Ehre setzt,
nur auf die Liebe allein**

**Komm, Du Geist,
der nicht zu kaufen ist,
komm, Du Geist Gottes**

CORNELIUS BISINGER

143

Der Mai und die Kinder

Auf einer Wiese, die zwischen Hügeln lag, aber nach allen vier Himmelsrichtungen Zugänge hatte, sind einmal die zwölf Monate zusammengekommen. Von Osten kamen der März, der April und der Mai, von Süden sind Juni, Juli und August gekommen, von Westen eilten September, Oktober und November herbei, und aus dem hohen Norden kamen der Dezember, der Januar und der Februar. Sie hatten sich alle feierlich angezogen. Aber am hübschesten war der Mai gekleidet. Er trug eine Weste aus Krokusblüten und eine knielange Blätterhose, er hatte auf dem Kopf einen Kranz aus Gänseblümchen und in der Hand einen blühenden Kirschbaumzweig. Die anderen elf Monate sagten, als sie ihn sahen: »Er ist reizend angezogen, aber sonst ist er ein richtiger Taugenichts!«

Der Mai, als er das hörte, rief eine Schar Kinder herbei, die auf der Wiese spielte, und fragte: »Welcher Monat gefällt euch am besten?« – Die Kinder antworteten, ohne lange zu überlegen: »Du, Herr Mai, bist uns am liebsten!«

»Merkwürdig, daß der Mai den Kindern am besten gefällt«, sagten die übrigen elf Monate. Besonders die drei ernsten Wintermonate Dezember, Januar und Februar wunderten sich. Sie fragten die Kinder: »Warum gefällt euch ausgerechnet der Mai?« – »Weil er nicht so naß, so garstig und so kalt ist wie ihr«, antwortete ein kleines Mädchen. – »Aber er ist ein alberner Fratz!« sagten die drei Wintermonate. »Ihr könnt nichts von ihm lernen!«

»Doch«, erwiderte das Mädchen, »wir haben etwas von ihm gelernt, etwas sehr Schönes und Nützliches sogar!«

Da rissen die drei Wintermonate ihre eisblauen Augen auf und fragten: »Was kann man denn, bittschön, vom Mai lernen?«

»Das Singen!« rief das kleine Mädchen.

»Merkwürdig, daß man vom Mai tatsächlich etwas lernen kann«, sagten die übrigen elf Monate. Aber die drei drallen Sommermonate Juni, Juli und August fügten spöttisch hinzu: »Mag sein, daß man vom Mai das Singen lernt. Aber man kann nicht ewig singen. Und zu anderen Dingen ist der Mai nichts nütze. Der Teich nützt im Mai weder zum Schlittschuhlaufen noch zum Baden; die Erde

Kling hinaus

Leise zieht durch mein
   Gemüt
liebliches Geläute.
Klinge, kleines Frühlings-
   lied,
kling hinaus ins Weite.
Kling hinaus
   bis an das Haus,
wo die Blumen sprießen!
Wenn du eine Rose
   schaust,
sag, ich laß sie grüßen!

HEINRICH HEINE

ist zu kalt, um darauf zu liegen; und zum Schlittenfahren fehlt der Schnee. Die Obstbäume haben noch keine Früchte und die Felder noch kein Korn. Was also kann man im Mai tun? Nur singen, sonst nichts!« Da trat ein Junge vor und sagte: »Falsch! Man kann im Mai etwas sehr Schönes und Wichtiges tun, wozu es im Winter zu kalt und im Sommer zu heiß ist.«

»Und was wäre das?« fragten die drei Sommermonate gespannt. – »Man kann im Freien tanzen!« rief der Junge.

»Merkwürdig, daß man im Mai tatsächlich etwas Erfreuliches tun kann«, sagten die übrigen elf Monate. Aber die plusterbäckigen drei Herbstmonate September, Oktober und November spotteten und riefen: »Mag sein, daß man im Mai singen und tanzen kann; aber Geschenke hat der Mai keine zu vergeben. Er hat keine Früchte zu verschenken wie wir, kein Korn wie der Sommer und keine Weisheit wie der Winter. Er ist ein armer Hungerleider.«

»Irrtum«, sagten die Kinder. »Der Mai hat wohl etwas zu verschenken. Man kann es nicht essen und nicht trinken, aber Augen und Nase sind glücklich darüber.«

»Und was wäre das?« fragten die drei Herbstmonate gespannt.

»Düfte und Blüten!« riefen die Kinder.

»Merkwürdig, daß der Mai tatsächlich etwas zu verschenken hat«, sagten die übrigen elf Monate.

»Aber es sind bescheidene Geschenke«, sagte spöttisch der Juli. »Er hat keine Rosen und Astern anzubieten, nur Obstbaumblüten und Gänseblümchen.«

»Stimmt, Herr Juli«, rief ein kleiner Junge. »Du hast kostbarere Blumen anzubieten als der Mai; aber du kommst, wenn der Gabentisch schon voll ist. Der Mai beschenkt uns, wenn wir arm sind!«

»Undankbares Volk«, fuhren März und April den Jungen an. »Bringen wir euch nicht die ersten Knospen, Kätzchen und Schneeglöckchen? Beschenken wir euch nicht viel früher als der Mai?«

»Natürlich«, sagte der Junge, »ihr, Herr März und Herr April, ihr bringt uns die ersten Farben im Jahr; aber ihr bringt sie zögernd und zurückhaltend. Der Mai schenkt fröhlicher und überschüttet uns mit Gaben.«

»Nun, nun«, fuhr der September dazwischen. »Immerhin hat der Sommer stolzere Blumen zu bieten, und der Herbst bringt reichen Früchtesegen.«

Jetzt nahm der Mai selber das Wort und sagte: »Herbst und Sommer verschwenden aus ihrem Reichtum. Ich aber bin arm und verschwende mich selber.«

»Merkwürdig«, sagten die übrigen elf Monate. »Jeder von uns tut sein Bestes für die Menschen. Aber den meisten Dank heimst der Mai ein, obwohl er der Leichtsinnigste von uns allen ist!« – »Das kommt, weil er Gott am ähnlichsten ist«, sagte ein altkluger Junge. »Der Mai erschafft wie er aus dem kahlen Erdreich eine ganze bunte Welt.«

Der Mai lachte darüber, schlug dem Jungen mit dem Kirschblütenzweig auf den Kopf und sagte: »Nicht so vorwitzig, Kleiner! Jeder Monat gleicht Gott ein bißchen. Aber ganz gleicht ihm keiner. Daher hat er das größte Lob verdient!«

Diese Antwort versöhnte die übrigen elf Monate.

JAMES KRÜSS

Auf böse und traurige Gedanken gehört ein gutes, fröhliches Lied und freundliche Gespräche.

MARTIN LUTHER

Ein Sonntag im Mai:

Bäume

Bäume sind für mich immer die eindringlichsten Prediger gewesen. Ich verehre sie, wenn sie in Völkern und Familien leben, in Wäldern und Hainen. Und noch mehr verehre ich sie, wenn sie einzeln stehen. Sie sind wie Einsame. Nicht wie Einsiedler, welche aus irgendeiner Schwäche sich davongestohlen haben, sondern wie große, vereinsamte Menschen, wie Beethoven und Nietzsche. In ihren Wipfeln rauscht die Welt, ihre Wurzeln ruhen im Unendlichen; allein sie verlieren sich nicht darin, sondern erstreben mit aller Kraft ihres Lebens nur das eine: ihr eigenes, in ihnen wohnendes Gesetz zu erfüllen, ihre eigene Gestalt auszubauen, sich selbst darzustellen. Nichts ist heiliger, nichts ist vorbildlicher als ein schöner, starker Baum. Wenn ein Baum umgesägt worden ist und seine nackte Todeswunde der Sonne zeigt, dann kann man auf der lichten Scheibe seines Stumpfes und Grabmals seine ganze Geschichte lesen: In den Jahresringen und Verwachsungen steht aller Kampf, alles Leid, alle Krankheit, alles Glück und Gedeihen treu geschrieben, schmale Jahre und üppige Jahre, überstandene Angriffe, überdauerte Stürme. Und jeder Bauernjunge weiß, daß das härteste und edelste Holz die engsten Ringe hat, daß hoch auf Bergen und in immerwährender Gefahr die unzerstörbarsten, kraftvollsten, vorbildlichsten Stämme wachsen.

Bäume sind Heiligtümer. Wer mit ihnen zu sprechen, wer ihnen zuzuhören weiß, der erfährt die Wahrheit. Sie predigen nicht Lehren und Rezepte, sie predigen, um das einzelne unbekümmert, das Urgesetz des Lebens.

HERMANN HESSE

Der Wald

Mensch, ich bin die
    Wärme deines Heimes
in kalten Winternächten.

Der schirmende
    Schatten,
wenn des Sommers Sonne
    brennt.

Der Dachstuhl deines
    Hauses,
das Brett deines Tisches.

Ich bin das Bett, in dem
    du schläfst,
und das Holz, aus dem du
    deine Schiffe baust.

Ich bin der Stiel deiner
    Haue,
die Tür deiner Hütte.

Ich bin das Holz deiner
    Wiege
und das deines Sarges.

Ich bin das Brot der
    Güte,
die Blume der Schönheit.

Erhöre mein Gebet:
zerstöre mich nicht ...

147

ES IST EINES DER
TIEFSTEN WORTE:
BEI GOTT IST KEIN
DING UNMÖGLICH.
GOTT IST DIE
MÖGLICHKEIT
ALLER MÖGLICH-
KEITEN.

CHRISTIAN
MORGENSTERN

Stationen des Lebens: Glück zu zweit

Wissen, was fehlt

Rabbi Mosche Löb erzählte: Wie man die Menschen lieben soll, habe ich von einem Bauern gelernt. Der saß mit anderen Bauern in einer Schenke und trank. Lange schwieg er wie die anderen alle; als aber sein Herz von Wein bewegt war, sprach er seinen Nachbarn an: »Sag du, liebst du mich oder liebst du mich nicht?« Jener antwortete: »Ich liebe dich sehr.«

Er aber sprach wieder: »Du sagst, ich liebe dich, und weißt doch nicht, was mir fehlt. Liebtest du mich in Wahrheit, du würdest es wissen.«

Der andere vermochte kein Wort zu erwidern, und auch der Bauer, der gefragt hatte, schwieg wie vorher.

Ich aber verstand: Das ist die Liebe zu den Menschen, ihr Bedürfen zu spüren und ihr Leid zu tragen.

MARTIN BUBER

Besser sind zwei daran als ein einziger; denn ihnen wird guter Lohn zuteil aus ihrer Mühe. Kommen sie nämlich zu Fall, kann der eine dem andern wieder aufhelfen. Wehe aber dem Einsamen, wenn er fällt, und es ist doch kein zweiter da, ihn aufzurichten. Auch gilt: Legen zwei sich zusammen nieder, so wird ihnen warm; aber einem einzelnen, wie soll es ihm warm werden? Und: Wenn jemand den einen angreift, so leisten ihm beide Widerstand. Und die verdreifachte Schnur wird nicht so rasch entzweigerissen.

KOHELET 4, 9–12

Feierlicher Schlußsegen bei der Trauung

Gott, der allmächtige Vater,
bewahre Euch in seiner Liebe,
und der Friede Christi wohne stets in Eurem Hause.

Gott segne Euch
alle Tage Eures Lebens,
er gebe Euch treue Freunde
und den Frieden mit allen Menschen.

Seid in der Welt Zeugen der göttlichen Liebe
und hilfsbereit zu den Armen und Bedrückten,
damit sie Euch einst
in den ewigen Wohnungen empfangen.

Und Euch alle,
die Ihr zu dieser Feier versammelt seid,
segne der allmächtige Gott,
der Vater und der Sohn und der Heilige Geist.

Ich nehme dich an und verspreche dir die Treue in guten und in bösen Tagen, in Gesundheit und Krankheit. Ich will dich lieben, achten und ehren, solange ich lebe.

Ein Hochzeitslied

Gehst du mit mir
dann folge ich dir an jeden Ort
Sprichst du mit mir
dann sage ich dir mein schönstes Wort
Lebst du mit mir
dann teil' ich mit dir mein Haus mein Brot
Weinst du mit mir
dann bleib' ich bei dir in aller Not
Lachst du mit mir
dann geh' ich mit dir auf jeden Tanz
Schläfst du mit mir
dann gebe ich dir mich selber ganz
Träumst du mit mir
dann zeige ich dir das Paradies

LOTHAR ZENETTI

Das Wunder der ehelichen Begegnung besteht darin, daß sie aus den beiden Menschen etwas macht, was sie, wenn jeder für sich bliebe, nie werden könnten.

MARTIN HAUSMANN

JUNI

Juni

Steckbrief des Monats

Der Juni wurde nach dem lateinischen »Junius« benannt und geht zurück auf Juno, die Gattin des Jupiter, jugendliche Göttin der Sterne, Hüterin der Ehe und des häuslichen Herdes.

Andere Namen: Rosenmonat (Blühen und Duften), Brachmond (Bearbeitung des Brachfeldes in der Dreifelderwirtschaft).

Frühsommer

Feste des Monats

21. Juni:
Sommeranfang

24. Juni:
Johannes der Täufer

29. Juni:
Peter und Paul

2. – 5.	Vorstöße kühler Meeresluft, von Gewittern
12. – 14.	eingeleitet, bringen mit Abkühlung und Regen häufige Unterbrechungen der Schönwetterzeit.
24. – 26.	Stärke und Beginn dieser Vorstöße sind entscheidend für das Hochsommerwetter, wie schon in alten Bauernregeln, zum Beispiel auf den Siebenschläfertag am 27. Juni, angedeutet ist.
27.6. – 1.7.	Oft sonnig und trocken, besonders im norddeutschen Binnenland.

Wenn im Juni Nordwind weht,
　das Korn zur Ernte trefflich steht.
Juniregen bringet reichlich Segen.
Menschensinn und Juniwind
　ändern sich oft sehr geschwind.
Stellt der Juni mild sich ein,
　wird's auch der September sein.
Was im Juni nicht wächst, gehört in den Ofen.
Im Juni bleibt man gerne stehn,
　um nach Regen auszusehn.
(24.) Regnet's am Johannistag,
　so regnet es noch vierzehn Tag.
(27.) Ist der Siebenschläfer naß, regnet's ohne Unterlaß.
(29.) Petri Paul klar – ein gutes Jahr.

154

Zum Juni

Dieses Summen ist der Sang der Welt.
Diese Stille hört sich selber zu:
Hörst du, was die tiefe Welt erzählt?
Gott hält Mittagsschlaf in seinem Haus,
Heißes Atmen, ewig ein und aus,
Diese Wiese bringt es sanft zur Ruh.
Käfer, Halm und nun auch du –: Auch du
Bist in Gottes Traum! Die Tür der Welt – fällt – zu.

JOSEF WEINHEBER

Sommertagslied

Tra - ri - ro, der Som-mer, der ist do! Wir woll'n hinaus in'n Gar - ten und woll'n des Som-mers war-ten.
Jo, jo, jo, der Som-mer, der ist do!

Trariro, der Sommer,
  der ist do!
Wir wollen hinter die
  Hecken
und wollen den Sommer
  wecken.
Jo, jo, jo, der Sommer,
  der ist do!

Trariro, der Sommer,
  der ist do!
Der Sommer hat gewonnen,
  der Winter hat verloren.
Jo, jo, jo, der Sommer,
  der ist do!

VOLKSWEISE AUS DER PFALZ

Thema des Monats:
Erzählen

Erzähl mir deine Geschichte – das ist eine der schönsten Aufforderungen. Vom Leben, von seinen Geschehnissen und Abenteuern, seinen Augenblicken der Angst und des Glücks, läßt es sich gut erzählen. Wir hören sie gern, die Geschichten, die Menschen von dem erzählen, was sie bewegt, was sie erlebt und erfahren haben. Das Erzählen gehört zum Leben, ja »Erzählen ist menschlich«.

Unser ganzes Leben ist eigentlich eine einzige Geschichte, aber wir können es nicht vollständig erzählen. So erzählen wir viele einzelne Geschichten, immer wieder, Geschichten, in denen wir vorkommen, aus denen unser Leben besteht. Ja, in gewissem Sinn »sind« wir unsere Geschichten. So wie wir uns im Laufe des Lebens verändern, wandeln sich unsere Geschichten. Mit jeder neuen Erfahrung fangen wir an, sie neu zu erzählen, andere Bilder zu benutzen, neue Pointen ins Spiel zu bringen. Wir bringen Ordnung und Übersicht in unser Leben durch das Erzählen von Geschichten.

Das christliche Haus sollte vorrangig ein Ort sein, an dem Geschichten erzählt werden. Das Christentum ist eine Erzähl- und Tischgemeinschaft von Anfang an. Jesus war ein besonders begabter Erzähler von Geschichten und Gleichnissen, und ein guter Teil seiner »Lehre« ist uns in erzählerischer Form überliefert. Das Erzählen sollte also in unserem Glaubensleben einen hohen Stellenwert haben. In einem christlichen Haus kommen Menschen zusammen, die sich im Mitteilen von Erlebtem und Erfahrenem begegnen können. Erzählende Menschen suchen Vertrauen, möchten gehört und verstanden werden. Sie wollen nicht allein bleiben mit ihren Erlebnissen, sie möchten das, was sie bewegt, was sie an Glück und Enttäuschung, Freude und Sorge erfahren haben, mit anderen teilen. In unseren Geschichten kommen wir einander – und Gott – näher. Wir deuten unser Leben so, daß wir nicht bei Fakten und Tatsachen stehenbleiben, sondern die Vergangenheit in unserer persönlichen Sichtweise vergegenwärtigen. Meine persönlich gefärbten Geschichten gehören zu mir, ich kann sie nicht abstreifen wie abgetragene Kleider. Sie sind mir zur zweiten Haut geworden.

Zeichen auf deiner Hand

Höre, Israel! Jahwe, unser Gott, ist der einzige Jahwe! Du sollst Jahwe, deinen Gott, lieben aus deinem ganzen Herzen, aus deiner ganzen Seele und mit all deiner Kraft! Und diese Worte, die ich dir heute anbefehle, sollen in deinem Herzen bleiben! Auch deinen Kindern sollst du sie einschärfen und von ihnen reden, wenn du zu Hause weilst und wenn du auf Reisen bist, wenn du dich hinlegst und wenn du aufstehst. Ja, du sollst sie als Zeichen auf deine Hand binden, sie sollen als Kennzeichen auf deiner Stirne sein, und du sollst sie auf die Türpfosten deines Hauses und an deine Tore schreiben.

DEUTERONOMIUM 6, 4–9

Ein christliches Haus lebt wesentlich von den bunten Erzählungen, die in ihm zum Besten gegeben werden, von den Geheimnissen und Geschehnissen, die wir uns berichten. Geschichten sind nicht nur der Stoff, aus dem die Träume sind, sie machen uns menschlich mit all den Wünschen und Ängsten, die wir in ihnen zum Ausdruck bringen. Menschliche Geschichten, die gegen die Allgegenwart des Fernsehens und der Zerstreuungsindustrie, gegen die bloße Information und exakte Datenverarbeitung erzählt werden, tragen dazu bei, Sinn in unser Dasein zu bringen, all das verstehen zu können, was uns widerfährt.

Wie lieben sich Menschen, wie freuen sie sich, wie verarbeiten sie Leid, wie gehen sie mit ihren Hoffnungen und Lebenswünschen um, wie verstecken sie ihre Angst, wie übernehmen sie Verantwortung, wie erleben sie ihre Einsamkeit, ihre Schuld, ihr Verhängnis? Davon sollten wir erzählen in unseren Häusern und Wohnungen, in unserer »Kirche im Kleinen«. Das sollten wir teilen wie Brot und Wein, weil es lebens-notwendig ist.

Wer Erzählern zuhört, findet sich wieder, liest aus dem Erzählten auch das eigene Leben heraus, seinen Glanz und seine Angefochtenheit. Das alles kann nicht definiert und festgestellt werden, das braucht die Farbe, die Fantasie und auch die Freude am Erzählen. In Geschichten kommt pulsierendes Leben zum Ausdruck. Sie kommen vom Herzen, sie gehen zu Herzen, sie treffen die Mitte unseres Herzens.

Kalender

1
2
3
4
5
6
7
8
9
10
11
12
13
14
15
16
17
18
19
20
21
22
23
24
25
26
27
28
29
30

Gedenk- und Namenstage im Juni

Namenstage im Juni

1	Justin, Roman, Liutgard · *Friedrich Oberlin († 1826)*
2	Armin, Eugen, Erasmus · *Hildegard Jacoby († 1944)*
3	Hildburg · *Hudson Taylor († 1905)*
4	Christa, Werner, Klothilde · *Eduard Mörike († 1875)*
5	Bonifatius, Meinwerk · *Justus Jonas (* 1493)*
6	Norbert, Claudius · *CVJM (gegr. 1844)*
7	Robert, Dietger · *Friedrich Hölderlin († 1834)*
8	Helga, Engelbert · *August Hermann Francke († 1727)*
9	Ephräm · *Heinrich Ernst Gebhardt († 1899)*
10	Heinrich, Diana, Maurin · *Friedr. August Tholuck († 1877)*
11	Adelheid, Barnabas
12	Odulf, Leo, Eskil · *Dorothea von Schlözer († 1825)*
13	Antonius · *Dorothea Erxleben († 1762)*
14	Burchard, Gottschalk · *Max Weber († 1920)*
15	Vitus, Lothar · *Karl Heinrich von Bogatzki († 1774)*
16	Benno, Liutgard · *Johann Adam Hiller († 1804)*
17	Fulko, Euphemia · *August Hermann Werner (†1882)*
18	Felicius · *Albert Knapp († 1864) · Johann Franck († 1677)*
19	Rasso, Romuald · *Ludwig Richter († 1884)*
20	Adalbert, Benigna · *Johann Georg Hamann († 1788)*
21	Aloisius, Radulf · *Friedrich Fröbel († 1852)*
22	Thomas, Eberhard, Achatius
23	Edeltraud · *Argula von Grumbach († 1568)*
24	Johannes, Theodulf
25	Eleonore, Dorothea · *Augsburger Bekenntnis (1530)*
26	Anthelm, Johannes und Paulus · *Karl Phil. Moritz († 1793)*
27	Hemma, Cyrill · *Johann Valentin Andreae († 1654)*
28	Irenäus, Ekkehard · *Philipp Wackernagel (* 1577)*
29	Petrus und Paulus, Judith, Gero · *Heinr. Friedr. v. Stein (†1831)*
30	Otto, Bertram, Ernst, Theobald · *Jakobus Propst († 1562)*

159

Fronleichnam

Fronleichnam ist ein Begriff aus dem Mittelhochdeutschen (vrôn, frôn = Herr, heilig; lîchnam = lebender Leib) und bedeutet: der Leib des Herrn. Das Fest wurde zuerst 1246 in Lüttich gefeiert und dann von Papst Urban IV. auf die ganze Kirche ausgedehnt. Gegenstand und zentraler Inhalt des Festes ist die Verehrung der heiligen Eucharistie am ersten Donnerstag nach Trinitatis (das ist der erste Sonntag nach Pfingsten) mit einer Fronleichnamsprozession (und vier Segen an vier Stationen), an einigen Orten auch mit Fronleichnamsspielen. Die Prozession entwickelte sich schon früh, im Köln des Jahres 1277, aus Flurgängen, woraus auch die üblichen vier Segen mit den vier Evangelienanfängen (Wettersegen) in vier Himmelsrichtungen zu erklären sind, während das römische Rituale nur einen Segen kennt.

Im Sinne der ältesten Fronleichnamsdekrete müßten ins Zentrum des Festes die Mahlfeier und die Kommunion treten. Ortsüblich aber wurde im deutschen Sprachraum seit dem 15. Jahrhundert die Prozession mit Liedern und Stationen in den Mittelpunkt gerückt: ein Weg mit Fahnen, Blumen, Hausaltären als »Via triumphalis«, auf dem an vier Stellen (Feldaltären, Wegkruzifixen) halt gemacht wird. Das Allerheiligste wird meist sichtbar in einer Monstranz mitgetragen, unter einem »Himmel« oder auf einer geschmückten Tragbahre.

Die katholische Fronleichnamsprozession sollte heute keine Polemik oder demonstrative Zurschaustellung sein, eher Ausdruck von Freude, daß in Christus die ganze Schöpfung geheiligt ist.

Das zentrale Symbol des Tages ist das Brot. Es wurde und wird als etwas Heiliges betrachtet: Keine Hausfrau schnitt früher einen Brotlaib an, ohne vorher das Kreuz darauf zu zeichnen. Ein Haus wurde nur bezogen, wenn es eingesegnet war und wenn das jünste Mitglied der Familie Brot und Salz über die Schwelle trug. Das Brot ist noch heute im Osten die Gabe für den Gast, mit der er begrüßt wird.

Es gibt so viele hungernde Menschen in der Welt, daß Gott nur in der Form von Brot zu ihnen kommen kann.

MAHATMA GANDHI

Brot öffnet jeden Mund.

STANISLAW JERZY LEC

Geliebte, unser täglich Brot,
Das liegt so zwischen Not und Tod,
Das liegt so zwischen Schmerz und Leid,
Wie Zeit liegt zwischen Ewigkeit.

HILDEGARD JONE

Sommeranfang

Geh aus, mein Herz, und suche Freud
In dieser lieben Sommerzeit
an deines Gottes Gaben;
Schau an der schönen Gärten Zier
Und siehe, wie sie mir und dir
Sich ausgeschmücket haben.

Die Bäume stehen voller Laub,
Das Erdreich decket seinen Staub
Mit einem grünen Kleide;
Narzissus und die Tulipan,
Die ziehen sich viel schöner an
Als Salomonis Seide.

Die Lerche schwingt sich in die Luft,
Das Täublein fleugt aus seiner Kluft
Und macht sich in die Wälder;
Die hochbegabte Nachtigall
Ergötzt und füllt mit ihrem Schall
Berg, Hügel, Tal und Felder.

Die Glucke führt ihr Völklein aus,
Der Storch baut und bewohnt sein Haus,
Das Schwälblein speist die Jungen;
Der schnelle Hirsch, das leichte Reh
Ist froh und kommt aus seiner Höh
Ins tiefe Gras gesprungen.

Die unverdroßne Bienenschar
Fleucht hin und her, sucht hie und da
Ihr edle Honigspeise.
Des süßen Weinstocks starker Saft
Bringt täglich neue Stärk und Kraft
In seinem schwachen Reise.

Der Weizen wächset mit Gewalt,
Darüber jauchzet Jung und Alt
Und rühmt die große Güte
Des, der so überflüssig labt
Und mit so manchem Gut begabt
Das menschliche Gemüte.

Wecke die Sehnsucht

Wenn du ein Schiff bauen willst, so trommle nicht Leute zusammen, um Holz zu beschaffen, Werkzeuge vorzubereiten, Aufgaben zu vergeben und die Arbeit einzuteilen, sondern wecke in ihnen die Sehnsucht nach dem weiten, endlosen Meer.

ANTOINE DE SAINT-EXUPÉRY

Ich selbsten kann und mag nicht ruhn;
Des großen Gottes großes Tun
Erweckt mir alle Sinnen;
Ich singe mit, wenn alles singt,
Und lasse, was dem Höchsten klingt,
Aus meinem Herzen rinnen.

PAUL GERHARDT (1653)

Wer morgens dreimal
    schmunzelt,
mittags nicht die Stirne
    runzelt,
abends singt, daß alles
    schallt,
der wird hundert Jahre alt.

VOLKSREIM

Lob der Schöpfung

Der Regenbogen

Der Regenbogen

Dann und wann steigt er
  weit auf,
zieht uns in Bann mit
  buntem Lauf.

Wir schauen Licht, blau,
  grün und rot.
Gottes Werk spricht:
  Ende der Not.

Farbiger Bogen gibt uns
  ein Zeichen
am Himmel oben:
  Angst wird weichen.

Regen verrinnt, Land wird
  erhellt.
Und bald beginnt Tanz
  über der Welt.

Sonnenspur scheint.
  Wir schöpfen Mut.
Niemand mehr weint.
  Alles wird gut.

Wie oft schon haben wir es erlebt: Da hat es eben noch geregnet, am Himmel ist noch alles grau in grau, aber an einer Stelle bricht die Sonne durch und zaubert auf den dunklen Hintergrund den farbenfrohen Regenbogen. Er schwingt sich weit über das Land, steigt von der Erde auf zum Himmel und neigt sich wieder zur Erde. Wird er damit nicht zu einem Zeichen, das auf mehr hinweisen will als nur auf das Spiel mit Farben und Formen? Und werden wir seine Sprache verstehen? Einmal verbindet er doch, was weit auseinanderklafft: Himmel und Erde. Und er tut das auf eine Weise, die uns an eine biblische Geschichte erinnert, in deren Zusammenhang vom Regenbogen die Rede ist. Nach der Sintflutgeschichte, dieser unheimlichen Beschreibung vom Untergang des Menschen in einer umfassenden Katastrophe, wird vom Regenbogen als einem Symbol für den neuen Bund Gottes mit den Menschen berichtet.

Immer, wenn ich seitdem einen Regenbogen sehe, muß ich daran denken: Wir sind nicht ganz verlassen. Es wird nicht bei dem Dunklen und Schweren bleiben, das wir nur allzugut kennen. Wir sind von Gottes Treue umgeben, wie es jener Bogen anzeigt. Sie wölbt sich über uns, bergend, behütend und ebenso vielgestaltig wie die Farben des Regenbogens.

Dabei denke ich an das biblische Wort: »Wenn es kommt, so spricht der Herr, daß ich Wolken über die Erde führe« – und wie mancher unter uns wird jetzt nicken: Tatsächlich, lauter Wolken, die sein Leben eintrüben – aber so fährt die Zusage fort: »soll man meinen Bogen sehen in den Wolken« (1. Mose 9, 14).

Jedenfalls wünsche ich Ihnen solche Augen und dazu ein Gedächtnis, das Sie daran erinnert: »Es steht gut zwischen Gott und uns!« Aber das sagt uns nicht mehr der Regenbogen, sondern der Christus Gottes. Er ist mehr als ein Zeichen. Er ist Gottes Gegenwart: »Siehe, ich bin bei euch alle Tage« (Matthäus 28, 20).

JOHANNES KUHN

Auf dem Weg

Segen sei mit dir,
der Segen strahlenden Lichtes,
Licht um dich her
und innen in deinem Herzen.
Sonnenschein leuchte dir
und erwärme dein Herz,
bis es zu glühen beginnt
wie ein großes Torffeuer,
und der Fremde tritt näher,
um sich daran zu wärmen.

Aus deinen Augen strahle gesegnetes
Licht wie zwei Kerzen
in den Fenstern eines Hauses,
die den Wanderer locken,
Schutz zu suchen dort drinnen
vor der stürmischen Nacht.

> Je tiefer man die Schöpfung erkennt, um so größere Wunder entdeckt man in ihr.
>
> MARTIN LUTHER

Wen du auch triffst,
wenn du über die Straße gehst,
ein freundlicher Blick von dir
möge ihn treffen.

Und der gesegnete Regen,
der köstliche, sanfte Regen
ströme auf dich herab;
die kleinen Blumen mögen zu blühen beginnen
und ihren köstlichen Duft ausbreiten,
wo immer du gehst.

Der Segen der Erde,
der guten, der reichen Erde
sei für dich da.

Weich sei die Erde dir,
wenn du auf ihr ruhst
müde am Ende des Tages,
und leicht ruhe die Erde auf dir
am Ende des Lebens,
daß du sie schnell abschütteln kannst,
und auf und davon
auf deinem Wege zu Gott.

IRISCHER SEGEN

Erquickung

Einmal wird uns gewiß
die Rechnung präsentiert
für den Sonnenschein,
und das Rauschen der
    Blätter,
die sanften Maiglöckchen
und die dunklen Tannen,
für den Schnee und den
    Wind,
für den Vogelflug und das
    Gras
und die Schmetterlinge,
für die Luft,
die wir geatmet haben,
und den Blick auf die
    Sterne
und für alle die Tage,
die Abende und die
    Nächte.

Einmal wird es Zeit,
daß wir aufbrechen und
bezahlen.
Bitte die Rechnung.
Doch wir haben sie
ohne den Wirt gemacht:
Ich habe euch eingeladen,
sagt der und lacht,
soweit die Erde reicht:
Es war mir ein Vergnügen!

LOTHAR ZENETTI

Es gibt so Schönes auf der Welt,
daran du nie dich satt erquickest,
und das dir immer Treue hält,
und das du immer neu erblickest;
der Blick von einer Alpe Grat,
am grünen Meer ein stiller Pfad,
ein Bach, der über Felsen springt,
ein Vogel, der im Dunkeln singt,
ein Kind, das noch im Traume lacht,
ein Sternenglanz der Winternacht,
ein Lied, am Straßenrand erlauscht,
ein Gruß, mit Wanderern getauscht,
ein Denken an die Kinderzeit,
ein immer waches, zartes Leid,
das nächtelang mit seinem Schmerz
dir weitet das verengte Herz
und über Sternen schön und bleich
dir baut ein festes Himmelreich.

HERMANN HESSE

Die güldne Sonne

Die güld-ne Son-ne voll Freud und Won-ne bringt unsern Gren-zen mit ih-rem Glän-zen ein herz-er-quik-ken-des, lieb-li-ches Licht. Mein Haupt u. Glie-der, die la-gen dar-nie-der; a-ber nun steh ich, bin mun-ter und fröh-lich, schau-e den Him-mel mit mei-nem Ge-sicht.

166

Die Geräusche Gottes in der Schöpfung

flügelschlagender Wind
sinkender Schnee
dunkelnder Tag
frierendes Eis
schlafendes Feld
fallendes Laub
atmender Wald
wärmende Haut

JOHANNES THIELE

Die Natur ist wie ein
Schatten Gottes, ein
Widerschein und Abglanz
seiner Schönheit. Der
stille blaue See ist ein
Widerschein Gottes.

ERNESTO CARDENAL

24. Juni: Johannistag

Meine Augen haben dein Heil gesehen

Als ich nach Memphis kam, wurde mir von den Drohungen erzählt, und davon, was mir einige unserer kranken weißen Brüder zufügen wollten. Gut, ich weiß nicht, was jetzt geschehen wird. Schwierige Tage liegen vor uns. Aber mich trifft das nicht. Denn ich habe auf dem Berge gestanden, mir soll es recht sein. Wie jedermann, so würde auch ich gern ein langes Leben leben. Lange zu leben ist schon etwas. Doch das berührt mich im Augenblick wenig. Ich möchte den Willen Gottes erfüllen. Er hat mich auf den Berg geführt, und ich habe umhergeblickt, und ich habe das Gelobte Land gesehen. Mag sein, daß ich nicht mit euch dorthin gelange, aber heute abend will ich euch sagen, daß wir als *ein* Volk das Gelobte Land erreichen werden. Ich bin heute abend glücklich. Mich bedrückt nichts. Ich fürchte mich vor keinem Menschen: Meine Augen haben dein Heil gesehen.

MARTIN LUTHER KING

Geboren ungefähr ein halbes Jahr vor Jesus, hielt sich Johannes vermutlich schon in seiner frühen Jugend in der Wüste auf. Im 15. Jahr des Tiberius (Lukas 3, 1), also 28/29 n. Chr., ergeht an Johannes der Ruf Gottes, dem Volk eine Taufe zur Vergebung der Sünden und den Anbruch des Reiches Gottes zu verkünden (Markus 1, 4). Der Rufer aus der Wüste, der sich von wildem Honig ernährt, zieht an den Jordan. Die Evangelisten überliefern die Bußpredigt des Johannes (Matthäus 3, 7–10; Lukas 3, 7–14) und sein Selbstzeugnis mit dem Hinweis auf den Messias. Der Zulauf des Volkes zu Johannes ist groß, die Leute sind von seinen Worten erschüttert, bekennen nach seinem Ruf zur Umkehr ihre Sünden und lassen sich von ihm taufen. Johannes sammelt Jünger um sich, lehrt sie beten und fasten.

Abgesehen von der Verehrung am 24. Juni als Patron vieler Ortschaften, der Hirten und Herden sowie der Schneider, auch von der Benennung einzelner Tagesbräuche nach Johannes, sind Volksglaube und -brauch weniger von Johannes und seiner Legende bestimmt als vielmehr durch die Sommersonnenwende. Zum Johannistag steht die Sonne am höchsten, besitzt am meisten Kraft und verleiht dem Feuerzauber die größte Wirksamkeit. Wer in dieser Nacht durch das Johannisfeuer springt, überwindet Unheil und findet Liebe. Der Zaubersegen ist der Glaube, daß Johannisnacht und Johannistag einen besonders deutlichen Blick in die Zukunft ermöglichen. Der Traum in dieser Nacht soll sich erfüllen, allerlei Speisen und Getränke sollen Mensch und Tier förderlich, verschiedene Kräuter an diesem Tag (Johanniskraut) besonders heil- und zauberkräftig sein und – in Haus und Stall aufgehängt – vor Krankheit, Blitz und Feuer schützen. Auch das Abbrennen von Sonnenwendfeuern ist an vielen Orten verbreiteter Brauch.

Zu Johannis wird Johanniskuchen gebacken, es gibt Johannissegen und -trunk. Und die Mittsommernacht ist in Schweden so kurz wie nirgendwo und wird ganz und gar durchgefeiert.

Ein Sonntag im Juni:

Grüne Aue – frisches Wasser

Irgendein Bild aus dem Urlaub: ein Gebirgsbach, der sich durch satte, kräftiggrüne Wiesen hindurchwindet. Ein Bild des Friedens. Gut, wenn wir solche Bilder in uns gespeichert haben, um sie an grauen Tagen abrufen zu können. Vielleicht denken Sie bei grüner Aue, frischem Wasser an einen schönen Sonntagsspaziergang.

Grüne Aue und frisches Wasser! Wenn wir nicht völlig taub und blind geworden sind für Formen, Gerüche und Farben des Lebens, dann ist ja doch so manches in uns, das hier einstimmen möchte. Ja, so müßte das Leben sein. Einfach, klar, eindeutig, zufrieden … Schön wär's, aber …

Statt dessen sehen wir etwas ganz anderes. Es wird uns im Fernsehen geschildert, das lesen wir in den Zeitschriften, das hören wir in den Nachrichten: Schießereien, Blutvergießen, Unfälle, das Elend in anderen Ländern, das uns bedrückt. Wir wissen davon und sehen es vor uns. Und jeder sieht darin ein Stück von sich selbst.

Trotzdem möchte ich Ihnen dieses andere Bild vor die Augen malen: Er weidet mich auf einer grünen Aue und führet mich zum frischen Wasser. Es ist, als würde uns gesagt: Gott hat über uns, wie immer wir fragen mögen, ein volles und gewisses Ja gesprochen. Grüne Aue und frisches Wasser, das ist wie ein Signal, das Leben zu leben, aufmerksam, mit offenen Augen und mit einem Empfinden für Formen und Farben. Und wenn wir auch gewiß Anlaß haben, manchmal sorgenvoll in den Tag zu schauen, jetzt blicken wir uns doch einmal um, dahin, wo es grün ist und wo uns Frisches und Neues begegnet. »Sorget nicht«, sagt Jesus, »das Leben ist mehr.«

JOHANNES KUHN

In der wirklichen Frage nach Gott kann man nur dadurch imponieren, daß man lebt. Da sagen die Leute: Der lebt – du, der lebt ja!

CHR. BLUMHARDT

DIE BARMHERZIG-
KEIT GOTTES
IST WIE DER
HIMMEL,
DER STETS ÜBER
UNS FEST BLEIBT.
UNTER DIESEM
DACH SIND WIR
SICHER,
WO AUCH IMMER
WIR SIND.

MARTIN LUTHER

Stationen des Lebens: Eltern sein

Ein Nachmittag

Das hier ist eine endlos wiederholte Geschichte, die ich meiner vierjährigen Tochter immer wieder erzähle. Die Geschichte gibt ihr was, und sie will sie immer und immer wieder hören.

Wenn es Zeit zum Zubettgehen ist, sagt sie: »Daddy, erzähl mir, wie du noch ein Kind warst und in den Felsen reingeklettert bist.« »OK.«

Sie bauscht ihre Decken kuschelig um sich herum, als wären sie lenkbare Wolken, steckt den Daumen in den Mund und schaut mich mit aufmerksamen Augen an.

»Einmal, als ich noch ein kleines Kind war, genau in deinem Alter, haben mich meine Mutter und mein Vater zum Picknick auf den Mount Rainier mitgenommen. Wir sind in einem alten Auto hingefahren, und mitten auf der Straße stand ein Reh.

Wir kamen zu einer Wiese, auf der Schnee lag; der Schnee lag da, wo die Schatten der Bäume hinfielen, und an den Stellen, wo die Sonne nicht hinschien.

Auf der Wiese wuchsen wilde Blumen, die sehr schön aussahen. Mitten auf der Wiese stand ein riesiger, runder Felsen, und Daddy ging zu dem Felsen hin und fand ein Loch in der Mitte, durch das er hineinschaute. Der Felsen war hohl wie ein kleines Zimmer.

Ein Kind hat das Recht
zu verlangen,
daß man seinen Kummer
ernst nimmt –
und sei es um ein
verlorenes Steinchen.

JANUSZ KORCZAK

Kinder brauchen
Beispiele,
nicht Kritik.

JOSEPH JOUBERT

Das gibt sich –
sagen schwache Eltern
von den Fehlern ihrer
Kinder. –
O nein,
es gibt sich nicht –
es entwickelt sich.

MARIE VON
EBNER-ESCHENBACH

Daddy kroch in den Felsen hinein, setzte sich hin und schaute hinaus in den blauen Himmel und zu den wilden Blumen. Der Felsen gefiel Daddy sehr, und er tat so, als wäre er ein Haus, und er spielte den ganzen Nachmittag in dem Felsen drin.

Er holte sich ein paar kleinere Felsbrocken und schaffte sie in den großen Felsen hinein. Er spielte, daß die Felsbrocken ein Ofen und Möbel und andere Sachen wären, und die wilden Blumen waren Lebensmittel, aus denen er was zu essen kochte.«

Damit endete die Geschichte.

Sie schaut mich dann mit ihren weiten, blauen Augen an und sieht mich als Kind in einem Felsen spielen, sieht mich so tun, als wären wilde Blumen Frikadellen, die ich auf einem ofenähnlichen Felsbrocken koche.

Sie kann einfach nicht genug von der Geschichte kriegen. Sie hat sie schon dreißig- oder vierzigmal gehört, und sie will sie immer wieder hören.

Sie ist sehr wichtig für sie.

Ich glaube, sie benutzt diese Geschichte als eine Art Christoph-Kolumbus-Tür, durch die sie durchgeht und ihren Vater entdeckt, als er noch ein Kind war und ihr Altersgenosse.

RICHARD BRAUTIGAN

4000 Gramm, die Ihr Leben verändern

Eine Maike, ein Christoph oder ein Klaus. Ein Patrick, eine Yvonne oder eine Susanne. Ein schreiendes Päckchen, das schon früh so ganz anders will als Mama und Papa. Ein sehnsüchtig erwartetes Häuflein Mensch, das Schritt für Schritt in das Leben hineinwächst. Zum temperamentvollen Kleinkind, das Ihnen um den Hals fällt, wenn Sie nach Hause kommen. Zum Disco-Fan, den Kopf voller Mädchen. Zum Studenten, den Kopf voll grüner Ideen. Zum Mann oder zur Frau, die Ihnen – irgendwann in ferner Zukunft – Enkelkinder schenken.

Ein Kind: das bedeutet viel Spaß und Abwechslung, aber auch – und das wollen wir gar nicht verschweigen – viel Kummer und Ärger. Es hält Sie auf Trab, es gibt Ihrem Alltag eine neue Dimension. Es verändert Ihre Gegenwart – und sichert unser aller Zukunft.

aus einer Zeitungsanzeige der
PRIVATEN INITIATIVE FÜR DIE FAMILIE

15. Juli 1980

Ich lege meinen Kopf
auf die Brust meiner
   Tochter,
der jüngsten.
Mein Kopf ist beinahe
so groß
wie ihr Leib.
Sie sagt:
Es ist schön so,
so nah
bist du jetzt,
sagt sie.
Ich höre ihr Herz.
Sie sagt: Du kannst
noch eine Weile
bleiben,
und atmet tief ein.
Welche Angst
hat mein Glück.

PETER HÄRTLING

JULI

Juli

Steckbrief des Monats

Der Name Juli rührt von Julius Cäsar her, dem römischen Feldherrn und Reformator des Kalenders. In Rom war dieser Monat der fünfte im Jahr und hieß Quintilius.

Andere Namen: Heumonat, Heumond, Heuet, Honigmonat.

Hochsommer

Fest des Monats

2. Juli:
Mariä Heimsuchung

2. – 7. Vorstoß kühler Meeresluft mit Regenschauern und Gewittern.
12. – 15. Oft heiter, trocken und warm.
18. – 31. Sehr häufig kühles, wechselhaftes Wetter mit verregneten und sonnigen Tageszeiten.

Wie der Juli war, so wird der Januar.
Der Juliregen nimmt jeden Erntesegen.
Im Juli recht viel Sonnenschein,
    wird jedem Bauern willkommen sein.
Die Julisonne arbeitet für zwei.
Ist's im Juli recht hell und warm,
    friert's um Weihnachten reich und arm.
Nur in der Juliglut wird Obst und Wein dir gut.
(2.) Wie Maria übers Gebirge geht,
    so kehrt sie nach sechs Wochen zurück.
(4.) Wenn's am Ulrichstag donnert,
    so fallen die Nüsse vom Baum.
(22.) Magdalena weint um ihren Herrn,
    drum regnet's an diesem Tag gern.
(25.) Ist's Jakobi klar und rein,
    wird's Christfest kalt und frostig sein.
(26.) An Sankt Ann
    fangen die kühlen Morgen an.

Zum Juli

Am Waldessaume träumt die Föhre,
Am Himmel weiße Wolken nur;
Es ist so still, daß ich sie höre,
Die tiefe Stille der Natur.

Rings Sonnenschein auf Wies und Wegen,
Die Wipfel stumm, kein Lüftchen wach,
Und doch, es klingt, als ström ein Regen
Leis tönend auf das Blätterdach.

THEODOR FONTANE

Kein schöner Land

Kein schö-ner Land in die-ser Zeit als hier das un-sre weit und breit,

wo wir uns fin-den wohl un-ter Lin-den zur A-bend-zeit,

wo wir uns fin-den wohl un-ter Lin-den zur A-bend-zeit.

Da haben wir so manche Stund
gesessen da in froher Rund
und taten singen,
die Lieder klingen im Eichengrund.

Daß wir uns hier in diesem Tal
noch treffen soviel hundert mal:
Gott mag es schenken,
Gott mag es lenken, er hat die Gnad.

WILHELM VON ZUCCALMAGLIO

177

Thema des Monats:
Vertrauen

Vertrauen, wirklich geschenktes und unverdientes Vertrauen, gehört zu unseren schönsten Erfahrungen. In ihm klingt die Hoffnung mit, daß ich nicht allein und vereinzelt bleibe, sondern verbunden werde mit den Menschen, die mit mir leben. Jeder hat schon einmal erlebt, wie ihm unverhofft Vertrauen geschenkt wurde, und wird vielleicht gespürt haben, welche Mühe es macht, diesem Vertrauen gerecht zu werden. Und wie schwer ist es, sich anzuvertrauen. Manche meinen, nichts sei leichter als das, doch wer kann es wirklich, sich loslassen? Es ist unsicher wie jede Reise, denn Vertrauen heißt nicht: ich komme an, sondern: ich reise ab, ich mache mich auf einen Weg, der noch dunkel vor mir liegt und ins Ungewisse führt. Was wird mich erwarten auf dieser Reise ins Vertrauen? Was heißt es, einem Menschen zu vertrauen?

Ich vertraue, wenn ich ohne Gegenwehr und ohne falsche Angst lebe, meine Hand ausstrecke. Ich vertraue, wenn ich mir selbst und dem Menschen neben mir einen Raum gebe, in dem man nicht eingeengt ist, sondern ausschreiten und sich entfalten kann. Vertrauen ist da, wenn ich zu jemandem sagen kann: Es ist gut, daß du da bist. Vertrauen heißt auch: vor der Angst des anderen nicht fliehen. Nur im Raum des Vertrauens leben wir gegen die Angst.

Wenn ich mich anvertraue, hoffe ich: Der andere betreibt kein Geschäft an mir, er nimmt mich, wie ich bin. Er will mich nicht mißverstehen, sondern hinter meinen Worten lesen, nicht beim Vordergründigen stehenbleiben, sondern zu meiner Mitte kommen, er will mich verstehen. Vertrauen geht dem Verstehen jedoch voraus.

Wenn ich den Menschen neben mir wirklich anschauen will und mich selbst von anderen wirklich anschauen lassen will, dann kann ich nicht umhin, mich so zu zeigen, wie ich bin: unverstellt und ohne ein vorfabriziertes und auf die jeweilige Situation zugeschnittenes Gesicht. Sich offen zu zeigen, sich anzuvertrauen und mit seinen wahren Gedanken und Empfindungen wahrnehmbar zu werden ist sehr schwer. Ich weiß, daß es auch Situationen gibt, in denen die von mir gezeigte Offenheit umgemünzt und

Bretonisches Fischergebet

**Herr,
gib acht auf uns,
denn das Meer
ist so groß
und unser Boot
ist so klein.**

ausgenutzt wird. Denn wenn ich mich anvertraue, mache ich mich gleichzeitig auch verletzbar.

Jeder wird diese Situation kennen, wie sie Antoine de Saint-Exupéry geschildert hat: »Wir gehen oft nebeneinander her, jeder in seinem Schweigen befangen, oder man wechselt Worte, denen man nichts mitgibt.« Wenn Vertrauen enttäuscht wird, tut das sehr weh. Es schmerzt, wenn in uns etwas abstirbt und nichts wieder aufblühen kann. Wenn es stimmt, daß Vertrauen ein kostbares Gut ist und aus der Mitte des Menschen kommt, dann ist es ein Schatz, der gehütet werden will und nicht jedem in jeder Situation zugänglich sein darf. Wenn er preisgegeben wird, dann um *eines* Menschen willen, ungeteilt und ganz, weil ich weiß, daß dieser Schatz unerschöpflich ist.

Ich kann nur vertrauen, weil Vertrauen ein in mir grundgelegtes Geschenk ist. Du bist geliebt, also kannst du lieben, sagt das Evangelium. Durch uns hindurch vertraut Gott den Menschen und bringt sie einander nahe. Nur weil uns dies gewiß ist, sind wir zum Vertrauen fähig und auf Vertrauen angewiesen. Weil wir gehalten sind und nicht in eine bodenlose Tiefe fallen. Es ist eine oft mühsame Reise, und wir kennen das Ziel nicht. Doch wir haben das Wort: »Kommt, und ihr werdet sehen« (Johannes 1, 39).

Kalender

1
2
3
4
5
6
7
8
9
10
11
12
13
14
15
16
17
18
19
20
21
22
23
24
25
26
27
28
29
30
31

Gedenk- und Namenstage im Juli

1   Theoderich · *Heinrich Voes, Jan van Esch († 1523)*

2   Wiltrud · *Georg Daniel Teutsch († 1893)*

3   Thomas · *Florence Allshorn († 1950)*

4   Ulrich, Berta, Elisabeth · *Theodor Storm († 1888)*

5   Antonius, Kyrilla · *Johann Andreas Rothe († 1758)*

6   Maria, Goar · *Johannes Hus († 1415)*

7   Willibald, Edelburg · *Tilmann Riemenschneider († 1531)*

8   Kilian, Edgar · *Gustav Heinemann († 1976)*

9   Agilolf · *Johann Scheffler (Angelus Silesius † 1677)*

10   Alexander, Erich, Olaf · *Wilhelm von Oranien († 1584)*

11   Benedikt, Ludwig, Oliver · *Otto Gerh. Heldring († 1876)*

12   Felix · *Nathan Söderblom († 1931)*

13   Heinrich, Sara, Mildred · *Immanuel G. Brastberger († 1764)*

14   Roland, Ulrich · *Guillaume Henri Dufour († 1875)*

15   Egon, Bernhard, Waldemar · *Paul Sinkwitz († 1981)*

16   Irmgard, Carmen, Reinhild · *Andreas Gryphius († 1664)*

17   Charlotte, Gabriele, Donata · *Johann Friedr. Starck († 1756)*

18   Arnold, Arnulf, Friedrich · *Paul Schneider († 1939)*

19   Bernulf · *Elly Heuss-Knapp († 1952)*

20   Margareta

21   Laurentius, Daniel · *Hans-Henning von Tresckow († 1944)*

22   Maria Magdalena, Verena, Eberhard · *Auguste Forel († 1931)*

23   Birgitta, Liborius · *Gottfried von Hamelle († 1552)*

24   Christophorus, Christina, Luise · *Karl Heimbucher († 1988)*

25   Thomas, Jakobus, Thea · *Johann Heinr. Volkening († 1877)*

26   Joachim, Anna, Christiane · *Johannes Piscator († 1625)*

27   Berthold, Natalie · *Josef Hegenbarth († 1962)*

28   Beatus, Innozenz · *Johann Sebastian Bach († 1750)*

29   Martha, Flora, Luzilla · *William Wilberforce († 1833)*

30   Beatrix, Ingeborg · *William Penn († 1718)*

31   Ignatius, Germanus · *Eugene Carson Blake († 1985)*

Der Sommer

Alle Schönheit deiner
     Erde,
Gott, ist voll
     Verzauberung,
und all deine Geschöpfe
     sind verführerisch.
Wenn uns die Welt schon
     so entzückt,
wie sollten wir nicht
     brennen,
wenn wir dich von
     Angesicht
zu Angesicht schauen?
Ich würde zu Fuß
bis ans Ende der Welt
     laufen,
wenn ich dich dort fände.
Aber du bist
nicht am Ende der Welt,
sondern in mir.

ERNESTO CARDENAL

Sommer. Sommernachtstraum. Sommerfest. Sommerkleider. Ferien. Lange, warme Abende. Laue Nächte. Mondnächte. Johannisfeuer. Gerüche von Blumen, ersten Früchten, reifendem Getreide. Spaziergänge durch tiefsattes Grün, durch Wälder und Wiesen, auf sträucherumsäumten Wegen. Seen; Meer; blau wie Tintenfässer; in sie eintauchen und schwimmen; Kühlung unter der lastenden, glasigen Sonne.

Sommer. Traum des ganzen Jahres: Balkonfeste, Gartenfeste, Straßenfeste, Jahrgangfeste, Festspiele allerorten. Sommer, immer zu kurz für so viel intensives Leben.

Sommer. Der Sommer ist nicht nur eine Zeit der Feste. Im Sommer wächst sich aus, was wir im Frühling gesät und gepflanzt haben. Der Sommer ist die Zeit der Besorgnis, daß alles gedeiht; Zeit unermüdlicher Arbeit; was wächst, muß gegossen, beschnitten, gebunden, beackert werden; das Unkraut muß gejätet, das Ungeziefer getilgt, es muß gedüngt, gehackt und das Erste schon geerntet werden.

Sommer. Der Sommer gewinnt seine Intensität aus Mühe und Arbeit, aus der Last und Hitze der langen Tage und kurzen Nächte. Nicht nur die Sonne steht im Zenit, bringt Hitze und Schweiß. Das Wachstum und die darin fortschreitende Reife der im Frühjahr gewagten Aussaat halten uns in Atem. Sommer, Zeit harter Arbeit; Zeit der Freude am Gedeihen, die ihren Lohn schon in sich hat.

Sommer. Er ist ein Gleichnis für die Mitte unseres Lebens. Die Generation, die gerade ihren Sommer hat, prägt das Gesicht ihrer Zeit. Sie hat es mit der vergangenen und kommenden Geschichtsepoche zu tun. Auf den Schultern der Sommer-Generation liegen Last und Verantwortung für das gegenwärtige Zeitgeschehen. Kinder dürfen Kinder sein, die jungen Leute sind erst im Kommen; alte Menschen haben ein Recht auf Schonung und Ruhe. – Im Sommer unseres Lebens machen wir die Erfahrung, in einem Netz von vielfachen Beziehungen und sozialen Verpflichtungen an der Reihe zu sein. Unser Lebenssommer schenkt uns Freude in der Verantwortung für unser Werk und unseren Dienst. Er schenkt uns auch die ersten Früchte unserer Lebensarbeit.

Der Sommer des Lebens bringt auf, was wir gesät haben, auch, was wir versäumt haben. Er zeigt uns, was noch zu tun bleibt, bevor der Herbst kommt. Im Herbst kann nur reifen, was im Sommer wächst.

THERESIA HAUSER

Ein kleines Lied,
  wie geht's nur an,
daß man so lieb es haben
  kann,
was liegt darin?
»Erzähle!«
Es liegt darin ein wenig
  Klang,
ein wenig Wohllaut und
  Gesang
und eine ganze Seele.

MARIE VON EBNER-
ESCHENBACH

Die Erde ist schön

KV: Die Er - de ist schön, es liebt sie der Herr, neu ist der Mensch, der liebt. Die

Er - de ist schön, es liebt sie der Herr, neu ist der Mensch, der liebt wie er.

Ferienzeit

In den Ferien

Schön ist deine Welt.
Wir lernen ein neues
    Stück
von ihr kennen:
die Berge, das Meer,
    das weite Land.

Gib uns schöne Ferien
mit Freude und Erholung
und ohne Unfall.

Auch wenn es einmal
    regnet
und wir nicht hinaus-
    gehen können,
laß es nicht langweilig
    werden.

Vater sagt manchmal:
Das ganze Leben ist eine
    Reise.
Fahr du mit uns,
damit wir gut ankommen.

DETLEF BLOCK

Urlaub machen, so habe ich mal gelesen, das ist »wie auf einer Wiese sitzen und mit der Seele baumeln«. Ein hübscher Satz! Was kann er alles bedeuten?

Nicht mehr gehetzt werden. Jetzt gehört mir die Zeit, und sie will mich reich machen. Schatten der Vergangenheit können sich lösen.

Ich habe jetzt die Chance, vieles neu zu entdecken, über das sich oft der Staub des Alltags gelegt hat. Ob es dazu reichen wird, das andere, das Neue, was uns sonst im Alltag fehlt, hereinzulassen?

Viele bleiben ja auch daheim. Ich denke besonders an die Kranken und die Behinderten, an die mit dem schlechten Kreislauf und der schwachen Konstitution. Oder auch an die, die eine große Enttäuschung hinter sich haben. Und ich denke auch an die Bauern, die manchmal mit heimlichem Neid denen nachschauen, die so davonfahren können. Die Ferne macht es noch nicht, daß man sich erholt. Wirklich Urlaub gemacht hat nur der, der wegfährt, um dann um so besser und intensiver wieder zu wissen, wo er zu Hause ist. Und wirklich erholt wird der sein, der etwas Neues entdeckt, sei es auf Reisen oder zu Hause.

Uns alle verbindet die Hoffnung, befreit zu werden von dem, was bedrückt, besorgt macht, quält. Der Weg dazu kann eine Entdeckungsreise nach innen oder nach außen sein, wobei manchmal die Reise zu sich selbst die längste ist. Es ist ein großes Abenteuer, sich auf sich selbst einzulassen. Am Ziel kann es so sein, daß eine einzige Blume oder ein Wiesenstrauß zu einem ganzen Sommer wird.

Sich erholen heißt doch: wieder offen werden für das, was auf einen zukommt. Um dieses Sehen geht es für uns und dann auch für die Weite der Natur. Mir geht das so, daß ich dann manches Mal Bilder geradezu in mich hineinfallen lasse, sie speichere, und später, im November, rufe ich sie ab aus der Seele und schließe meine Augen. Und dann ist die Atmosphäre wieder da. Die Stille, das Gesammeltsein, die Farben, die Formen, der glückliche Augenblick. Diese Offenheit kann so weit gehen, daß wir Einsicht in die göttliche Ordnung bekommen, etwa so: »Die ganze Welt ist wie ein Buch, darinnen aufgeschrieben in bunten Bildern manch ein Spruch, wie Gott uns treu geblieben.«

Da werden wir ansprechbar für die Sprache der Dinge, der Geschöpfe, der Welt um uns herum und können Bilder des Lebens aufnehmen, bis hin zu dem Staunen: »Was ist der Mensch, o Gott, daß du seiner gedenkst. Wer bin ich eigentlich, daß du dich meiner annimmst?« (Psalm 8,5).

Ein Gebet für den Urlaub: »O Gott, laß mich offen sein für die Zeit, die vor mir liegt. Für die Menschen, die du mir über den Weg führst, für die kleinen Begebenheiten des Alltags. Hilf mir, die Freude aufzunehmen und wie ein Licht zu bewahren, damit es in mir und um mich herum hell wird. Mach es gut mit einem jeden unter uns in diesen Tagen und Wochen, damit es eine erfüllte Zeit wird!«

JOHANNES KUHN

Versuch es

**Stell dich mitten in den
   Regen,
glaub an seinen Tropfen-
   segen
spinn dich in das
   Rauschen ein
und versuche gut zu sein!**

**Stell dich mitten in den
   Wind,
glaub an ihn und sei ein
   Kind —
laß den Sturm in dich
   hinein
und versuche gut zu sein!**

**Stell dich mitten in das
   Feuer,
liebe dieses Ungeheuer
in des Herzens rotem
   Wein —
und versuche gut zu sein!**

WOLFGANG BORCHERT

Lob der Faulheit

Es lebte ein Mann, der war ein sehr tätiger Mann und konnte es nicht übers Herz bringen, eine Minute seines wichtigen Lebens ungenützt vorübergehen zu lassen. Wenn er in der Stadt war, so plante er, in welchen Badeort er reisen werde. War er im Badeort, so beschloß er einen Ausflug nach Marienruh, wo man die berühmte Aussicht hat. Saß er dann auf Marienruh, so nahm er den Fahrplan her, um nachzusehen, wie man am schnellsten wieder zurückfahren könne. Wenn er im Gasthof einen Hammelbraten verzehrte, studierte er während des Essens die Karte, was man nachher nehmen könne. Und während er den langsamen Wein des Gottes Dionysos hastig hintergoß, dachte er, daß bei dieser Hitze ein Glas Bier wohl besser gewesen wäre. So hatte er niemals etwas getan, sondern immer nur sein Nächstes vorbereitet. Und als er auf dem Sterbebette lag, wunderte er sich sehr, wie leer und zwecklos doch eigentlich dieses Leben gewesen sei.

VICTOR AUBURTIN

Soll ich, oder soll ich nicht? Der Spätsommermittag ist so verlockend, und ich liebäugle mit dem Liegestuhl und mit dem Gartenwinkel bei den dunkelvioletten Herbstastern. Ich wäre so gern, so schrecklich gerne ein bißchen faul, aber ich wollte und ich müßte doch an meine Schreibmaschine. Ich sollte doch noch einen Artikel schreiben, und es zieht mich auch an die Arbeit, weil ich sie gerne tue und nicht gezwungen. Und dennoch – es ist vielleicht der letzte Sonnentag! Soll ich, oder soll ich nicht?

Doch selbst wenn ich, brav und entschlossen, nun an den Schreibtisch eilte und meinen Kopf und meine Finger strapazierte, wer kann mir garantieren, ob mir das gelänge und gut gelänge, was ich mir vorgenommen habe? Manchmal sehne ich mich nach Ruhe und Atemholen fast noch mehr als nach dem Tagwerk an den Tasten, und womöglich ist dies nicht eine unvernünftige, sondern eine im tiefsten Sinne vernünftige Sehnsucht? Daß man in gehetztem Zustand, mit hängender Zunge sozusagen und mit nervös gefurchter Stirn nichts Gutes zustande bringt, das weiß ich ja, obwohl ich ebenso gewiß weiß, daß einem manchmal nichts anderes übrigbleibt, als Termine zu erfüllen und Aufträge zu erledigen just dann, wenn sie einem abverlangt werden.

Aber andererseits weiß ich auch, daß mir die besten Gedanken, die menschenfreundlichsten Anwandlungen, die durchführbarsten Ideen dann in den Sinn kommen, wenn ich gar nichts tue und gar nichts denke, wenn ich mich einfach nur fallen lasse und alles Bewußte, Angestrengte und Bemühte ausschalte und vollends vergesse. Ein Schmetterling fliegt über die Rosenhecke, und meine Katze versucht in einem kühnen Sprung, ihn zu erhaschen, aber sie kriegt ihn nicht, und der Schmetterling fliegt über Phlox und Chrysanthemen davon. Eine dicke Wolke zieht vorbei, verdeckt einen Augenblick lang die Sonne, segelt dann behäbig über das Nachbardorf hin. Ich liege nun doch im Liegestuhl, und ich höre auf die Stimmen der Leute, die zum Friedhof gehen. Ein Auto fährt vorüber. Der Wind bewegt das Gras. Bin ich eingeschlafen? Ich war so weit fort! Und ich wollte doch an den Schreibtisch. Und wenn schon nicht an den Schreibtisch, so doch in die Küche, wo das Geschirr von heute mittag noch nicht gespült ist, und zwischen den Dahlien wächst das Unkraut schon wieder so hoch! Warum stehe ich eigentlich nicht auf und mache mich an die Arbeit, ich bin doch sonst ein fleißiger Mensch? Müßiggang ist aller Laster Anfang. Stimmt das denn nicht?

Vielleicht ist das Gegenteil ebenso richtig: Muße ist aller Arbeit Beginn, aller Einfälle Anfang, aller Gesundheit Voraussetzung. Ich bin ein fleißiger Mensch, so hat man mich erzogen, und ich bin es gern. Ich bin ein fauler Mensch, das hat man mir abgewöhnen wollen ein Leben lang, und ganz gewiß war das notwendig. Aber wenn ich faul bin, das habe ich doch auch gelernt und gespürt und erfahren, dann sehe ich den Alltag und die Pflichten und die Dinge, die ich deuten und darstellen und erklären möchte, auf einmal ganz anders, mit neuen, faulen, sozusagen abgewendeten Augen, ich nehme sie weniger wichtig als noch vor einer Stunde und doch auch wieder viel wichtiger als vorher, wo ich vor lauter Hast und Mühsal und Terminkalender kaum nachzudenken wagte.

Ich strecke mich in meinem Liegestuhl. Die Katze hat sich's in meiner Armbeuge bequem gemacht, sie schnurrt und blinzelt zufrieden in die Sonne. Ich wollte, ich könnte mich so entspannen wie sie, so schnurren und so zufrieden und gelassen die Welt anblinzeln. Ein Schmetterling fliegt vorüber, die Katze schaut ihm schläfrig nach. Schmetterlingsjagd ist jetzt nicht dran, jetzt ist die Stunde der Faulheit. Sie gähnt, streckt sich und schläft ein. Mir fallen die Augen zu. Die Sonne versinkt hinter dem Giebel des Hauses. Es wird kühl. Wie spät mag es sein? Kätzchen, wir stehen jetzt auf, und wir tun wieder was; bist du einverstanden? Kätzchen schnurrt, hält inne und fixiert ein sich bewegendes Blatt. Dann springt sie drauf zu. Ich packe mein Buch, die Zeitung, die Sonnenbrille und den Liegestuhl zusammen. Der letzte Sonnentag – vielleicht! Aber ich habe ihn genützt.

Und jetzt gehe ich an die Arbeit, an die Schreibmaschine, und an meine versäumten Pflichten. Und ich weiß jetzt auch, es ist mir eingefallen wie von selber, worüber ich schreiben werde: Ein Lob der Faulheit!

Müßiggang ist aller Laster Anfang? Ach wo, das trifft nur zu für Müßiggänger von Beruf und Neigung, für alle anderen Leute gilt genau das Gegenteil: Müßiggang ist aller Arbeit Anfang.

HANNELORE FRANK

187

Ein Wort an die Väter

Die Schritte

Klein ist, mein Kind,
  dein erster Schritt,
Klein wird dein letzter
  sein.
Den ersten gehen Vater
  und Mutter mit,
Den letzten gehst du
  allein.

Seis um ein Jahr, dann
  gehst du, Kind,
Viel Schritte unbewacht,
Wer weiß, was das dann
  für Schritte sind
Im Licht und in der
  Nacht?

Geh kühnen Schritt,
  tu tapfren Tritt,
Groß ist die Welt und
  dein.
Wir werden, mein Kind,
  nach dem letzten Schritt
Wieder beisammen sein.

ALBRECHT GOES

Freizeit

Gott, unser Vater,
du hast den Feiertag
  gewollt,
einen Tag der Anbetung,
der Ruhe und Erholung.

Lehre uns neu,
Freizeit zu haben,
Urlaub zu machen,
frei zu sein.

Gib uns Zeit und Ruhe,
zu uns zu kommen,
  damit wir auch
wieder zu dir kommen.

Ich weiß nicht, was Sie sich alles vorgenommen haben im Urlaub. Aber vielleicht gäbe es zum Beispiel wieder einmal eine Gelegenheit für Vater und Sohn, Zeit füreinander zu haben. Ich habe auch so einen kleinen Kerl zu Hause und weiß, wie der sich nach Möglichkeiten sehnt, kleine und große Abenteuer mit seinem Vater zu bestehen. Oft reicht es abends nur für den Gutenachtgruß und manchmal nicht einmal dafür. Und es gibt Tage, da sieht man sich kaum. Man hört nur voneinander. Und der hübsche Satz: »Samstags gehört Vati mir!« – wie oft wird er überdeckt von aufzuarbeitenden Akten, unwirklich gemacht durch unaufschiebbare Termine. Und es reicht dann nur eben zu einem Streicheln über den Kopf. Aber nun Urlaub! Da möchte die kleine Hand die große nicht mehr loslassen.

Urlaub, das heißt: Der Platz neben dem Vater bleibt reserviert. Die übrige Familie erträgt hoffentlich schmunzelnd diese Männerfreundschaft. Wieviel haben sich die beiden zu erzählen! Und wieviel wird da gefragt! »Wann schlafen die Fische? Wer hat das Meer so salzig gemacht? Hat der liebe Gott jetzt auch Ferien?« Jetzt kann man einmal die unmöglichsten Fragen beantworten.

Vielleicht bringt die Heiterkeit dieser Urlaubstage sogar fertig, jene Sehnsucht zu wecken, die zu unseren besten Stunden gehört: So leben können, so vertrauensvoll, rückhaltlos, unbefangen, heiter! Es könnte wie eine Erinnerung an eine Wirklichkeit sein, die wir, erwachsen wie wir sind, oft ablehnen. An jene Wirklichkeit, in der die Bibel von uns als »Kindern des einen Vaters« redet.

JOHANNES KUHN

Ein Sonntag im Juli:

Der Stern

Im Sommer verbrachten die Kinder einige Tage an der Küste des Meeres. Jeden Tag spielten sie am Strand, jede Nacht guckten sie nach den Sternen, und sie kamen dar-

auf, daß es die gleichen waren wie daheim über ihrem Haus auf dem Berg.

Aber eines Nachts war plötzlich ein neuer Stern da. Peter bemerkte ihn zuerst. Es mußte ein ganz besonderer Stern sein! Weder über dem Berg noch über dem Meeresstrand war er zu sehen gewesen. Wie Peter ihn entdeckte, trug sich so zu:

Die Kinder fuhren zu ihrem Haus zurück; zuerst mit einem Schiff, dann, als es schon Zeit zum Schlafengehen war, mit einem Eisenbahnzug. Es war schon ganz dunkel, und ringsum gab es viele, viele Menschen, die alle durcheinander redeten und viel Lärm machten. Auch der Zug machte viel Lärm, er pfiff und pustete: »Schnell, schnell, schnell!« Und alle Leute beeilten sich.

Peter hatte im Gedränge die Mutter an der Hand gepackt und fühlte sich sicher. Nur konnte er nicht sehen, wohin es ging, denn um ihn herum standen lauter Erwachsene, und er sah vor sich nichts als Knie und Füße, Füße und Knie. Da schaute er zum Himmel hinauf.

»Oh!« schrie er so laut, daß die Leute zu ihren Füßen hinunterblickten, um zu sehen, woher die Stimme kam. Auch die Mutter dachte, daß etwas ganz Besonderes geschehen sein müßte. Sie warf schnell einen Blick zu Peter hinunter und fragte: »Was ist los, Peter?«

»Ich sehe einen Stern!« rief Peter mit seiner lauten, hellen Stimme. Er sah ihn durch das kleine Loch, das die großen Leute über ihm freigelassen hatten. All die vielen Menschen blieben eine Weile stehen und schauten ebenfalls zum Himmel hinauf. Und alle sahen den Stern, der wunderbar leuchtend über ihnen funkelte. Und alle waren einen Augenblick ganz still. Und in die Stille hinein sagte Peter: »Das ist mein Stern.«

PEARL S. BUCK

Vergessen Sie nie:
Das Leben ist eine
Herrlichkeit.

RAINER MARIA RILKE

Alles beginnt mit der
Sehnsucht.

NELLY SACHS

189

SORGE DICH
NICHT,
WOHIN DICH DER
EINZELNE SCHRITT
FÜHRT:
NUR WER WEIT
BLICKT,
FINDET SICH
ZURECHT.

DAG HAMMARSKJÖLD

Stationen des Lebens: Mit Kindern leben

Was braucht ein Kind?

**Motetto,
als der erste Zahn durch
    war**

Viktoria! Viktoria!
Der kleine weiße Zahn
    ist da.
Du, Mutter! komm,
    und groß und klein
im Hause! kommt und
    guckt hinein
und seht den hellen,
    weißen Schein.

Der Zahn soll Alexander
    heißen!
Du liebes Kind! Gott halt'
    ihn gesund
und geb' dir Zähne mehr
    in deinen kleinen Mund
und immer was dafür
    zu beißen!

MATTHIAS CLAUDIUS

Eltern machen sich Gedanken: Was wird aus diesem kleinen Kind werden? Wie werden wir es begleiten? Was für Zeiten werden kommen und das Leben dieses Kindes bestimmen? Solche und ähnliche Gedanken macht man sich ja um ein Kind, das einem anvertraut worden ist.

Gott hat sich auch Gedanken gemacht. Um uns alle. Auch um Ihr Kind. Diese Gedanken Gottes haben sich uns gegenüber auf eine Weise dargestellt, daß wir eigentlich nur mit Staunen, Verwundern und Dankbarkeit hinnehmen können, wie er es mit uns halten will.

In der Taufe kommt heraus, was er sich für Gedanken über uns gemacht hat. Es kommt heraus, daß er nicht ein ferner und fremder Gott sein will, sondern einer, der sich herabbeugt und der uns in den schlichten Zeichen von Wasser und Wort sagen will: Damit möchte ich an euch mein Siegel anbringen. Ihr gehört zu mir. Er sagt es nicht wie jemand, der besitzergreifend alles unter seine Macht nimmt, sondern wie jemand, der zusagt: Fürchte dich nicht, ich habe dich bei deinem Namen gerufen.

Wenn man so überlegt, was ein kleiner Mensch heute zuerst braucht, dann gibt es sicher einiges, was man aufzählen kann. Dazu gehören auch alle die Dinge, die es den Vätern und Müttern heute erleichtern, ein kleines Kind zu haben. Aber auch wenn das alles geklärt ist, etwas Entscheidendes bleibt doch. Etwas nicht Auszudeutendes, etwas Unnennbares: das, was mit der Geschichte dieses kleinen Kindes zu tun hat. Worauf wird sie aufgebaut? Worin findet sie ihr Ziel? Unter welchen Bedingungen wird die Geschichte dieses Lebens sich entfalten? Wo wird sie Verluste erleiden? Auch das Dunkle wird nicht fern bleiben. Wo aber gibt es eine beständige und gewisse Verläßlichkeit?

Die Zusage Gottes: »Ich will dich segnen« ist eigentlich ein tiefer Griff hinein in die Geschichte dieses Lebens. Ich will dich segnen, ich will dich unter mein Ja stellen, ich will mit dir sein, ich will dir Licht im Dunkel und Grund zum Bauen und Ziel zum Orientieren und Hoffnung zum

Leben sein. Denn das alles und vieles mehr umfaßt der Segen Gottes. Nicht, als ob damit zu dem vielen, was am Tauftag diesem Kind geschenkt und gesagt wird, eben auch dies noch hinzukäme. Nein, das Entscheidende ist die Gewißheit: Wir sind in guten Händen und empfangen es von dort und können es tagtäglich in der Fürbitte und im Vertrauen zu Gott wieder zurückbringen.

Du sollst ein Segen sein, das heißt aber auch ein Mensch, der zugewendet ist der Welt, die auf Menschen wartet mit einem langen Atem, mit großer Geduld und mit einer beständigen Liebe im Herzen.

Du sollst ein Segen sein, das ist wie ein Abglanz von dem Licht, das man selber empfangen hat. Wie eine Antwort auf die Frage: Was soll aus mir werden? Dieses: ein Mensch, durch den Gott ja sagt zur kleinen und großen Welt. Es kommt darauf an, daß wir uns diesem seinem Geber und seiner Aufgabe, die er uns stellt, nicht entziehen, sondern an unserem Ort etwas anfangen mit diesem Ja, diesem Segen.

JOHANNES KUHN

Kinder

Sind so kleine Hände
winzge Finger dran.
Darf man nie drauf
   schlagen
die zerbrechen dann.

Sind so kleine Füße
mit so kleinen Zehn.
Darf man nie drauf treten
könn sie sonst nicht gehn.

Sind so kleine Ohren
scharf, und ihr erlaubt.
Darf man nie zerbrüllen
werden davon taub.

Sind so schöne Münder
sprechen alles aus.
Darf man nie verbieten
kommt sonst nichts mehr
   raus.

Sind so klare Augen
die noch alles sehn.
Darf man nie verbinden
könn sie nichts verstehn.

Sind so kleine Seelen
offen und ganz frei.
Darf man niemals quälen
gehn kaputt dabei.

Ist son kleines Rückgrat
sieht man fast noch nicht.
Darf man niemals beugen
weil es sonst zerbricht.

Grade, klare Menschen
wärn ein schönes Ziel.
Leute ohne Rückgrat
hab'n wir schon zuviel.

BETTINA WEGNER

193

AUGUST

August

Steckbrief des Monats

Der Monat heißt nach Augustus, dem ersten Kaiser des römischen Weltreichs (sechster Monat des Jahres nach dem römischen Kalender).

Andere Namen: Erntemonat, Ernting, Sichelmond, Ährenmonat.

Hochsommer

Fest des Monats

15. August:
Mariä Aufnahme in den
Himmel
(volkstümlich:
Mariä Himmelfahrt)
in der katholischen Kirche

4.–11. Warmes, trockenes, oft auch schwüles Schönwetter, »Hundstage« mit den höchsten Temperaturen des Jahres.
18.–23. Oft, besonders im Küstengebiet, unbeständig, im Binnenland frühherbstliches Wetter mit kühlen Nächten.

Was der August nicht kocht,
    läßt der September ungebraten.
Ist's in der ersten Augustwoche heiß,
    bleibt der Winter lange weiß.
Wenn's im August stark tauen tut,
    bleibt das Wetter meistens gut.
Wie der August, so der künftige Februar.
Fängt der August mit Hitze an,
    bleibt auch lang die Schlittenbahn.
August ohne Feuer macht das Brot teuer.
Der Augusti macht die Bauern lusti.
Nordwinde im August bringen beständiges Wetter.
(4.) Wenn's heiß ist an Dominikus,
    ein strenger Winter folgen muß.
(15.) Mariens Himmelfahrt Sonnenschein,
    bringt viel Obst und guten Wein.
(24.) Bleiben die Störche noch nach Bartholomä,
    so tut der Winter nicht arg weh.
(28.) Um die Zeit von Augustin gehn die warmen Tage hin.

Zum August

Die Sonnenblume

Über den Gartenzaun schob sie
Ihr gelbes Löwenhaupt;
Zwischen den Bohnen erhob sie
Sich, gold und gelb überstaubt.

Die Sonne kreist im Blauen
Nicht größer als ihr gelbes Rad
Zwischen den grünen Stauden,
Den Bohnen und jungem Salat.

GEORG BRITTING

Abendlied

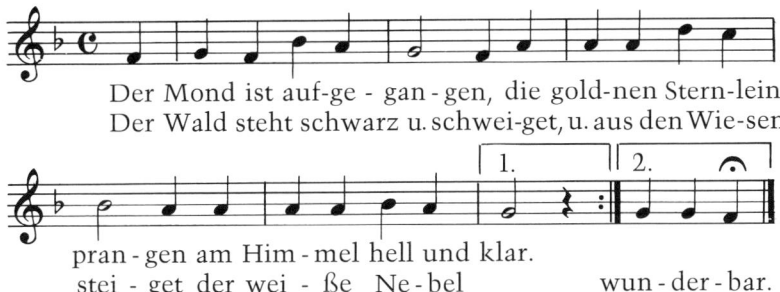

Der Mond ist auf-ge - gan - gen, die gold-nen Stern-lein
Der Wald steht schwarz u. schwei-get, u. aus den Wie-sen

pran - gen am Him - mel hell und klar.
stei - get der wei - ße Ne - bel

wun - der - bar.

Wie ist die Welt so stille
und in der Dämmrung Hülle
so traulich und so hold!
Als eine stille Kammer,
wo ihr des Tages Jammer
verschlafen und vergessen
  sollt.

Seht ihr den Mond dort
  stehen?
Er ist nur halb zu sehen
und ist doch rund und
  schön!
So sind wohl manche
  Sachen,
die wir getrost belachen,
weil unsre Augen sie nicht
  sehn.

So legt euch denn,
  ihr Brüder,
in Gottes Namen nieder;
kalt ist der Abendhauch.
Verschon uns, Gott,
  mit Strafen
und laß uns ruhig schlafen!
Und unsern kranken
  Nachbarn auch!

TEXT: MATTHIAS CLAUDIUS
MELODIE: JOH. A. PETER SCHULZ

197

Thema des Monats:
Dasein für andere

Die Seufzer aus vielen
  Mündern sammelt die
  Erde,
und in den Augen der
  Menschen, die du liebst,
wohnt die Bestürzung.
Alles, was geschieht, geht
  dich an.

GÜNTER EICH

Man kann in einem
einzigen Menschen das
Unglück der ganzen Welt
anfassen, und solange
man ihn nicht aufgibt, ist
nichts aufgegeben, und
solange er atmet, atmet
die Welt.

ELIAS CANETTI

Du hast das Talent, heute, jetzt, hier Gott zu treffen. Im Nächsten, der dich braucht, triffst du Gott und stellst die Würde und den Glanz Gottes her, wenn du ihm gut bist. Wenn ein Mensch wegen dir aufhört, sich für einen Dreck zu halten, wenn einer sich mit deiner Hilfe wieder ein Stück gotteshaltiges Ich zutraut, dann hast du das Reich Gottes mitgebaut.

Wenn ich zu einem gut bin, tut das gut. Innen, ganz innen, da ist die Stimme, die mir sagt: Ja, gut so. Ich fühle mich wohl und kann mich leiden, wenn einer durch mich wieder Mut gewinnt, wenn einer durch mich seinen Hunger stillt, wenn einer durch mich gerettet wird, getröstet, geschützt, vor Dummheit bewahrt – wir wissen es doch, warum gönnen wir uns diesen Geschmack am Guten so selten? Es ist der Geschmack an Gott, den wir dann spüren. Darum ist der Nächste so wichtig, weil ich nur mit ihm den Geschmack am guten Leben gewinnen kann. Wenn ich helfe, erlebe ich, daß ich was tauge. Und wenn mir geholfen wird, dann atmet mein Innerstes auf! Ich bin einem Mühe wert, das macht mir wieder Lust zu leben.

TRAUGOTT GIESEN

Wir müssen zusammen selig werden.
Wir müssen miteinander zu Gott gelangen,
miteinander vor ihn hintreten.
Wir sollten nicht – einer ohne den anderen –
dem guten Gott begegnen.
Was würde er uns wohl sagen,
wenn wir – einer ohne den anderen –
zurückkehrten?

CHARLES PÉGUY

Wenn einer sagt …

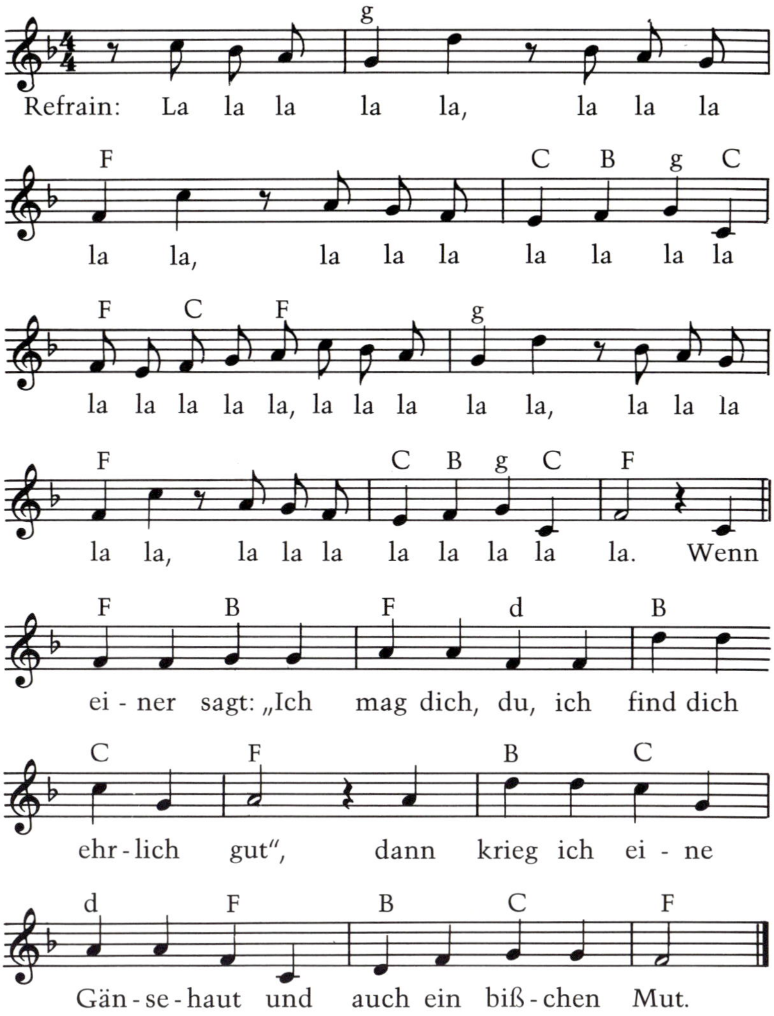

g
Refrain: La la la la la, la la la
F C B g C
la la, la la la la la la la
F C F g
la la la la la, la la la la la, la la la
F C B g C F
la la, la la la la la la la la. Wenn
F B F d B
ei - ner sagt: „Ich mag dich, du, ich find dich
C F B C
ehr - lich gut“, dann krieg ich ei - ne
d F B C F
Gän - se - haut und auch ein biß - chen Mut.

Wenn einer sagt: »Ich brauch' dich, du, ich schaff' es nicht allein«, dann kribbelt es in meinem Bauch, ich fühl' mich nicht mehr klein.

Wenn einer sagt: »Komm', geh' mit mir, zusammen sind wir was«, dann werd' ich rot, weil ich mich freu', dann macht das Leben Spaß.

Gott sagt zu dir: »Ich hab' dich lieb und wär' so gern dein Freund. Und das, was du allein nicht schaffst, das schaffen wir vereint!«

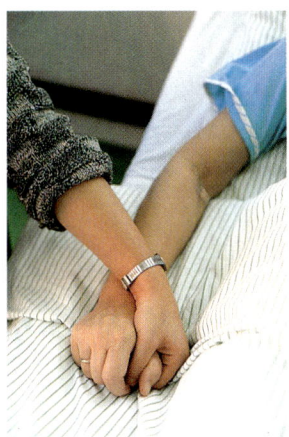

Am nötigsten hast du es, zu erleben, daß du gebraucht wirst.

DAG HAMMARSKJÖLD

Kalender

1

2

3

4

5

6

7

8

9

10

11

12

13

14

15

16

17

18

19

20

21

22

23

24

25

26

27

28

29

30

31

Gedenk- und Namenstage im August

1   Alfons · *Gustav Werner († 1887)*

2   Eusebius · *Christoph Blumhardt († 1919)*

3   Benno, Lydia, Burchard · *Josua Stegmann († 1632)*

4   Johannes Vianney · *Hans Christian Andersen († 1875)*

5   Dominika, Oswald · *Franz Härter († 1874)*

6   Gilbert, Hermann · *Manfred Hausmann († 1986)*

7   Afra, Sixtus, Kajetan · *Melchior Vulpius († 1615)*

8   Dominikus · *Darmstädter Wort (1947)*

9   Altmann, Edith · *Adam Reusner († 1575)*

10   Laurentius, Asteria, Jonathan · *Philipp Nicolai (* 1556)*

11   Klara, Susanna

12   Radegund · *Paul Speratus († 1551)*

13   Gerold, Wigbert · *Herrnhuter Brudergemeine (gegr. 1727)*

14   Eberhard, Maximilian, Meinhard · *Georg Balthasar († 1629)*

15   Mechthild, Tarsitius · *Hermann von Wied († 1552)*

16   Stephan, Rochus, Altfrid · *Leonhard Kaiser († 1527)*

17   Jutta, Hyazinth · *Johann Gerhard († 1637)*

18   Helena, Klaudia · *Erdmann Neumeister († 1756)*

19   Sebald · *Willy Kramp († 1986)*

20   Bernhard, Hugo, Oswin · *William Booth († 1912)*

21   Balduin, Gratia, Pius · *Eduard Thurneysen († 1974)*

22   Sigfrid · *Rudolf Alexander Schröder († 1962)*

23   Rosa · *Ökumenischer Rat (gegr. 1948)*

24   Bartholomäus, Isolde · *Friedrich Naumann († 1919)*

25   Elvira · *Ernst Wiechert († 1950)*

26   Gregor · *Theodor Körner († 1813)*

27   Monika · *Friedrich Silcher († 1860)*

28   Augustinus, Elmar · *Hugo Grotius († 1645)*

29   Beatrix, Sabine, Theodora · *Ulrich von Hutten († 1523)*

30   Amadeus, Heribert · *Karl Heim († 1958)*

31   Paulinus, Raimund · *Wilhelm Wundt († 1920)*

Kirchweihfest

Trost

Ich möchte eine alte Kirche sein
voll Stille, Dämmerung und Kerzenschein.

Wenn Du dann diese trüben Stunden hast,
gehst Du herein zu mir mit Deiner Last.

Das Schiff, das sich Kirche nennt

Du senkst den Kopf, die große Tür fällt zu.
Nun sind wir ganz alleine, ich und Du.

**Ein Teil der Besatzung schläft,
auf der Kommandobrücke streitet man
über den richtigen Kurs,
einige veranstalten
in den aufgehängten Rettungsbooten
Ruderwettkämpfe
und ziehen ächzend
die Ruder durch die Luft.
Die Luftbewegungen,
die dabei entstehen,
bezeichnen sie dann
als frischen Wind.**

Ich kühle Dein Gesicht mit leisem Hauch,
ich kühle Dich in meinen Frieden auch.

Ich fange mit der Orgel an zu singen …
nicht weinen, nicht die Hände heimlich ringen!

Hier hinten, wo die beiden Kerzen sind,
komm, setz Dich hin, Du liebes Menschenkind!

Ob Glück, ob Unglück … alles trägt sich schwer.
Du bist geborgen hier, was willst Du mehr?

**Doch:
täglich wird das Deck geschrubbt.
Wenn es auch nicht vorwärts geht,
das Schiff ist sauber.**

OTMAR SCHNURR

In den Gewölben summt's, die Kerzenflammen
wehn flackernd auseinander, wehn zusammen.

Vom Orgelfluß die Engel sehn Dir zu
und hüllen Dich mit Flötenspiel zur Ruh.

Ich möchte eine alte Kirche sein
voll Stille, Dämmerung und Kerzenschein.

Wenn Du dann diese trüben Stunden hast,
gehst Du herein zu mir mit Deiner Last.

MANFRED HAUSMANN

Gebet zum Kirchweihfest

Herr, vor dir steht deine Gemeinde: eine große Gemeinschaft, die dankbar ist für dieses Gotteshaus. Kleine und große Menschen haben sich um den Altar versammelt. Sie wollen sich an dich erinnern in deinem Brot und deinem Wein. Sie wollen aus diesen steinigen Mauern eine lebendige Kirche machen, eine Kirche für Große und Kleine.
Wir bitten dich, Herr:

daß es in unserer Gemeinde glaubwürdige und überzeugende Menschen gibt, die auch die jungen und kleinen Menschen ernst nehmen, auf sie hören und sie miteinbeziehen in die Feier des neuen Lebens, zu dem du uns gerufen hast;

daß die Gemeinde auch Fehler offen zugeben kann und einsieht, daß sie selbst noch auf der Suche und auf dem Weg ist;

daß sie eine Atmosphäre schafft, in der Vertrauen da ist, in der man miteinander sprechen, feiern, dienen kann.

Gewohnheit

**Als der Kirchturmhahn
sein jahrelanges
Schweigen
unterbrach und plötzlich
krähte,
staunten die Leute:
Nanu, was soll das?**

**Als er zum drittenmal
krähte,
war'n sie's gewohnt.**

RUDOLF OTTO WIEMER

Kirchweihfest

Das Kirchweihfest wird zwischen August und Ende September gefeiert, spätestens zu Michaelis am 29. September. Schon in den ersten Jahrhunderten der christlichen Kirche war es Brauch, Kirchen zu weihen und diesen Weihetag dann einmal jährlich festlich zu begehen. In der evangelischen Kirche werden Kirchengebäude nicht »konsekriert«, sondern durch Wort und Gebet dem kirchlichen Gebrauch übergeben.

Jede Gemeinde hat eigentlich ihren eigenen Kirchweihtag – viele Gemeinden halten sich aber an den halboffiziell ausgewiesenen Kirchweihsonntag im Spätsommer, wenn die Ernte vorbei ist und man Zeit zum Feiern hat. Als ein Fest der Gemeinde hat das Kirchweihfest viele Bräuche: Kirchweihgottesdienste mit Kirmes und Jahrmarkt, Dorf- und Familienfeste, Kuchenbacken usw.

Kirche ist nur Kirche, wenn sie für andere da ist.

DIETRICH BONHOEFFER

Komm, Herr, segne uns

Komm, Herr, seg-ne uns, daß wir uns nicht tren-nen,
son-dern ü-ber-all uns zu dir be-ken-nen.

Nie sind wir al-lein, stets sind wir die Dei-nen,

La-chen o-der Wei-nen wird ge-seg-net sein.

Keiner kann allein
Segen sich bewahren,
weil du reichlich gibst,
müssen wir nicht sparen.
Segen kann gedeihn,
wo wir alles teilen,
schlimmen Schaden heilen,
lieben und verzeihn.

Frieden gabst du schon,
Frieden muß noch werden,
wie du ihn versprichst
uns zum Wohl auf Erden.
Hilf, daß wir ihn tun,
wo wir ihn erspähen!
Die mit Tränen säen
werden in ihm ruhn.

TEXT UND MUSIK: DIETER TRAUTWEIN
RECHTE: BURCKHARDTHAUS-LAETARE VERLAG

Ein Sonntag im August:

Gewitter in den Bergen

In einer stockfinsteren Nacht überraschte es uns, bevor wir den Gebirgspaß erreichten. Wir krochen aus den Zelten und kauerten uns zusammen.

Es zog über den Bergrücken auf uns zu.

Alles dunkel – kein Oben, kein Unten, kein Horizont. Blitze zuckten flammend auf, und die Finsternis schied sich vom Licht. Die Bergriesen Belolakaja und Dshuguturljutschat und die riesigen Kiefern neben uns, deren Wuchs hohen Bergen glich, hoben sich aus der Finsternis. Nur für Augenblicke schien es, daß es schon einen festen Boden gab, und wieder war alles Finsternis und Abgrund.

Die Flamme des Blitzes rückte heran. Lichtschein und Dunkel folgten einander im Wechsel – ein weißes Leuchten, ein rosa Leuchten, ein violettes Leuchten –, und immer an den gleichen Stellen traten Berge und Kiefern hervor, überwältigend in ihrer Größe. Verschluckte sie aber die Finsternis, so mochte man kaum glauben, daß es sie gab.

Die Stimme des Donners füllte die Schluchten und übertönte das ständige Brüllen der Flüsse. Wie Pfeile Zebaoths trafen die Blitze den Bergkamm, zersprangen in kleine Schlangen, in einzelne Strahlen, so, als zersplitterten sie an den Felsen oder als schlügen und zersprengten sie dort etwas Lebendes.

Und wir – wir vergaßen, uns vor Blitz, Donner und peitschendem Regen zu fürchten, wie ein Tropfen im Meer, der ja auch den Sturm nicht fürchtet. Wir wurden zu einem nichtigen, dankbaren Teilchen dieser Welt – einer Welt, die heute zum erstenmal erschaffen wurde – vor unseren Augen.

ALEXANDER SOLSCHENIZYN

> **Gott kann gewöhnliche Ereignisse so zusammenfügen, daß sie zum Wunder werden.**
>
> **PAUL MÜLLER**

NICHTS IST EIN-
FACHER UND
SELBSTVERSTÄND-
LICHER, NICHTS
ÄRGERLICHER
ODER BEFREIENDER
ALS DIES
UNGLAUBLICHE,
DAS KEIN AUGE
JE GESEHEN, KEIN
OHR JE GEHÖRT
HAT UND WORAUF
DOCH JEDER WIE
VERSESSEN UND
ALSO ANSPRECH-
BAR IST: BEDIN-
GUNGSLOSE ANER-
KENNUNG IN TOD
UND LEBEN.

GOTTHARD FUCHS

207

Stationen des Lebens:
In der Lebensmitte

Hab ich dir schon gesagt

Hab' ich dir eigentlich schon mal gesagt, Gott, wie glücklich ich war (oder wie soll ich's nennen), als die hölzerne Eisenbahn, die Großvater mir schenkte, er war ein schweigsamer Mann, durch unser Wohnzimmer rollte, fast von selbst, sie fuhr von Rotkäppchens Haus zu Frau Holle oder, wenn ich die Weichen stellte, die unsichtbaren, von Aladins Wunderlampe schnurstracks nach Stedten, wo des Großvaters Schmiede, in Weinlaub versteckt, nach Kohlen, nach glühender Asche roch und nach Schmieröl und wo ich die Hennen, die ihre bräunlichen Eier legten in die Häckselkästen der Dreschmaschine, zum erstenmal gackern hörte? Hab' ich das süße Aroma des Himbeerwassers erwähnt, das ich trank im Garten des Ichtershausener Gasthofs? Vergaß ich das stolze Gefühl, als ich, von Lehrer Lembke geleitet, den Satz: Das Gras ist grün, ins Klassenheft schrieb? Solltest du da mir nicht über die Schulter geschaut haben, Gott? Auch, wenn ich früh gegen sechs nach Schnepfenthal ging, an den Klosterteichen vorüber, und ich hörte lachen den Buntspecht im dämmrigen Waldgrund? Ach, und das Mädchen, kurzrockig, in wollenen Strümpfen, das ich verehrte, doch niemals ansprach? Die Apfelernte, das Kühehüten mittags in Vockerodts Garten? Die heimlichen Heimwärtsgänge zum Blumengeschäft Evers, wo ich Rosen verkaufte? Des Vaters Spiel auf der Orgel, sein Urlaub, als er verwundet, doch lebend kam aus der Grabenschlacht am Berg Kemmel, als er die Brahmslieder sang, die Löwe-Balladen — du erinnerst dich, Gott, es war das letztemal, daß er sang, doch ich war glücklich, auch wenn das Auge der Mutter, die deinen Engel, den strengeren Abschiedsengel, im Türschatten stehn sah, sich dunkler färbte. Entzückte das Rauschen der Fichten mich nicht, der Ausblick vom Hermannstein, der Wirbel von Schnee, die frische Skispur am Rennstieg, Bechsteins Märchen und ach, das erste Gedicht? So, Gott, in deiner Obhut mich wähnend, gingen die Kindertage mir hin, und ich spürte den Hauch deines Atems nahe am Ohr, auch, wenn ich Schmutzstiefel putzte

Wandlung

Von dem, was uns in
    jungen Jahren band,
An Wunsch und Wort
    in menschlichen
    Gestalten,
Wie wenig hielt den
    tödlichen Gewalten
Im letzten Prüfen unsre
    Seele stand!

Wie vieles, was wir früher
    kaum gesehn,
Ist heute nah mit un-
    geheurem Wirken:
Wir nähern uns den
    heiligen Bezirken,
Vor denen scheu wir nun
    in Ehrfurcht stehn …

Wie Gold und edle Steine
    sich im Sand
Verborgen halten, bis der
    Sand verweht
Und ihr Gewicht allein
    im Sturm besteht,

So hebt sich nun aus
    allem lauten Tand
Das Unvergängliche.
    Das Ich wird still
Wenn Es in ihm schon
    leise beten will …

ALBRECHT HAUSHOFER

im Waschhaus oder die Milch der Hungerjahre erbettelte zaghaft im Dorfe Ernstroda, auch, als aus Frankreich die Nachricht kam, die schreckliche – immer den Schritt deiner Füße hörte ich neben mir, Gott, und öfter noch, wenn ich stolperte, hobst du mich auf und sagtest: Geh doch, was kann dir passieren? Übermütig war ich und furchtlos, auch wenn die Angst, die lächerliche, mich umtrieb, war dennoch froh, in deiner Nähe zu sitzen, von dir, wie der Pfarrer verhieß, beim Namen genannt, und glücklich, sekundenlang glücklich – hab' ich dir, Gott, doch du weißt es, das eigentlich schon mal gesagt?

RUDOLF OTTO WIEMER

Gedanken zur Lebenswende

Menschen in der Lebensmitte gelingt es nicht mehr so leicht wie früher, ihre Anfälle von Resignation und Müdigkeit, von fast täglicher Trauer zu überwinden. Sie setzen sich im Beruf, in der Ehe, in der Begegnung mit anderen nicht mehr so grundoptimistisch mit ihrer Welt auseinander. Sie stoßen zunehmend an ihre Grenzen, verlieren ihre Illusionen. Sie werden »realistischer« und schließen ihre Kompromisse, auch im Glauben. Eines Tages blicken sie in den Spiegel und erkennen, wie fragwürdig alles geworden ist, wie sich heimlich Zweifel in ihr Gesicht eingeschlichen haben, für das sie nun verantwortlich sind. Sie müssen sich damit auseinandersetzen und sich damit auch der eigenen Ungeschütztheit und Verwundbarkeit stellen. Was gilt noch, was hat noch Bestand? Was werden künftig meine Motivationen, meine Todesängste und Lebenshoffnungen sein?

Die Krise der Lebensmitte stellt uns vor die Entscheidung, was wir mit dem Rest unseres Lebens anfangen wollen. Jetzt entscheidet sich, ob wir uns innerlich verhärten oder lebendig bleiben, bis wir Abschied nehmen. Die Zeit der Lebenswende mit ihrer Anfälligkeit für die Verwundung der Seele und mit ihrer wachsenden Ermüdung und Erschöpfung führt in eine neue Dimension des Lebens. Die Entmutigungen zu überwinden, die Trauer als Quelle für einen neuen Lebensbeginn zu entdecken, das könnte dem zukünftigen Leben Kraft und Stärke geben.

Hälfte des Lebens

Mit gelben Birnen hänget
Und voll mit wilden
 Rosen
Das Land in den See,
Ihr holden Schwäne,
Und trunken von Küssen
Tunkt ihr das Haupt
Ins heilignüchterne
 Wasser.

Weh mir, wo nehm' ich, wenn
Es Winter ist, die Blumen, und wo
Den Sonnenschein
Und Schatten der Erde?
Die Mauern stehn
Sprachlos und kalt, im Winde
Klirren die Fahnen.

FRIEDRICH HÖLDERLIN

209

SEPTEMBER

September

Steckbrief des Monats

Der Name September kommt von der lateinischen Zählung *septem* als siebenter Monat im römischen Kalender.

Andere Namen: Herbstmond (Herbstmonat), Scheiding (Sonne und Sommer scheiden), Holzmonat (Beginn der Holzfällerei).

Spätsommer

Feste des Monats

8. September:
Mariä Geburt

13. September:
Herbstanfang
(Tag- und Nachtgleiche)

1. – 10. Letzte sommerliche Schönwettertage, trocken und oft noch sehr warm.

11. – 20. Häufig trüb, kühl und regnerisch.

22. – 30. »Altweibersommer« (in Amerika: Indian Summer), häufig Frühnebel, tagsüber sonnig und warm. Beim Übergang von kühlem Regenwetter zu diesen klaren Spätsommertagen oft erster Nachtfrost.

Wenn der September noch donnern kann,
    setzen die Bäume viel Blätter an.
Im September und August trink alten Wein,
    laß stehn den Most!
September warm und klar,
    verheißt ein gutes nächstes Jahr.
September schön in den ersten Tagen,
    will schön den ganzen Herbst ansagen.
Viel Eicheln im September, viel Schnee im Dezember.
Der September ist der Mai des Herbstes.
(21.) Tritt Matthäus stürmisch ein,
    wird's bis Ostern Winter sein.
(27.) Kosmas und Damian zünden die Lichter an.
(29.) Michael mit Nord und Ost
    verkündet einen scharfen Frost.

Zum September

Dies sind die liebsten Tage mir im Jahr;
Die ersten Astern blühen in den Beeten,
Die Luft ist kirchenstill und blau und klar
Und ganz erfüllt vom Dufte der Reseden.

Kein Vogelschlag durchklingt den Sonnenschein,
Doch unablässig zirpen die Zikaden –
Bei ihrem Schwirren in den Abendschein
Geh, Seele, satt von Welt und Sonne ein,
Ein müdes Kind, zu letzten Schlummers Gnaden.

AGNES MIEGEL

Jägerlied

Im Wald und auf der Hei - de, da such' ich mei - ne Freu - de —; ich
bin ein Jä - gers - mann, ich bin ein Jä - gers - mann; die
For - sten treu zu pfle - gen, das Wild - bret zu er - le - gen, mein'
Lust hab' ich da - ran____, mein' Lust hab' ich ____da - ran.
Hal - li ____, hal - lo, hal - li ____, hal - lo, mein' Lust hab' ich ____da - ran!

213

Thema des Monats: Hoffen

Hoffnungsvolle Tätigkeiten

Im Gras liegen und die Wolken betrachten
Thymian sammeln, zwischen den Fingern zerreiben und
    daran riechen
einen Säugling auf die Arme nehmen
mit dem Velo an einer stehenden Autokolonne vorbei-
    fahren
am Brunnen Wasser trinken
einem Mädchen in die Augen schauen
schöne Steine in einem Flußbett suchen
dem Regen zuhören
Eisblumen an den Fenstern anschauen ...

schweigen, ohne einsam zu sein
einem Kind über das Haar streichen
einem Freund von seinen Ängsten erzählen können ...

einen Regenbogen sehen
neuen Most aus einem Steinkrug trinken
ein Präzisionsstück an der Drehbank fertigstellen
nach einem befriedigenden Tag müde in den Schlaf
    sinken ...

hören, daß der Lehrer einen Fehler zugeben konnte
einen Igel von der Straße auf die Wiese setzen ...

Psalm dreiundzwanzig lesen
eine Semesterarbeit abgeben ...

Abendmahl auf einer Wiese feiern
auf einem Fensterplatz in der Eisenbahn einen Brief
    lesen ...

einen Leserbrief schreiben, der auch gedruckt wird ...

tanzen bis zur Erschöpfung
weinen können
ein Lied vor sich hinsummen — ...

CHRISTOPH STÜCKELBERGER

»Und ich habe mich so
gefreut!«
sagst du vorwurfsvoll,
wenn dir eine Hoffnung
zerstört wurde.
Du hast dich gefreut. —
Ist das nichts?

MARIE VON
EBNER-ESCHENBACH

Das Brot der Hoffnung

Jetzt aber, in der Zeit des kargen Brotes und des gestörten Lebens bedroht uns unsere eigene Stummheit. Wir müssen uns selber ein Gesicht und eine Gestalt geben, indem wir jede und jeder für sich und öffentlich bekunden, wer wir sind und worauf wir vertrauen. Gebet, Gottesdienst, Bibellesen, den Tag und das Jahr mit den Zeichen unserer Hoffnung markieren — das ist unerläßlich in einer Zeit, in der das Brot der Hoffnung knapp ist.

FULBERT STEFFENSKY

Von der Hoffnung träumen

Ich träume davon, daß eines Tages der Krieg ein Ende nehmen wird, daß die Männer ihre Schwerter zu Pflugscharen und ihre Spieße zu Sicheln machen, daß kein Volk wider das andere ein Schwert aufheben und nicht mehr kriegen lernen wird.

Ich träume auch heute noch davon, daß eines Tages das Lamm und der Löwe sich miteinander niederlegen werden und ein jeglicher unter seinem Weinstock und Feigenbaum wohnen wird ohne Scheu. Ich träume auch heute noch davon, daß eines Tages alle Täler erhöht und alle Berge und Hügel erniedrigt werden und daß die Herrlichkeit des Herrn offenbart werden und alles Fleisch miteinander es sehen wird.

Ich träume noch immer davon, daß wir mit diesem Glauben imstande sein werden, den Rat der Hoffnungslosigkeit zu vertagen und neues Licht in die Dunkelkammern des Pessimismus zu bringen. Mit diesem Glauben wird es uns gelingen, den Tag schneller herbeizuführen, an dem Frieden auf Erden ist. Es wird ein ruhmvoller Tag sein, die Morgensterne werden miteinander singen und alle Kinder Gottes vor Freude jauchzen.

MARTIN LUTHER KING

**Wie lange kann ich noch leben,
wenn mir die Hoffnung verlorengeht?
Das hängt davon ab, was du noch Leben nennst,
wenn deine Hoffnung tot ist.**

ERICH FRIED

Kalender

1
2
3
4
5
6
7
8
9
10
11
12
13
14
15
16
17
18
19
20
21
22
23
24
25
26
27
28
29
30

Gedenk- und Namenstage im September

1   Ruth, Ägidius, Verena · *Sixt Karl Kapff († 1879)*

2   Ingrid · *Nikolai Frederik Grundtvig († 1872)*

3   Gregor, Sophie · *Oliver Cromwell († 1658)*

4   Rosalia, Iris, Ida · *Albert Schweitzer († 1965)*

5   Roswitha · *Katharina Zell († 1562)*

6   Gundolf, Magnus · *Ernst Lohmeyer († 1945)*

7   Otto, Regina, Dietrich · *Martin Kähler († 1912)*

8   Adrian, Sergius · *Elisabeth von Thadden († 1944)*

9   Otmar · *Adam Krafft († 1558)*

10   Pulcheria · *Leonhard Lechner († 1606)*

11   Felix und Regula, Maternus · *Johannes Brenz († 1570)*

12   Guido, Gerfrid · *Rauhes Haus (gegr. 1833)*

13   Amatus, Tobias, Notburga · *Wilhelm Farel († 1565)*

14   Kreuzerhöhung · *Caspar Neumann (* 1648)*

15   Roland, Melitta, Dolores · *Ernst Ludwig Heim († 1834)*

16   Edith, Julia, Kornelius · *Tillmann Siebel († 1875)*

17   Hildegard, Robert, Adriane · *Johann Hein. Bullinger († 1575)*

18   Lambert, Richardis · *Gottlieb August Spangenberg († 1792)*

19   Igor, Theodor · *Thomas John Barnardo († 1905)*

20   Eustachius · *Theodor Fontane († 1898)*

21   Matthäus, Debora, Jonas · *Carl Heinr. Rappard († 1909)*

22   Mauritius, Gunthild · *Johann Peter Hebel († 1826)*

23   Gerhild, Linus, Thekla · *Carl Spitzweg († 1885)*

24   Gerhard, Hermann, Rupert · *Paracelsus († 1541)*

25   Niklaus · *Augsburger Religionsfriede (1555)*

26   Kosmas und Damian, Eugenia · *Paul Rabaut († 1794)*

27   Vinzenz, Hiltrud, Dietrich · *Vinzenz von Paul († 1660)*

28   Lioba, Wenzel, Dietmar · *Philipp Spitta († 1859)*

29   Gabriel, Michael, Raphael · *Gustav I. Wasa († 1560)*

30   Urs, Hieronymus, Viktor · *George Whitefield († 1770)*

Die fünfte Jahreszeit

Das war des Sommers
schönster Tag,
Nun klingt er vor dem
stillen Haus
In Duft und süßem Vogel-
schlag
Unwiederbringlich leise
aus.

In dieser Stunde goldnen
Born
Gießt schwelgerisch
in roter Pracht
Der Sommer aus sein
volles Horn
Und feiert seine letzte
Nacht.

HERMANN HESSE

Kurz und knapp, Herr Hauser! Hier sind unsere vier Jahreszeiten.

Bitte: Welche –?

Keine. Die fünfte.

Es gibt keine fünfte.

Es gibt eine fünfte. – Hör zu: Wenn der Sommer vorbei
ist und die Ernte in die Scheuern gebracht ist, wenn sich die
Natur niederlegt, wie ein ganz altes Pferd, das sich im Stall
hinlegt, so müde ist es – wenn der späte Nachsommer im
Verklingen ist und der frühe Herbst noch nicht angefan-
gen hat –: dann ist die fünfte Jahreszeit.

Nun ruht es. Die Natur hält den Atem an; an anderen
Tagen atmet sie unmerklich aus leise wogender Brust.
Nun ist alles vorüber: geboren ist, gereift ist, gewachsen ist,
gelaicht ist, geerntet ist – nun ist es vorüber. Nun sind da
noch die Blätter und die Gräser und die Sträucher, aber im
Augenblick dient das zu gar nichts; wenn überhaupt in der
Natur ein Zweck verborgen ist: im Augenblick steht das
Räderwerk still. Es ruht.

Mücken spielen im schwarz-goldenen Licht, im Licht
sind wirklich schwarze Töne, tiefes Altgold liegt unter den
Buchen, Pflaumenblau auf den Höhen … kein Blatt
bewegt sich, es ist ganz still. Blank sind die Farben, der See
liegt wie gemalt, es ist ganz still. Boot, das flußab gleitet.
Aufgespartes wird dahingegeben – es ruht.

So vier, so acht Tage –

Und dann geht etwas vor.

Eines Morgens riechst du den Herbst. Es ist noch nicht
kalt; es ist nicht windig; es hat sich eigentlich gar nichts
geändert – und doch alles. Es geht wie ein Knack durch die
Luft – es ist etwas geschehen; so lange hat sich der Kubus
noch gehalten, er hat geschwankt …, na … na …, und nun
ist er auf die andere Seite gefallen. Noch ist alles wie
gestern, die Blätter, die Bäume, die Sträucher … aber nun
ist alles anders. Das Licht ist hell, Spinnfäden schwimmen
durch die Luft, alles hat sich einen Ruck gegeben, dahin
der Zauber, der Bann ist gebrochen – nun geht es in einen
klaren Herbst. Wie viele hast du? Dies ist einer davon. Das
Wunder hat vielleicht vier Tage gedauert oder fünf, und du

hast gewünscht, es sollte nie, nie aufhören. Es ist die Zeit, in der ältere Herren sehr sentimental werden – es ist nicht der Johannistrieb, es ist etwas anderes. Es ist: optimistische Todesahnung, eine fröhliche Erkenntnis des Endes. Spätsommer, Frühherbst und das, was zwischen ihnen beiden liegt. Eine ganz kurze Spanne Zeit im Jahre.

Es ist die fünfte und schönste Jahreszeit.

KURT TUCHOLSKY

Gebet um Gottes Segen

Gott, segne mir den Mond hoch über mir.

Gott, segne mir die Erde hier unter mir.

Gott, segne mir Frau und Kinder und segne mich selber,
Gott, mich, bei dem sie wohnen.

Gott, segne mir alles, worauf mein Blick ruht.

Gott, segne mir das, worauf meine Hoffnung baut.

Gott, segne mir Verstand und Willen; segne sie mir,
o Gott, du Gott des Lebens.

AUS IRLAND

Staunen

Die ganze Welt ist vor dir,
  Herr,
wie ein Stäubchen auf der
  Waage,
wie ein Tautropfen,
  der zur Erde fällt.
Du erbarmst dich aller,
  weil du alles vermagst,
und siehst über die
  Sünden der Menschen
  hinweg,
damit sie sich bekehren.
Du liebst alles, was ist,
und verabscheust nichts
  von allem,
was du gemacht hast;
denn hättest du etwas
  gehaßt,
du hättest es nicht
  geschaffen.
Wie könnte etwas ohne
  deinen Willen Bestand
haben, oder wie könnte
  etwas erhalten bleiben,
das nicht von dir ins
  Dasein gerufen wäre?
Du schonst alles, weil es
  dein Eigentum ist,
Herr, du Freund des
  Lebens.
Denn in allem ist dein
  unvergänglicher Geist.

BUCH DER WEISHEIT
11, 22 – 12, 1

Gott suchen und finden

Freundschaft mit Gott

Der entscheidende Punkt ist: Gott ist nicht eine Sache, sondern eine Person. Wenn ich mich mit irgendeiner Sache beschäftige, dann kann ich Beweise ihrer Existenz liefern. Aber eine Person will *nicht wie eine Sache* behandelt werden. Eine Person wird nicht bewiesen. Personen erkennt man. Mir liegt nichts daran, daß andere meine Existenz nachweisen. Mir liegt viel daran, daß andere mich als Freund kennenlernen. Ich versuche nicht, Beweise meines Daseins zu liefern, aber ich versuche, Zeichen meiner freundschaftlichen Gegenwart zu geben. Genau so gab und gibt Gott Zeichen seiner freundlichen Gegenwart durch alles, was existiert. Es kommt darauf an, die Person Gottes zu kennen, ihn als einen echten und hingebungsvollen Freund zu erfahren, damit die Zeichen seiner Freundschaft sichtbar werden können.

Ich kann dir nicht vorschreiben, welches die Zeichen der Anwesenheit dieses deines Freundes, Gottes, sind. Du mußt das selbst herausfinden, denn es geht um *deinen* Freund. Wenn du ihn entdeckst, dann wird das Leben zum Fest. Du wirst besser leben können. Du wirst sagen dürfen: »Friede und Gelassenheit sind endgültig eingezogen« (aus Psalm 131). Und wenn du mit dem Leben besser fertig wirst, hast du Vollmacht, den anderen von diesem deinem Gott zu erzählen, der dir ein Leben ermöglicht, daß andere vor Neid erblassen. Die anderen werden dir glauben, denn dein Leben ist ein Beweis dafür, daß du keinen Unsinn redest. Sie werden einsehen, daß es sich lohnt, einen Freund zu haben wie der, den du hast. Und sie werden auch nach ihm suchen.

Tief in uns, im Zentrum unseres Seins, da, wo unsere Wünsche und Ambitionen entstehen, macht der große Freund sich bemerkbar und gibt uns Zeichen. Die Unruhe, die jeden von uns umtreibt, das Streben nach Besserem und Schönerem, nach Reinerem und Echterem, diese Unzufriedenheit mit der Welt, in der wir uns vorfinden, die verbessert und verwandelt werden muß, dies alles kommt von Gott.

CARLOS MESTERS

Unser ganzes Leben sollte nichts anderes sein als ein Lob Gottes.

MARTIN LUTHER

Wo Gott nicht ist, da ist kein Glück; weder in einem Land, noch in einem Haus, noch in einem Herzen.

JEREMIAS GOTTHELF

Es ist kein Punkt, an dem Gott nicht wäre: im Licht der Schönheit und in der Finsternis des Elends, in der Erfahrung des Lebendigen und im Erleiden des Todes.

JÖRG ZINK

Sein Ja und Amen für uns

Was ein Gott, so wie wir ihn uns denken, alles tun müßte und könnte, damit hat der Gott Jesu Christi nichts zu tun. Wir müssen uns immer wieder sehr lange und sehr ruhig in das Leben, Sprechen, Handeln, Leiden und Sterben Jesu versenken, um zu erkennen, was Gott verheißt und was er erfüllt.

Gewiß ist, daß wir immer wieder in der Nähe und unter der Gegenwart Gottes leben dürfen und daß dieses Leben für uns ein ganz neues Leben ist; daß es für uns nichts Unmögliches mehr gibt, weil es für Gott nichts Unmögliches gibt; daß keine irdische Macht uns anrühren kann ohne Gottes Willen und daß Gefahr und Not uns nur näher zu Gott treiben; gewiß ist, daß wir nichts zu beanspruchen haben und doch alles erbitten dürfen; gewiß ist, daß im Leiden unsere Freude, im Sterben unser Leben verborgen ist; gewiß ist, daß wir in dem allem in einer Gemeinschaft stehen, die uns trägt. Zu alldem hat Gott in Jesus ja und amen gesagt. Dieses Ja und Amen ist der feste Boden, auf dem wir stehen.

DIETRICH BONHOEFFER

»Wo wohnt Gott?« Mit dieser Frage überraschte ein Rabbi einige gelehrte Männer, die bei ihm zu Gast waren. Sie lachten über ihn: »Wie redet ihr! Ist doch die ganze Welt seiner Herrlichkeit voll.«
Er aber beantwortete die eigene Frage: »Gott wohnt, wo man ihn einläßt.«

MARTIN BUBER

Wer Gott aufgibt, der löscht die Sonne aus, um mit einer Laterne weiter zu wandeln.

CHRISTIAN MORGENSTERN

Ich dachte an meine Unruhe während der letzten drei Jahre, an mein Suchen nach Gott, an mein dauerndes Schwanken zwischen Freude und Verzweiflung. Und plötzlich sah ich, daß ich nur lebte, wenn ich an Gott glaubte. Wenn ich nur an ihn dachte, erhoben sich in mir die frohen Wogen des Lebens. Alles ringsum belebte sich, alles bekam einen Sinn. Eine Stimme in mir sagte: Er ist es, ohne den man nicht leben kann. Seitdem hat mich dieses Licht nie mehr verlassen.

LEO TOLSTOI

Gottes Hände
halten die weite Welt.
Gottes Hände
tragen das Sternenzelt.
Gottes Hände
führen das kleinste Kind.
Gottes Hände
über dem Schicksal sind.

Gottes Hände
sind meine Zuversicht.
Durch das Dunkel
führen sie doch zum Licht.
Im Frieden geborgen,
vom Kampf umtost,
in deinen Händen, Herr,
bin ich getrost!

AUS EINEM ALTEN VOLKSKALENDER

Herbstanfang

Weshalb soll denn keine Zeit sein im Jahr, die bei völligem Gleichbleiben der Tagesläufe mühevoller wird, die bis zur Schwermut führen kann, dunkel in innere Leere, man möchte sie füllen und weiß nicht, womit?

Wenn Sturm die Baumkronen dreht und die Stämme zerrt und an den Wurzeln reißt, wenn Schnee fällt, Stunde um Stunde, glauben wir, an uns zu leiden, weil wir uns ausgeliefert fühlen, und übersehen, daß wir leiden, weil wir uns entziehen wollen. Wir sehen die Düsternis der Tage, die frühen Nebelabende von ferne und sehen sie darum nicht.

Wir haben noch den Sommer in uns. Wir können uns nicht mit dem Laub abfinden, das an die Wegränder treibt. Natürlich weiß man, die Natur ist nicht tot im November. Aber Wissen hilft nicht viel. Da ist Erinnern, es gibt den Tod.

Über Äckern Vögel. Wälder in dauernder Verschwommenheit, überall Grenzen, alles bleibt vage.

Hingehen zu dem, was ängstet, wurde mir einmal geraten. Die Nähe klärt. Du gehst zuviel vorbei. Du fährst zu schnell.

Das Erfahrbare läßt sich nicht erfahren, auch nicht ergehen. Aber es läßt sich erwarten an seiner Stelle. Es ist ein Unterschied, ob ich zwischen Bäumen hindurchlaufe und die Eingewurzelten zu beiden Seiten zurücklasse oder ob ich unter ihnen stehenbleibe. Beziehung setzt ein im Augenblick meines Verweilens, nicht von den Bäumen zu mir, darauf kommt es nicht an, auch nicht, daß ich eins werde mit der Natur; das ist hier nicht gemeint, und ich zweifle, ob dies überhaupt möglich ist.

Ich denke an die Mariensäulen und Kruzifixe, die noch auf manchen Fluren stehen. Manchmal kommt einer, der nicht vorbeigeht.

Mir will scheinen, ich war mir ein Flüchtiger, solange ich ging. Ich mußte auf den Weg achten. Im Verharren nun höre ich. Ich höre den Regen. Er fällt durch die Kronen, rinnt an der Rinde herab, die Stämme glänzen. Es ist der Regen, der aufstieg und wieder sinkt. Der Regen schließt mich ein. Ich höre mich.

Herbstbild

Dies ist ein Herbsttag,
  wie ich keinen sah!
Die Luft ist still, als atmete
  man kaum,
Und dennoch fallen
  raschelnd, fern und nah,
Die schönsten Früchte ab
  von jedem Baum.

O stört sie nicht, die Feier
  der Natur!
Dies ist die Lese, die sie
  selber hält,
Denn heute löst sich von
  den Zweigen nur,
Was vor dem milden
  Strahl der Sonne fällt.

FRIEDRICH HEBBEL

Bevor ich ging und noch am Fenster stand, barg mich auch das Zimmer nicht. Nun bin ich mit verregnet. Ich werde ruhig. Der Regen geht über mich nicht anders als über die Bäume. Es gibt eine Stätte, in der nichts mehr fremd sein wird, die Nähe und Ferne aufhebt, wo im völligen Verharren ein völliges Ineinander beginnt. Weshalb nicht daran denken? Wir gehen darauf zu.

GOTTFRIED UNTERDÖRFER

Kennst du die Sprache der Blätter?

*Der Tochter auf den
Nachttisch gelegt*

Liebe Christine,

Kennst du die Sprache der Blätter? Was sagt dir ein Blatt, das, vom Wind hergeweht, unendlich schön in seiner Färbung und Gestalt, auf deiner Hand liegt? Was sprechen Rot und Gold an den Zweigen, die noch die letzten Träume zu erzählen scheinen? Weißt du, daß sie eine eigene Sprache haben, wenn sie sich vom Baum des Lebens gelöst und nur noch eine kurze Zeit der Glut und Fülle vor sich haben?

Der Herbst ist eine Einladung, diese Sprache kennenzulernen. Wir suchen nach neuen Wegen, suchen oder trauern. Wir können mithelfen, die Tränen der Menschen zu trocknen und sie glücklich zu machen. Aber wir sehen auch das Ende unserer Kräfte. Eigenartig – wo wir doch fast alles erreichen können und alles unermeßliche Ausmaße annimmt, was wir in die Wege leiten, jetzt spüren wir das Ende des Wachsens. Nun kommt endlich das zur Geltung, was wir uns nicht kaufen können, sondern was uns so unverdient geschenkt wird: Heute auf unserem Weg durch den Wald habe ich viel davon gespürt! Und manches kann ich davon vielleicht mitnehmen und aufbewahren für alle Zeit: wenn ich darauf warte, daß ein langersehnter Brief kommt, ein Mißverständnis sich aufklärt. Du hast mir geholfen, meine erwachsen werdende Tochter, die Spuren wiederzufinden, die so oft im Alltag untergehen: Du hast mir etwas wiedergegeben von dieser Sprache der herbstlichen Blätter, die unter unseren Schritten raschelten und die du aufgehoben hast, um sie mir zu zeigen.

Ich wünsche dir, daß auch du sie lesen lernst.

DEIN VATER

Ein Sonntag im September:

Liebhaber des Lebens

In uns kreist das Leben,
das uns Gott gegeben,
kreist als Stirb und Werde
dieser Erde.

Ruhig leuchten Felder,
dunkel stehn die Wälder:
ohn' sie kann's kein Leben
für uns geben.

Gottes Kreaturen
füllen Hügel, Fluren:
ohn' sie kann's kein Leben
für uns geben.

Vögel in den Höhen,
Fische in den Seen:
ohn' sie kann's kein Leben
für uns geben.

Schön im Stirb und Werde
kreist die Mutter Erde,
trägt, was ihr gegeben:
Gottes Leben.

KURT MARTI

»Liebhaber des Lebens«, so wird Gott in dem alttestamentlichen Buch der Weisheit genannt. Liebhaber des Lebens – das ist in der Tat ein überwältigender Gedanke. Gott will, daß wir leben. Er will, daß wir an seiner kostbaren Gabe nicht vorbeileben. Es ist durchaus nicht ein Zeichen einer tiefsinnigen und hintergründigen Haltung, wenn jemand mit der Gottesgabe des Lebens nicht mehr fertig werden kann. So wie es die Gefahr des Christen ist, daß er vor den Rätseln des Lebens und der Welt in die lichten, erbaulichen Wendungen ausbiegt, so besteht die Gefahr des Nichtchristen darin, in pathetische Skepsis zu verfallen und das Leben zu denunzieren, nur weil er damit nicht fertig werden kann. Eines ist so kümmerlich wie das andere. Gerade dies will Gott nicht. Er will, daß wir leben lernen und leben können.

Der großartigste Beweis dafür ist dieser: er will, daß wir von aller Angst frei werden. Man kann nicht leben, wenn man Angst hat. Aber man kann sich die Angst auch nicht einfach ausreden, man kann sie noch weniger mit heroischen Deklamationen übertönen, sondern sie muß an der Wurzel überwunden werden. Die Wurzel aller menschlichen Angst ist die Todesfurcht. Wenn die geheime Furcht vor dem Tode überwunden ist, können auch alle andern Formen der Angst überwunden werden.

Aber auch die Schuld soll unser Leben nicht verderben. Es gibt Menschen, die sich so festgefahren haben, daß nur noch Resignation oder Verzweiflung übrig bleiben. Haben wir nicht unter dem Einfluß eines bloß naturalistischen Denkens das Verständnis dafür verloren, was für eine Tragik jeder Selbstmord ist? Wir haben nicht das Recht, das

Leben wegzuwerfen. Wir dürfen es nicht. Verzweiflung ist Sünde. Wir dürfen ihr nicht erliegen. Damit soll nicht eine fromme Unduldsamkeit oder eine menschliche Unbarmherzigkeit ausgedrückt sein. Im Gegenteil, wer an die Stelle kommt, wo er keinen Ausweg mehr sieht, der soll wissen: Der Herr ist ein Liebhaber des Lebens.

HANNS LILJE

Sing das Lied vom großen Frieden

Sing das Lied vom großen Frieden, jetzt in dieser Zeit,

Steckt das Licht der Hoffnung an, in der Dunkel-heit,

Spiel den Frieden, nicht den Krieg, ihr sollt Freunde sein.

Und hol die, die abseits stehen, in den Kreis hinein.

(Ref.)

Spiel den Frieden, nicht den Krieg, komm u. reich mir deine Hand.

Spiel den Frieden, nicht den Krieg, komm wir fangen an.

Herr, gib uns Frieden mit dir,
Frieden mit den Menschen,
Frieden mit uns selbst, und befreie uns von Angst.

DAG HAMMARSKJÖLD

Laßt uns neue Pläne schmieden
für die große Friedenszeit.
Öffnet für den großen Wunsch
eure Herzen weit.

Refrain

Gut sind die, die Frieden machen
und den Streit begraben.
Denn sie heißen Kinder Gottes,
die Versöhnung wagen.

Refrain

Nehmt euch an die Hände fest,
ihr seid nicht allein.
Wenn die Angst erst ist vorbei,
dann wird Friede sein.

Refrain

TEXT: JOHANNES THIELE

MUSIK: LUDGER EDELKÖTTER

DER MENSCH LEBT
UND BESTEHET
NUR EINE KLEINE
ZEIT;
UND ALLE WELT
VERGEHET
MIT IHRER
HERRLICHKEIT.
ES IST NUR EINER
EWIG UND AN
ALLEN ENDEN,
UND WIR IN SEI-
NEN HÄNDEN.

MATTHIAS CLAUDIUS

Stationen des Lebens: Kraft in der Krankheit

Die große Störung

Wenn wir alles tun, was in unseren Kräften steht, dann tut Gott das übrige.

ARNOLD JANSSEN

Es gibt Zeiten in unserem Leben, wo uns vieles von dem, was wir uns vorgenommen haben, gelingt. Wenn wir dann von einem hören, den eine Krankheit aus der Bahn geworfen hat, dann tut uns das zwar leid, viel mehr aber auch nicht. Es kann sein, daß man jahrelang nur Zuschauer bei den dunklen Erfahrungen anderer ist. Eines Tages trifft es einen selbst. Man kommt sich dann vor wie ausgestoßen aus dem sicheren Haus seines Lebens. Es ist wie ein großer Szenenwechsel. Manchmal kündigt er sich lange Zeit vorher an: der erste bohrende Schmerz, kaum beachtet und schnell wieder verdrängt von den Notwendigkeiten des Alltags, wochenlanges Verschontwerden, und dann plötzlich, wie aus heiterem Himmel, ist er wieder da: der Schmerz. Und während man noch so weitermacht wie bisher, sich möglichst nichts anmerken läßt, ist man schon mitten im Zwiegespräch mit sich selbst. Erst bruchstückhaft: »Du mußt mal etwas langsamer tun! Wenn du das Rauchen aufgibst, ob es dann …?« Und dann immer bohrender: »Du wirst doch nicht etwa …? Mein Gott!« Wochen der Selbstbeobachtung folgen. Vermutungen verdichten sich zur Gewißheit. Heimliche Lektüre in medizinischen Hausbüchern bestätigt einem, was man schon längst gewußt hat, sich aber nicht eingestehen wollte: »Die gleichen Symptome, ganz klar … Du hast …« Mühsam rappelt man sich immer wieder auf: »Nur niemand etwas merken lassen!« Die Arbeit, wie ein Narkotikum benutzt, betäubt zuweilen die Unruhe. Aber dann, beim zufälligen Blick aus dem Fenster, geht es einem durch den Kopf: »Das wirst du nun nicht mehr lange sehen! Die helle Sonne über dem Land, die Konturen der Berge in der Ferne!« Dann dazwischen auch die Stimme der Vernunft: »Geh doch zum Arzt! Laß dich untersuchen! Vielleicht ist alles halb so schlimm!« Vielleicht? Vielleicht ist aber alles noch viel schlimmer, und man schiebt den Besuch hinaus, so lange es irgend geht. Aus Angst vor der Wahrheit, die einem jede Chance nimmt, auch die kleine, die man sich selbst noch gibt. Nein, die Wahrheit, mit der man sich dauerd herumschlägt, man will sie nicht. Sie könnte wie ein Urteil sein. Mehr und mehr sucht man sich mit dem Gedanken vertraut zu machen: »Du hast nicht mehr viel Zeit! Nutze sie!« Aber wie? Wie macht man das, sich vorzubereiten auf das, was da auf einen zukommt? Bilanz machen? Dankbar sein und in dieser Haltung allem das Beste abgewinnen?

Es wäre nicht die schlechteste Möglichkeit, damit fertig zu werden. Man weiß, jetzt kommt es darauf an. Jetzt. Wird der Glaube stärker sein als alles andere? Der Glaube an die Auferstehung Jesu Christi und die Hoffnung auf ihn? Man quält sich hin, überlegt, sucht nach einem bedingungslosen Ja zu dem Weg, den man nun vor sich sieht. Und dann ist es soweit. Der Punkt ist erreicht, die Gelassenheit gewonnen.

Kennen Sie diese Erfahrung? Aber was machen wir dann mit dem, was uns so aufgewühlt hat? Schütteln wir es ab wie einen bösen Traum? Genügt das? War diese Zeit des Leids nicht doch so etwas wie eine Probe auf das Exempel »Sterben«? Und wie hat man sie bestanden? Sie wird ja wiederkehren. Ob es dann auch noch so ausgeht? Jedenfalls bleibt die mahnende Erinnerung daran, daß wir unterwegs sind und daß man eigentlich wissen muß, wohin die Reise geht.

JOHANNES KUHN

> **Größer als eine Krankheit heilen: sie hinzunehmen und diese Hinnahme mit einem anderen zu teilen.**
>
> THORNTON WILDER

> **Der Gesunde hat tausend Wünsche, der Kranke nur einen einzigen, wieder gesund zu werden.**
>
> UNBEKANNT

Ich glaube, daß die Krankheiten Schlüssel sind,
die gewisse Tore öffnen können.
Ich glaube, es gibt gewisse Tore,
die einzig die Krankheit öffnen kann.
Es gibt einen Gesundheitszustand,
der uns nicht erlaubt, alles zu verstehen.
Vielleicht verschließt uns die Krankheit einige
  Wahrheiten;
ebenso aber verschließt uns die Gesundheit andere
oder führt uns davon weg,
so daß wir uns nicht mehr darum kümmern.
Ich habe unter denen,
die sich einer unerschütterten Gesundheit erfreuen,
noch keinen getroffen,
der nicht nach irgendeiner Seite hin
ein bißchen beschränkt gewesen wäre,
wie solche, die nie gereist sind.

ANDRÉ GIDE

OKTOBER

Oktober

Steckbrief des Monats

Der Name Oktober läßt sich aus dem lateinischen *octo* für acht ableiten; der Oktober war der achte Monat im römischen Kalender.

Andere Namen: Dachsmond, Weinmonat, Gilbhart (Färbung der Blätter), Weinmond.

Herbst

Feste des Monats

Erster Sonntag im Oktober: Erntedankfest

4. Oktober: Franziskus von Assisi Welttierschutztag

31. Oktober: Reformationsfest (in der evangelischen Kirche)

In der katholischen Kirche gilt der Oktober als Rosenkranzmonat.

1.–10. Oft stürmisch, wechselhaft mit Regen.

11.–20. Schönes, trockenes Wetter, häufig mit Frühnebel, der sich erst spät auflöst. Starke Temperaturschwankungen zwischen Tag und Nacht, erste weiterverbreitete Nachtfröste.

23.–31. Gelegentlich erster verfrühter Wintereinbruch von kurzer Dauer mit eisigen Winden aus Ost oder Nordost und Frost auch am Tage, meist aber ohne Schnee.

Warmer Oktober bringt kalten Februar.

Sitzt im Oktober das Laub fest am Baum,
 fehlt ein strenger Winter kaum.

Wie's im Oktober wittert, so im nächsten April.

Wie im Oktober die Regen hausen,
 so im Dezember die Winde sausen.

Ist der Oktober hell, kommt der Winter schnell.

Je früher das Laub im Oktober fällt,
 desto fruchtbarer wird das nächste Jahr.

(11.) Sankt Burkhard Sonnenschein
 regnet's Zucker in den Wein.

(15.) Ist's um die Hedwig schlecht bestellt,
 bringt sie die erste Winterkält.

(16.) Ist Sankt Gallus nicht trocken,
 folgt ein Sommer mit nassen Socken.

(20.) Sankt Dorothee bringt den ersten Schnee.

(28.) Simon und Juda, die zwei, führen oft Schnee herbei.

(31.) Sankt Wolfgang Regen
 verspricht ein Jahr voller Segen.

Zum Oktober

Gewaltig endet so das Jahr
mit goldnem Wein und Frucht der Gärten.
Rund schweigen Wälder wunderbar
Und sind des Einsamen Gefährten.

Da sagt der Landmann: Es ist gut.
Ihr Abendglocken lang und leise
Gebt noch zum Ende frohen Mut.
Ein Vogelzug grüßt auf der Reise.

Es ist der Liebe milde Zeit.
Im Kahn den blauen Fluß hinunter
Wie schön sich Bild an Bildchen reiht –
Das geht in Ruh und Schweigen unter.   GEORG TRAKL

Bunt sind schon die Wälder

Bunt sind schon die Wäl - der, gelb die Stop - pel - fel - der,
und der Herbst be - ginnt. Ro - te Blät - ter fal - len,
grau - e Ne - bel wal - len, küh - ler weht der Wind.

Wie die volle Traube	Flinke Träger springen,	Geige tönt und Flöte
aus dem Rebenlaube	und die Mädchen singen,	bei der Abendröte
purpurfarbig strahlt!	alles jubelt froh!	und im Mondesglanz;
Am Geländer reifen	Bunte Bänder schweben	junge Winzerinnen
Pfirsiche, mit Streifen	zwischen hohen Reben	winken und beginnen
rot und weiß bemalt.	auf dem Hut von Stroh.	frohen Erntetanz.

TEXT: JOHANN G. VON SALIS-SEEWIS
MELODIE: JOHANN FRIEDRICH REICHHARDT

233

Thema des Monats: Danken

Danken ist das Gegenteil von Ge-danken-losigkeit. Wer dankt, denkt an den, der ihm etwas gab. Danken heißt antworten. Es schafft Korrespondenz. Denn wenn nicht gedankt wird, entsteht kein lebendiges Verhältnis zwischen dem Schenkenden und dem Beschenkten. Das Geschenk erhält durch den Dank erst seinen Sinn. Wer nicht dankt, ignoriert und entehrt aber den Geber.

Der Dankbare sieht auf das, was er hat; der Undankbare auf das, was er nicht hat. Undank ist Ichbezogenheit. Er führt deswegen zur Einsamkeit. Auch der Geiz findet sich in seinem Gefolge. Dankbarkeit dagegen bedeutet Kontakt zu etwas, was außerhalb meiner selbst ist. Ihre Frucht ist Gelassenheit, weil sie Vertrauen stiftet. Dank ist nicht nur nach rückwärts gerichtet. Er ist mehr als eine freudige Quittung für Empfangenes. Er befreit von der grämenden Warumfrage und bewirkt Heiterkeit und Sorglosigkeit, weil er Begegnung mit dem ist, der gern gibt. Dankbarkeit ist also eine zukünftige Haltung. Sie verbindet das Gestern mit dem Morgen.

Dank will nicht nur empfunden, sondern auch ausgesprochen sein. Es gibt viele Hemmnisse, die der Dankesäußerung im Wege stehen. Man scheut sich, Abhängigkeit zu gestehen. Man geniert sich oft auch nur, eine Bewegung des Herzens zu zeigen. So gibt es gewiß mehr heimlichen Dank, als man weiß: von Kindern zu den Müttern etwa. Aber es gibt auch ein lautes Danksagen, dem kein echter Dank entspricht. Wir sollen es niemals heischen. Wer allzu viele Dankessprüche in den Mund nimmt, gerät in den Verdacht, dem Geber gefallen zu wollen oder leichthin einer Gewohnheit zu folgen. Wir müssen auf die stillen Anzeichen des Dankes achten lernen.

Man soll Menschen danken. Für Großes und Geringes. Viele Menschen sind zu einem Bestandteil meines Seins geworden; ein Stück von ihnen lebt in und mit mir. Ich bin gar nicht ohne sie, sondern sie sind immer mitanwesend. Diesen Tatbestand wahrzunehmen und nicht zu verachten, mich seiner zu freuen — ist schon mein Dank. Er befestigt in mir die Überzeugung, daß ich nicht allein, sondern in ihrer Gemeinschaft bin. So wird aus Dank Leben.

Nach dem Danken kommt das Loben. Wir leben, um zu loben. Nur wer Gott lobt, sagt die Wahrheit von ihm. Zum Lob bedarf es — im Gegensatz wohl zum Dank — keiner subjektiven Voraussetzung, keiner besonderen Veranlassung und Gestimmtheit. Lob bezieht sich nicht auf Menschliches und hängt nicht von ihm ab. Das Lob erhebt mich über mich selbst und bindet mich an Größeres. Ich lobe Gott nicht, wenn ich gerade mit ihm übereinstimme, sondern ich stimme mit ihm überein, wenn ich ihn lobe. Mehr noch als im Dank bin ich ihm nur im Lob nahe. Mit meinem Lobpreis werde ich zum Spiegel der Herrlichkeit und Pracht des großen Gottes.

Dank und Lob entspringen derselben Wurzel. Sie sind die Erfüllung der ersten Bitte des Vaterunsers. Es ist das Ziel meines und allen Lebens, des ganzen Kosmos, daß Gott durch Dank und Lob geehrt werde. Sobald sie ausbleiben, hören wir auf zu sein. Solange ich lobe, lebe ich. Loben heißt leben. Leben heißt loben.

HANS JÜRGEN SCHULTZ

Für Wunder brauchen wir
    Augen,
die sehen,
und ein Herz,
das versteht, für ein
    Wunder zu danken.

JÖRG ZINK

235

Kalender

1
2
3
4
5
6
7
8
9
10
11
12
13
14
15
16
17
18
19
20
21
22
23
24
25
26
27
28
29
30
31

Gedenk- und Namenstage im Oktober

1	Theresia, Werner, Emanuel · *Petrus Herbert († 1571)*
2	Hermann · *Ina Seidel († 1974)*
3	Ewald, Udo · *Rembrandt van Rijn († 1669)*
4	Franziskus, Aurea · *Max Planck († 1947)*
5	Meinolf, Placidus · *Theodor Fliedner († 1864)*
6	Bruno, Renatus · *David Nitschmann († 1772)*
7	Gerold, Justina · *Heinrich Melchior Mühlenberg († 1787)*
8	Simeon, Demetrius · *Johannes Matthesius († 1565)*
9	Dionysius, Sibylle · *Karl Friedrich Schinkel († 1841)*
10	Gereon, Viktor · *Reinold von Thadden-Trieglaff († 1976)*
11	Bruno, Maria, Edelburg · *Huldrych Zwingli († 1531)*
12	Gottfried, Edwin · *Karl Hilthy († 1909)*
13	Aurelia, Eduard, Koloman · *Wilhelm Niemöller († 1983)*
14	Alan, Burkhard, Kallistus · *Bethel (gegr. 1867)*
15	Theresia, Aurelia · *Friedrich Ludwig Jahn († 1852)*
16	Hedwig, Margareta, Gallus · *Lukas Cranach († 1533)*
17	Ignatius · *Andreas Osiander († 1552)*
18	Lukas · *Hermann Cremer (* 1834)*
19	Isaak, Paul · *Ludwig Schneller († 1896)*
20	Wendelin, Vitalis · *Gertrud Reichardt († 1836)*
21	Ursula · *Elias Schrenk († 1913)*
22	Kordula, Ingbert, Salome · *Jeremias Gotthelf († 1854)*
23	Severin, Oda · *Paul Tillich († 1965) · Joh. Zwick († 1542)*
24	Antonius · *Ernst Barlach († 1938)*
25	Daria, Ludwig · *Will-Erich Peuckert († 1969)*
26	Albuin, Josephine · *Samuel Frhr. von Pufendorf († 1694)*
27	Wolfhard · *Lars Peterson († 1574)*
28	Simon, Judas, Alfred · *Karl Koch († 1951)*
29	Ermelind · *Henri Dunant († 1910)*
30	Dietger · *Jakob Sturm († 1553)*
31	Wolfgang, Jutta · *Reformationsfest*

Erntedankfest

Die dicke Orange

»Nächsten Sonntag feiert die Kirche das Erntedankfest«, erklärte Religionslehrer Lutze. »Wir danken Gott für alles Getreide, Obst und Gemüse, das wir auf dem Feld oder im Hausgarten ernten konnten.«

»Aber wir kaufen alles nur im Supermarkt«, meldete sich der kleine Arnulf. »Wir haben keinen eigenen Garten. Und immer teurer wird es auch, sagt Mama.«

Lehrer Lutze überlegte angestrengt, aber dann lächelte er. »Es war einmal«, so begann er zu erzählen, »in einem fremden fernen Land eine ganz kleine giftgrüne Orange. Die hatte sich im Orangenbaum den schönsten Sonnenplatz ausgesucht, den es gab. Da hing sie nun sehr lange und ließ sich von den Sonnenstrahlen bescheinen. Und sie freute sich an der bunten Welt, dem blauen Himmel, den Vögeln und Schmetterlingen. Vor lauter Freude wurde sie immer dicker und dicker, und auch ihre Farbe wechselte von Grün bis Gelblich und dann zu einem leichten Rot. Schließlich war sie die dickste Orange im Baum. Aber lange, bevor sie richtig reif wurde, pflückte man sie ab und sie kam zu den Menschen.

Der eine warf sie in einen Korb, der nächste sortierte sie zu anderen dicken Orangen. Dann wurde sie in einer Kiste in ein Schiff verladen und kam nach Deutschland. Vom Hafen wurde sie in einem Lastwagen zu unserem Supermarkt gefahren, wieder ausgepackt und wartet nun auf euch.«

Lehrer Lutze lächelte Arnulf zu. »Tja«, sagte er, »und wenn deine Mutter die dicke Orange kauft, dann bezahlt sie die Besitzer vom Supermarkt, vom Lastwagen, vom Schiff und von der Orangenbaumplantage. Und auch die vielen Verkäufer, Fahrer und Pflücker, die mit ihr zu tun hatten. Ja, sie muß sogar die Chemikalien bezahlen, mit denen die Orange gespritzt wurde und die deine Mutter gar nicht haben mag. Aber die dicke Orange selbst, die so saftig ist und so gut schmeckt, wenn ihr hineinbeißt, und der grüne Zweig, an dem sie hing, und die vielen Tage, die sie reif werden ließen, mit Sonnenstrahlen, blauem

Gebet zur Ernte

Hart geschiehts, doch
   wenig ist es, was die
   Hände
Auf dem Acker ordnen
   und erbauen.
Und so bleibt uns nichts
   vom Anfang bis zum
   Ende,
Als der fremden Regung
   zu vertrauen,

Die dem Saatkorn antut,
   blindlings zu erquillen,
Und dem Halm, im
   Wachstum dazustehn,
Und der Ähre, blütenrau-
   chend sich zu füllen,
Und dem Donner, drüber-
   hinzugehn.

Laß, o Gott, dies tief
   Geheime, dies dein
   Walten
Auch in uns, die du von
   dir entferntest,
In den Jungen sich be-
   wegen und den Alten,
Bis du uns in deine
   Scheuer erntest.

MANFRED HAUSMANN

Himmel, Vögeln und Schmetterlingen, die gehören keinem Menschen und die kann man nicht bezahlen. Und dafür …«

»… danken wir Gott am Erntedankfest«, unterbrach Arnulf und sah den Lehrer strahlend an.

THOMAS KLOCKE

Erntedankgebet

Ich habe satt zu essen
und Schuh und Kleider
      auch
und Menschen, die mich
      lieben,
und was ich sonst noch
      brauch'.

Ich dank dir, Gott,
      für alles,
du machst mich reich und
      froh.
Doch laß mich nicht
      vergessen,
daß Kinder anderswo

vielleicht am Abend
      weinen
und hungrig sind und
      arm.
Gott, du kannst vieles
      machen:
gib, daß sie wieder
      lachen,
und mach sie satt und
      warm.

RENATE SCHUPP

Mache dich auf

Ma-che dich auf und wer-de licht. Ma-che dich auf und wer-de licht. Ma-che dich auf und wer-de licht, denn dein Licht kommt.

Gemeinde werden

Orte der Hoffnung

Den Ort der Hoffnung nennen die Christen Gemeinde. In der Art und Weise, wie Christen in ihren Gemeinden zusammenleben, arbeiten und feiern, spiegelt sich bereits ein Stück glaubwürdig werdender Hoffnung. Gemeinde kann daher nicht allein die Sache weniger sein. In ihr muß vielmehr spürbar werden: Die Sache Jesu fordert auch mich. Es geht darum, daß jeder in der Gemeinde begreift: Ich gehöre dazu. Mein Wort und mein Verhalten prägen das Gesicht der Gemeinde mit. Wo ich mich einbringe, erhalten andere Hoffnung.

Lothar Zenetti hat die Gemeinde der Hoffnung mit einem Gästebuch verglichen: »Meistens sind in einem Gästebuch Worte der Dankbarkeit an den Gastgeber zu lesen, für Freude und schöne Stunden, die man bei ihm, in seinem Hause erlebt hat. Und nun frage ich: Eine christliche Gemeinde, ist das nicht im Grunde eine Versammlung von Menschen, die immer wieder zu Gast sein dürfen im Hause und am Tische Gottes? Eine Gemeinschaft, die weiß, wieviel sie dem Gastgeber und seiner Freundlichkeit verdankt. Manchem freilich liegt es nicht besonders, einen Stift zur Hand zu nehmen und zu schreiben. Er trägt sich auf eine andere Weise ein in das Leben der Gemeinde.«

Ich denke, dies ist ein schönes Bild für die Gemeinde der Hoffnung: ein Gästebuch Gottes zu sein. Ohne den Federhalter der Hoffnung allerdings wird dieses Gästebuch leer bleiben, oder die Eintragungen sind nichtssagend und phrasenhaft.

Auch wenn es oft so schwierig ist, die christliche Hoffnung in der Gemeinde sichtbar werden zu lassen, sie auszusäen und zwischen den Menschen aufblühen zu lassen, sollten wir den Mut nicht aufgeben.

Die Gemeinde braucht Hoffnung, weil diese Hoffnung wie eine Sonne ist, aus deren Mitte sie Strahlen aussendet in die Welt. Ich bin auf der Suche nach Spuren dieser Sonne, nach Versuchen mit der Hoffnung.

Franziskustag

Kleines Gebet am Wiesenrand

Lieber Franziskus,
du mit der braunen Kapuze,
du von Assisi, hör zu:
Wenn du ein Grillenfreund bist,
bist du auch bestimmt ein Freund
von Leuten, die Grillen mögen.
Jetzt sag' ich dir was:
Beten wir miteinander.

Ich hab' da eine Grille gefunden.
Sehen kann ich sie nicht, nur hören.
Ich will sie auch gar nicht stören
und aufstöbern vor ihrem Loch.
Ich steh' nur und horche.
Sie zirpt und zirpt.
Und alle hören ihr zu,
Franziskus, die Wiese und ich.

Danke für diese Grille.
Das war's, lieber Gott.
Mehr wollte ich dir im Moment
nicht sagen. —

LENE MAYER-SKUMANZ

»Brüder, laßt uns mehr durch unser Leben als mit Worten predigen«, sagte Franziskus von Assisi. Und als Bruder Leo, einer seiner ersten Gefährten, einmal in großer innerer Not war, da nahm Franziskus ein kleines Stück Papier und schrieb darauf die Worte: »Der Herr segne und behüte dich. Er lasse über dir sein Angesicht leuchten und schenke dir Frieden. Und wenn du in Not bist, Bruder Leo, dann komm!«

Worüber wir staunen

Daß die Welt hinter den
  Bergen
nicht zu Ende ist,
daß, was dir im Spiegel
  begegnet
du selber bist.
Daß die Erde rund ist und
  sich dreht,
und daß der Mond,
auch wenn es regnet,
  am Himmel steht.
Daß die Sonne,
die jetzt bei uns sinkt,
andern Kindern
Guten Morgen winkt.

241

Der Herbst

Jede Jahreszeit hat ihre Sprache, ihre Stimmungen und ihre Bewegung. Die Sprache des Herbstes ist eher leise, seine Stimmungen sind verhalten und seine Bewegung ist eine, die langsam zur Ruhe kommt. Die Sprache des Herbstes geht uns sehr nahe. Viele scheuen sogar die Stimmungen des Herbstes und ängstigen sich vor deren Eindringlichkeit.

Der Herbst ist eine Zeit der Fülle. Glühende Farben und prächtig leuchtende Früchte bestimmen das Bild der Natur. Das Licht ist klarer und heller als sonst, weiter als gewöhnlich darf unser Blick wandern, und auf seltsame Weise rückt Nahes und Fernes zusammen. Es gibt Tage voll milder und zärtlicher Wärme, die die Menschen ruhig und dankbar genießen.

Der Herbst ist aber auch eine Zeit des Rückzugs. Die Fülle der Farben und Früchte trägt in sich ein Gefälle zum Ende hin. Das Leben ist erschöpft, es zieht sich zurück. Und schnell wechselt der Herbst seine Farbe zum leblosen Grau. Kahl stehen Bäume und Häuser in der Landschaft. Der Nebel verhüllt alles ringsum und zwingt uns, eine neue Art des Schauens zu suchen. Die Luft entbehrt plötzlich der Wärme, und vom Boden steigt die Kühle auf.

Fülle und Rückzug des Lebens – die zwei Gesichter des Herbstes, die zwei Grundstimmungen dieser Jahreszeit. Nur dieser Jahreszeit? Nur ein wenig echte Aufmerksamkeit läßt uns erahnen, daß dies auch Grundstimmungen unseres Lebens sind.

Der Herbst spricht uns in der Tiefe unseres Wesens an, und er ängstigt uns zuweilen. Er fragt uns, wie wir es wohl halten mit dem vollen Leben und dem Rückzug aus diesem Leben.

Ob wir die vielen äußeren Unternehmungen auch sein lassen können, ob uns etwas liegt an ruhiger Sammlung und klärendem Bei-sich-Sein, wie es mit Abschied und Ausschau nach dem Wesentlichen und Letzten bei uns bestellt ist.

GILBERT NIGGL

Herbst

Die Blätter fallen,
   fallen wie von weit,
Als welkten in den
   Himmeln ferne Gärten;
Sie fallen mit
   verneinender Gebärde.

Und in den Nächten fällt
   die schwere Erde
Aus allen Sternen in die
   Einsamkeit.

Wir alle fallen.
   Diese Hand da fällt.
Und sieh die andern an:
   es ist in allen.

Und doch ist Einer,
   welcher dieses Fallen
Unendlich sanft in seinen
   Händen hält.

RAINER MARIA RILKE

Apfel-Kantate

Der Apfel war nicht gleich
   am Baum.
Da war erst lauter Blüte.
Da war erst lauter Blüten-
schaum.
Da war erst lauter
   Frühlingstraum
Und lauter Lieb und Güte.

Der Herbst, der macht
   die Blätter steif.
Der Sommer muß sich
   packen.
Hei! Daß ich auf dem
   Finger pfeif:
Da sind die ersten Äpfel reif
Und haben rote Backen!

Dann waren Blätter grün
   an grün
Und grün an grün nur
   Blätter.
Die Amsel nach des Tages
   Mühn,
Sie sang ihr Abendlied gar
   kühn –
Und auch bei Regenwetter.

Und haben Backen rund
   und rot
Und hängen da und nicken.
Und sind das lichte
   Himmelsbrot.
Wir haben unsre liebe
   Not,
Daß wir sie alle pflücken.

Und was bei Sonn
   und Himmel war,
Erquickt nun Mund
   und Magen
Und macht die Augen hell
   und klar.
So rundet sich das Apfeljahr.
Und mehr ist nicht zu sagen.

HERMANN CLAUDIUS

243

Wir bauen einen Drachen

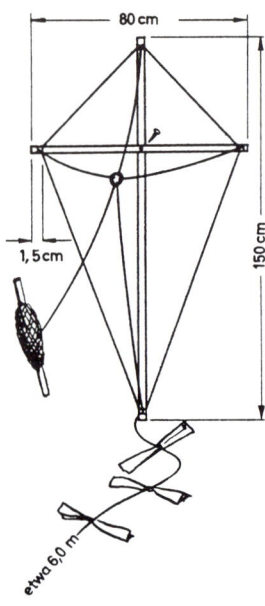

Der Bau von Winddrachen ist eine uralte Kunst. Angeblich hat der weise Archytas aus Tarent im Jahre 400 vor Christus den ersten Drachen erfunden, aber auch die Chinesen haben schon vor Tausenden Jahren damit gespielt. Immer wieder hat der vor dem Wind an einer Schnur aufsteigende Himmelsstürmer die Phantasie der Bastler und Tüftler gereizt, und immer raffiniertere Baukonstruktionen wurden erdacht, um noch größere Höhen zu erreichen. So entstanden die großen Kastendrachen mit mehreren Tragflächen neben- und übereinander, womit Wissenschaftler, vor allem wetterkundige Meteorologen, früher allerlei Instrumente aufsteigen ließen.

Wenn wir mit diesen komplizierten Kastendrachen in Wettstreit treten wollten, müßten wir Fachliteratur mit umfangreichen Bauanweisungen zu Rate ziehen. Kehren wir zum einfachen Drachen zurück. Uns soll eine einfache Grundkonstruktion des Flächendrachens genügen.

Wir nehmen eine flache, feste Leiste von 1,50 Meter Länge und befestigen darauf eine ebensolche Leiste von 0,80 Meter Länge im rechten Winkel mit Leim und Nagel. Etwa 1,5 Zentimeter von den äußeren Enden werden die Leisten eingekerbt, damit wir rings um das Gestell die Umfassungsschnur spannen können. Diese lassen wir am unteren Ende der Längsachse enden und als Schwanz, der etwa sechs bis siebeneinhalb Meter lang sein soll, hängen. In den Schwanz werden in Abständen von etwa zwanzig Zentimetern Papierstreifen eingeknüpft.

Nun schneiden wir in der notwendigen Größe ein Stück festes, buntes oder Packpapier zu, lassen dabei Kleberänder stehen und kleben die Papierfläche damit an der gespannten Umfassungsschnur fest. Zum Schluß wird die Waage angebracht, die den Drachen nachher in der richtigen Lage hält. Dazu durchbohren wir die überstehenden Lattenenden, knüpfen mit Knoten vier Schnüre in die Löcher und fassen diese so zusammen, daß die Querleiste genau horizontal, die Längsachse aber mit dem unteren Ende leicht nach unten geneigt ist. Haben wir das ausgependelt, schlagen wir die vier Schnüre in dieser Stellung zum Knoten zusammen und knüpfen dabei einen kleinen

244

Metallring ein, an dem die Steigeschnur befestigt wird. Damit ist das technische Meisterwerk vollendet. Mit Pinsel und Farbe oder buntem Klebepapier geben wir dem Drachen noch ein schmuckes, originelles Gesicht, und das Spiel mit den Elementen kann beginnen.

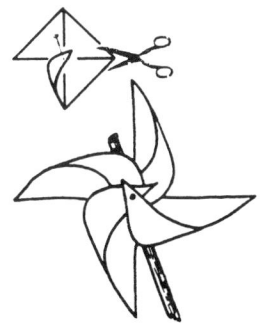

Die Drachenbegleiter

Um den Drachen nicht allein in der Luft zu lassen, geben wir ihm ein paar Begleiter mit aufs windüberbrauste Feld, das übrigens möglichst baumlos und vor allem weitab von Hochspannungsleitungen sein soll. Das erste sind die Himmelsboten, die wir dem in der Luft schwanzwedelnden Drachen nachsenden wollen. Das sind runde Pappscheiben, die in der Mitte durchlocht sind. Wir ziehen sie auf die feste, dünne, knotenfreie Halteschnur, wo sie sich bald in Bewegung setzen und nach oben klettern. Damit ihrem Gleiten möglichst wenig Widerstand entgegengesetzt ist, setzen wir in das Pappscheibenloch vorher ein kleines, kurzes Metallröhrchen oder eine hohle Glasperle. Jedes Kind kann einen solchen Himmelsboten starten lassen, ohne daß der Drachenführer selbst sein Kommando abzugeben braucht.

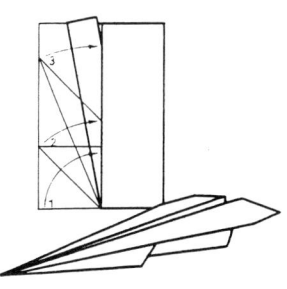

Eine zweite Möglichkeit für die Mitwirkung anderer Spieler sind Windmühlen, Windpfeile und Windräder, die, wie die Abbildungen zeigen, nach altbewährtem Rezept leicht aus Karton und Papier hergestellt werden können. Je größer und bunter, um so schöner.

Dieser stürmische Ausflug im Oktober ist eine der großen Jahresfreuden, die uns der immer wiederkehrende Kalender schenkt.

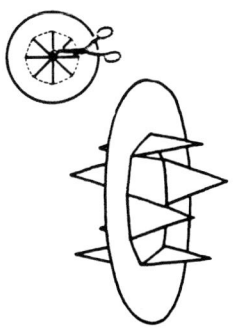

Reisefieber

Unter den Blättern der alten Eiche, die seit undenklichen Zeiten vor der Kirche am Dorfbach stand, herrschte große Aufregung. »Höchste Zeit, daß wir die Alte endlich loswerden. Lange genug hat sie uns gefangengehalten mit ihren dummen Ästen«, rauschten die verwegensten Blätter aufrührerisch in der Krone.

»Winde wehn, Blätter gehn«, sang eine musikalische Gruppe.

»Wir wollen frei sein«, raschelten ein paar Blätter. Schon fielen andere ein, und endlich sauste und brauste es im ganzen Baum. »Frei! Frei! Frei!«

»Jedes Jahr das gleiche«, dachte die alte Eiche und schwieg wohlweislich still. Es hätte ja doch nichts genutzt.

Der Wind, immer auf der Suche nach Beute, strich durch die Zweige. »Was höre ich da?« summte er. »Ihr wollt frei sein? Kein Problem! Ihr müßt nur ein wenig mithelfen!«

Ein von Raupen halbangefressenes Blatt ließ sich überreden. Mit Hilfe des Windes riß es sich vom Zweig los und segelte davon. »Sag doch was«, raunte der Wind ihm zu und ließ es in der Luft tolle Kunststücke vollführen.

»Schön! Nein, ist das schön zu fliegen!« rief das halbangefressene Blatt. Viele andere Blätter wurden ganz gelb vor Neid, als es majestätisch vorbeiflog.

»Na, wie stehts?« fragte der Wind verführerisch, der sich mit dem Blatt besondere Mühe gegeben hatte und es mit anmutigen Wirbeln außer Sichtweite brachte. Aber, sosehr er auch an den Blättern rütteln mochte, kein anderes Blatt wagte den Absprung. »Dann eben später!« heulte der Wind böse. »Ich habe ja Zeit!«

Nun setzte eine helle Diskussion unter den Blättern ein. »Habt ihr gesehen, wie schön es geflogen ist?« sagten die gelben Blätter zu den grünen. »Kunststück!« sagten die grünen, »das hatte ja auch nichts zu verlieren.«

»Wenn man nur wüßte, wo die Reise hingeht«, sagten die Blätter in der Mitte des Baumes, die vor lauter anderen Blättern keinen Durchblick hatten.

Da meldeten sich die Blätter in der Krone zu Wort. »Das ist wie mit den Vögeln«, sagte das oberste Blatt zu allen.

Kartoffel-Lied

Pasteten hin, Pasteten her!
Was kümmern uns
    Pasteten?
Die Kumme hier ist auch
    nicht leer
Und schmeckt so gut als
    »bonne chère«
Von Fröschen und von
    Kröten.

Schön rötlich die
    Kartoffeln sind
Und weiß wie Alabaster!
Sie däun sich lieblich
    und g'schwind
Und sind für Mann
    und Weib und Kind
Ein rechtes Magenpflaster.

MATTHIAS CLAUDIUS

»Die fliegen, wohin sie wollen. Und das machen wir natürlich auch!«

»Wir schauen uns erst einmal die Welt an, bevor wir uns irgendwo niederlassen«, meinten die dicken behäbigen Blätter eines weit in die Luft ragenden Astes.

»Und ich fliege mit meinen Freunden zu den goldenen Blättern, die nachts am Himmel leuchten«, sagte träumerisch ein sanft zusammengerolltes Blatt.

»Und wir wollten schon immer wissen, wohin der Bach fließt«, sprachen die Blätter, die dicht über dem Boden hingen.

»Also, worauf warten wir noch?« riefen die gelben Blätter und färbten sich ganz rot vor Aufregung. Das bemerkte der Wind, und vorsichtig pirschte er sich heran. »Nein, was habt ihr für ein schönes Ausgehkleid an«, säuselte er bewundernd. »Das muß ich mir einmal näher anschauen.« Und eins, zwei, drei strich er an ihnen entlang und löste ihre Stiele von den Zweigen. Zuerst sanken sie ängstlich dahin. Aber dann blies sie der Wind hoch in die Luft. »Wir sind frei!« riefen sie da. »Seht, wie wir fliegen! Kommt doch hinterher, ihr Feiglinge!«

Nun gab es für die Eichenblätter kein Halten mehr. In rauhen Scharen wurden sie gelb und rot. Als der Wind zu seinem nächsten Besuch vorbeikam, hatte er keine Mühe, willige Opfer zu finden. Ganze Tages- und Nachtschichten fuhr er unermüdlich, um die Massen der Freiwilligen vom Baum zu werfen. Kein Blatt wollte jetzt mehr zu den letzten gehören, und bald war der ganze Baum leer.

»Gut, daß ich die verrückte Bande endlich los bin«, dachte die kahle Eiche befriedigt. Aber, neugierig wie sie war, hätte sie doch gar zu gern gewußt, was aus den Blättern geworden war, die nicht wie die anderen auf dem Boden lagen, sondern die der geheimnisvoll rauschende Bach mit sich genommen hatte.

THOMAS KLOCKE

Herbsttag

Herr: es ist Zeit.
    Der Sommer war sehr
    groß.
Leg deinen Schatten auf
    die Sonnenuhren,
und auf den Fluren laß
    die Winde los.

Befiehl den letzten
    Früchten voll zu sein;
gib ihnen noch zwei
    südlichere Tage,
dränge sie zur Vollendung
    hin und jage
die letzte Süße in den
    schweren Wein.

Wer jetzt kein Haus hat,
    baut sich keines mehr.
Wer jetzt allein ist,
    wird es lange bleiben,
wird wachen, lesen, lange
    Briefe schreiben
und wird in den Alleen
    hin und her
unruhig wandern, wenn
    die Blätter treiben.

RAINER MARIA RILKE

31. Oktober: Reformationstag

Ein feste Burg

Ein feste Burg ist unser
    Gott,
Ein gute Wehr und
    Waffen.
Er hilft uns frei aus aller
    Not,
Die uns itzt hat betroffen,
Der alt böse Feind,
Mit Ernst ers jetzt meint,
Groß Macht und viel List
Sein grausam Rüstung ist,
Auf Erd ist nicht seins-
    gleichen.

Mit unsrer Macht ist nichts
    getan,
Wir sind gar bald
    verloren:
Es streit für uns der rechte
    Mann,
Den Gott hat selbst
    erkoren.
Fragst du, wer der ist?
Er heißt Jesus Christ,
der Herr Zebaoth,
Und ist kein andrer Gott,
Das Feld muß er behalten.

Und wenn die Welt voll
    Teufel wär
Und wollt uns gar
    verschlingen,
So fürchten wir uns nicht
    so sehr,
Es soll uns doch gelingen.
Der Fürst dieser Welt,
Wie saur er sich stellt,
Tut er uns doch nicht;
Das macht: er ist gericht;
Ein Wörtlein kann ihn
    fällen.

Das Wort sie sollen lassen
    stahn
Und kein Dank dazu
    haben.
Er ist bei uns wohl auf
    dem Plan
Mit seinem Geist und
    Gaben.
Nehmen sie den Leib,
Gut, Ehr, Kind und Weib,
Laß fahren dahin,
Sie habens kein Gewinn,
Das Reich muß uns doch
    bleiben.

MARTIN LUTHER

Luther fand im dunklen Haus der Kirche den Lichtschalter wieder. Und er machte Licht: »Der Mensch wird nicht gerecht aus Gehorsamsleistung, sondern aus Glauben« (Römer 3, 28). Nicht die guten Taten, sondern Gottes gute Meinung macht gerecht. Seine Liebe macht uns ihm recht. – Wir haben nur eins zu tun: uns dieses Wohlwollen gefallen zu lassen und daraus zu leben. Tatkraft und Lebensmut entspringen aus solcher Gewißheit, Furchtlosigkeit und Güte, Verantwortungslust und Fröhlichkeit und viel Dank. »Ein Christenmensch ist ein freier Herr über alle Dinge und niemandem untertan. – Ein Christenmensch ist ein dienstbarer Knecht aller Dinge und jedermann untertan«, sagte Luther. Im Glauben, im Gewissen an Gott gebunden bist du frei, da können Konzilien sagen, was sie wollen. In der Liebe aber beugst du dich hin. Jeder in Not ist dann dein Herr, und du bist Diener. Martin Luther hat damals das Haus des Glaubens wieder hell gemacht, indem er die Mitte der Bibel fand. Aber im Haus des Glaubens leben muß jeder selbst, und jede Generation braucht ihre Reformation.

TRAUGOTT GIESEN

Gebet um Einheit

Oh, du ewiger, barmherziger Gott,
du bist ein Gott des Friedens, der Liebe und der Einigkeit,
nicht aber des Zwiespalts.
Wir armen Sünder bitten und flehen dich an,
du wollest durch den Heiligen Geist alles Zertrennte
zusammenbringen, das Geteilte vereinigen
und ganz machen, auch uns geben,
daß wir zu deiner Einigkeit umkehren,
deine einige einzige, ewige Wahrheit suchen,
von allem Zwiespalt abweichen,
daß wir eines Sinnes, Wissens und Verstandes
werden, der da gerichtet sei nach Jesus Christus,
unserem Herrn, damit wir dich, unsern himmlischen
Vater, mit einem Munde preisen und loben mögen.

MARTIN LUTHER

Ein Sonntag im Oktober:

Über die Zeit des Lebens

Eins der gnadenreichsten Geschenke, die dem Alter gewährt werden, besteht im immer tieferen Wissen um den hohen Wert dessen, das Zeit heißt.

Das scheinbare Kürzerwerden der Jahresfrist hängt mit einer ganzen Reihe von Umständen zusammen. Ein Kind hat kein oder so gut wie kein Zeitgefühl. Infolgedessen hat seine Zeit keine Grenze. Alles Ungegliederte und Uneingeteilte erscheint grenzenlos. Die nicht eingeteilte Zeit, wie das Kind sie erlebt und lebt, zieht unabsehbar dahin, nein, sie zieht nicht dahin, sie scheint stehenzubleiben. Und das bedeutet, daß sie in unendlicher Fülle vorhanden ist und daß sie deshalb überhaupt nicht wahrgenommen wird. Der heranwachsende Mensch sieht sich durch die Erfordernisse des Lebens dazu gezwungen, die Zeit einzuteilen. Die eingeteilte Zeit tritt sofort als sich bewegende Zeit und damit überhaupt als Zeit ins Bewußtsein des Menschen. Weil der Mensch mit dem Älterwerden gehalten ist, die Zeit immer sorgfältiger einzuteilen, erkennt er das Vergehen der Stunden und Minuten immer deutlicher. Und weil er das Vergehen der Zeit immer deutlicher erkennt, teilt er sie, um sie recht zu nutzen, immer sorgfältiger ein. Das eine treibt das andere voran und das andere das eine.

Die eilende Zeit ist die wertvolle Zeit. Je mehr sie eilt, um so größeren Wert gewinnt sie. Für den älter werdenden, für den alten Menschen nimmt sich jede Stunde wie ein edles Gefäß aus, mit dem man behutsam umgehen muß. Morgen noch behutsamer als heute und übermorgen wieder behutsamer als morgen.

MANFRED HAUSMANN

Wir sollten nicht vergessen, daß auch kleine und kleinste Dinge zu den Kostbarkeiten gehören können. Vielleicht sind gerade sie die kostbarsten Kostbarkeiten.

MANFRED HAUSMANN

SONNENUNTER-
GANG UND
ANBRUCH DER
NACHT
AUSSER HAUS IST
EIN KLEINER TOD,
EINE ÄNGSTLICHE
SCHWELLE.
IST SIE ÜBER-
SCHRITTEN UND
DIE NACHT
AUFGEZOGEN,
GEHTS WIEDER.
DANN IST ETWAS
ANDERES DA.

ERHART KÄSTNER

Stationen des Lebens: Alt werden

Gebet meines Großvaters

Ich bin jetzt über 93 Jahre alt, also nicht gerade jung, jedenfalls nicht mehr so jung, wie ich mit neunzig war. Aber Alter ist überhaupt etwas Relatives. Wenn man weiter arbeitet und empfänglich bleibt für die Schönheit der Welt, die uns umgibt, dann entdeckt man, daß Alter nicht notwendigerweise Altern bedeutet, wenigstens nicht Altern im landläufigen Sinne. Ich empfinde heute viele Dinge intensiver als je zuvor, und das Leben fasziniert mich immer mehr.

PABLO CASALS

Herr und Gott, ich habe seit meiner Kindheit immer gern gebetet. Das Beten ist das Kostbarste, was mir gute Eltern geschenkt haben. Aber ich schäme mich heute mancher Gebete. Verzeih sie mir: sie waren zu selbstsüchtig, auch zu wortreich.

Ich danke dir, daß ich alt werden durfte. Wenn ich früher gestorben wäre, hätte ich sehr Wichtiges nie gelernt:

Geduld zu haben, warten können, Einsamkeit ertragen, Jüngere für klüger halten, neidlos das Bessere anerkennen.

Herr, ich habe einige Bitten: Hilf mir noch mehr schweigen! Bewahre mich davor, andere dauernd belehren zu wollen! Laß mich meine Lebenserfahrung für mich behalten, bis man sie von mir erbittet!

Herr, ich weiß mit fast 80 Jahren, daß ich wirklich alt bin, gebrechlich, aber gib mir die große Gnade, das auch zu praktizieren! Nimm mir den dummen Ehrgeiz, »jung« sein zu wollen; so zu tun, als könnte ich immer noch überall mitreden. Ich vergesse vieles: Gib mir die Demut, das ehrlich einzugestehen! Laß mich meine Gebrechlichkeiten für mich behalten! Schenk mir die schöne Gabe, andere nicht mit meinen Krankheiten zu langweilen! Laß mich die »gute alte Zeit« vergessen, die es nie gegeben hat. Wenn ich so vieles vergesse, warum nicht auch das?

Herr, mach mich gut! Gib mir ein großmütiges Herz, kindlich, klar, durchsichtig wie eine Quelle! Ich habe Quellen immer so geliebt: da ist alles noch ursprunghaft schön und einfach, so möchte ich gern sein!

Herr, schenk mir Vertrauen, Güte, Demut und jene selbstlose Güte, die nichts Gutes übersieht und nichts Schlimmes nachträgt.

Herr, mach aus meiner Verzweiflung an dieser ach so unvollkommenen Welt eine Sehnsucht nach dem Daheimsein bei DIR.

Schenk mir die Gnade, mein Alter so zu leben, daß junge Menschen das Alter leichter ehren können!

JOSEF EGER

Lebensregeln

*aus der Erfahrung eines alten Mannes
an die eigene Generation*

Du sollst dir klarmachen, daß die Jüngeren, die Verwandten oder sonst liebe Menschen beiderlei Geschlechts ihre Wege nach ihren eigenen (nicht deinen) Grundsätzen, Ideen und Gelüsten zu gehen, ihre eigenen Erfahrungen zu machen und nach ihrer eigenen (nicht deiner) Fasson selig zu sein und zu werden das Recht haben.

Du sollst ihnen also weder mit deinem Vorbild noch mit deiner Altersweisheit, noch mit deiner Zuneigung, noch mit Wohltaten nach deinem Geschmack zu nahe treten.

Du sollst dich weder wundern noch gar ärgern und betrüben, wenn du merken mußt, daß sie öfters keine oder nur wenig Zeit für dich haben, daß du sie, so gut du es mit ihnen meinen magst und so sicher du deiner Sache ihnen gegenüber zu sein denkst, gelegentlich störst und langweilst und daß sie dann unbekümmert an dir und deinen Ratschlägen vorbeibrausen.

Du sollst sie unter keinen Umständen fallenlassen, sollst sie vielmehr, indem du sie freigibst, in heiterer Gelassenheit begleiten, im Vertrauen auf Gott auch ihnen das Beste zutrauen, sie unter allen Umständen liebhaben und für sie beten.

KARL BARTH

An meine Enkel

Ich werde für Euch eine
   Sage sein
Aus einer versunkenen
   Zeit:
Denn als ich starb, da
   wart Ihr noch klein
In Windel und Kinder-
   kleid.

Erinnerungen bringen
   zurück
Was mir begegnet war.
Sie berichten Euch von
   Leid und von Glück
Mit dem ich gesegnet war.

Sie erzählen Euch von
   einem Mann
Der Euren Vater geliebt
Der nun, wie nur ein
   Vater es kann
Diese Liebe Euch weiter-
   gibt.

Besteht diese Welt!
   In Freude und Leide
Vertraut Gott unverwandt!
Christine und Daniel:
   Ich segne Euch Beide
Aus fernem, verborgenem
   Land.

ERNST GINSBERG

NOVEMBER

November

Steckbrief des Monats

Der Name November kommt vom lateinischen *novem* für neun (neunter Monat im römischen Kalender).
Andere Namen: Neblung, Windmonat, Schlachtmond.

Herbst

Feste des Monats

1. November:
Allerheiligen

2. November:
Allerseelen
(in der katholischen
Kirche)

11. November:
Martin von Tours

Sonntag vor
Totensonntag:
Volkstrauertag

Vorletzter Mittwoch des
Kirchenjahres:
Buß- und Bettag
(in der evangelischen
Kirche)

Letzter Sonntag im
Kirchenjahr:
Christkönigsfest
Toten- oder
Ewigkeitssonntag

30. 10. – Oft schönes Wetter, trocken und mäßig
6. 11.   kalt, mit Frühnebel, der sich meist erst am Nachmittag auflöst. Vielfach Nachtfröste.
9. – 12.   Wechselhaftes, windiges Regenwetter, frostfrei.
13. – 22.   In den Mittelgebirgshöhen schönes, wolkenloses Sonnenwetter, tagsüber sehr mild, in den Niederungen oft tagelang Nebel mit Rauhreif und Frost, ohne Niederschläge.
Ab 27.   Milde Meeresluft beseitigt die Nebelfelder und bringt Regen auch für die Höhenlagen, meist kein Frost.

Wie der November, so der März.
Novemberschnee tut der Saat wohl, nicht weh.
Fällt im November das Laub früh zur Erden,
    soll ein feiner Sommer werden.
November tritt oft hart herein,
    braucht nicht viel dahinter sein.
Friert im November zeitig das Wasser,
    wird's im Januar um so nasser.
Novembermorgenrot mit langem Regen droht.
Läßt der November viel Füchse bellen,
    wird der Winter viel Schnee bestellen.
(1.) Allerheiligen klar und helle,
    sitzt der Winter auf der Schwelle.
(11.) Wenn zu Martini die Gänse auf dem Eis gehn,
    so müssen sie zu Weihnacht im Regen stehn.

Zum November

Nebel hängt wie Rauch ums Haus,
Drängt die Welt nach innen;
Ohne Not geht niemand aus,
Alles fällt ins Sinnen.

Leiser wird die Hand, der Mund,
Stiller die Gebärde.
Heimlich, wie auf Meeresgrund,
Träumen Mensch und Erde.

CHRISTIAN MORGENSTERN

Schon ins Land der Pyramiden

Schon ins Land der Py - ra - mi - den

flohn die Stör-che ü - bers Meer.

Schwal-ben-flug ist längst ge-schie-den,

auch die Ler - che singt

nicht mehr.

TEXT: THEODOR STORM
MELODIE: HANS FRIEDRICH MICHEELSEN

257

Thema des Monats: Umkehren

Ich will einer sein, der Freiheit sät

Ich will ein Bote der Hoffnung sein,
Licht bringen in meinen Augen,
leidenschaftliche Unruhe in meinen schwachen Händen
und die belebende Kraft Gottes in meinen Worten.

Ich will einer sein, der Freiheit sät
unter den Menschen, meinen Brüdern —
das Reich zu bauen auf dieser Erde, dieser guten.

Ich will den Frieden ansagen
mit Füßen, die nicht entweiht sind vom Gold.

Ich werde nicht gehen
auf den Wegen der Ungerechtigkeit.
Ich werde mich nicht abfinden
mit der Unterdrückung der Ärmsten.

**Wenn die Zeit kommt,
in der man könnte,
ist die vorüber,
in der man kann.**

**MARIE VON
EBNER-ESCHENBACH**

Ich werde Kraft trinken,
dort, wo das Volk trinkt,
und ich werde meinen Platz haben,
wo es ein menschliches Wesen gibt.

Mein Schweigen wird das geheimnisvolle Schweigen sein,
mit dem sich die Niedrigen dieser Erde ernähren.

Ich werde mein Herz nicht verkaufen durch die Lüge,
niemals werde ich die Wahrheit stumm machen.

Ich werde sein wie das Schweigen,
das niemals bemerkt wird,
und doch empfindet es zuinnerst
den Schmerz und die Hoffnung eines jeden Menschen.

Glücklich der Mensch, der so sein Leben erbaut,
denn er wird geschmäht und verfolgt werden von vielen.
Aber er wird fest bleiben in seinem Herrn,
denn der Herr, sein Gott, hat ihn gerufen von jeher.

GEBET EINES BRASILIANERS

Mein Entschluß

Ich möchte aus dieser Spirale von Soll und Muß,
von Druck und Terminen aussteigen.
Ich will ein anderes Leben führen,
unmittelbar abhängig von Gott.
Wenn er vor mir hergeht und ich die Rauchsäule sehe
und nachts die Feuersäule, dann weiß ich genau:
Auf ihn kann ich mich verlassen.
Mein Gott zeigt mir meinen Weg.
Und wenn viele so sprechen,
dann kann aus dem Weg eines einzelnen
der Weg für ein ganzes Volk werden.
Ich möchte gerne einen Weg gehen,
auf dem der Mensch nicht auf der Strecke bleibt,
auf dem die Liebe nicht im Graben endet,
auf dem unsere Phantasie nicht stirbt,
auf dem unsere Zärtlichkeit
nicht unter die Räder kommt.

UWE SEIDEL

> Werft von euch alle Sünden und schafft euch ein neues Herz und einen neuen Geist. Warum wollt ihr sterben, Haus Israel? Ich habe ja kein Wohlgefallen am Tode, spricht Jahwe, der Herr. So kehrt um, und ihr sollt leben.
>
> EZECHIEL 18, 31–32

Ruf uns zur Umkehr

Ruf uns zur Umkehr:
wenn wir erstarren,
Formen und Bräuche,
Menschengebot
zum Maß unseres Urteils machen.

Wenn wir unduldsam reagieren,
weil wir nicht stark genug sind,
die Vielfalt der Meinungen und
Lebensweisen dulden zu können.

Wenn wir uns in Gruppen abkapseln,
uns vor dem Gespräch drücken
oder uns mit Betriebsamkeit tarnen,
wenn wir vergessen, daß Gottesliebe
in der Liebe zum Menschen
Wirklichkeit wird.

Schenk uns ein neues Herz.

Kalender

1
2
3
4
5
6
7
8
9
10
11
12
13
14
15
16
17
18
19
20
21
22
23
24
25
26
27
28
29
30

Gedenk- und Namenstage im November

1	Arthur, Harald, Rupert · *Gertrud von Le Fort († 1971)*
2	Angela · *Johann Albrecht Bengel († 1752)*
3	Hubert, Martin, Silvia · *Nikolaus Hausmann († 1538)*
4	Karl, Gregor · *Claude Brousson († 1698)*
5	Berthild, Emmerich · *Hans Egede († 1758)*
6	Leonhard, Rudolf, Modesta · *Heinrich Schütz († 1672)*
7	Ernst, Karin(a), Engelbert, Willibrord
8	Gregor, Gottfried · *Abraham Kuyper († 1920)*
9	Theodor, Roland · *Emil Frommel († 1896)*
10	Leo, Justus · *Karl-Friedrich Stellbrink († 1943)*
11	Martin · *Sören Kierkegaard († 1855) · Alfred Brehm († 1884)*
12	Diego, Kunibert · *Christian Gottlieb Barth († 1862)*
13	Wilhelm, Stanislaus · *Ludwig Uhland († 1867)*
14	Alberich · *Jean Paul († 1825) · Gottfr. W. von Leibniz († 1716)*
15	Albert, Leopold · *Johannes Kepler († 1630)*
16	Margareta, Otmar · *Johann Amos Comenius († 1670)*
17	Gertrud, Hiltrud, Hilda · *Jakob Böhme († 1624)*
18	Odo · *Ludwig Hofacker († 1828) · Wilhelm Hauff († 1827)*
19	Elisabeth, Mechthild · *Otto Riethmüller († 1938)*
20	Bernward, Korbinian · *Paula Modersohn-Becker († 1907)*
21	Amalberg · *Heinrich von Kleist († 1811)*
22	Cäcilia
23	Kolumban, Felizitas, Klemens, Detlev
24	Flora · *John Knox († 1572)*
25	Katharina, Egbert · *Nils Stensen († 1686)*
26	Konrad, Gebhard · *Sven Hedin († 1952)*
27	Oda, Modestus
28	Günther · *Conrad Ferdinand Meyer († 1898)*
29	Jutta · *Heinrich Grüber († 1975)*
30	Andreas · *Friederike Caroline Neuber († 1760)*

1. November:
Allerheiligen

Herr, unser Gott,
Wir glauben, daß deine
  Heiligen bei dir leben
und daß Leid und Tod
  sie nicht mehr
  berühren.
Erhöre ihr Gebet
und laß uns erfahren,
daß sie uns nahe bleiben
  und für uns eintreten.
Darum bitten wir durch
  Christus, unseren
  Herrn.

Gott, du allein bist heilig,
dich ehren wir, wenn wir
  der Heiligen gedenken.
Stärke in uns das Leben
  der Gnade
und führe uns auf dem
  Weg der Pilgerschaft
zum ewigen Gastmahl,
wo du selbst die Voll-
  endung der Heiligen
  bist.
Darum bitten wir durch
  Christus, unseren
  Herrn.
                    MESSBUCH
DER KATHOLISCHEN KIRCHE

Du hast deine
  Auserwählten
miteinander verbunden
  zu dem geheimnis-
  vollen,
geistlichen Leib deines
  Sohnes Jesu Christi:
Gib uns Gnade, daß wir
  den vollendeten
Heiligen folgen in einem
  von dir geordneten
  Leben,
und laß auch uns zu
  jenen unaussprech-
  lichen
Freuden gelangen, die du
  bereitet hast denen,
die dich von Herzen
  lieben.
              ALLGEMEINES
EVANGELISCHES GEBETBUCH

Am 1. November ist in der katholischen Kirche der Gedächtnistag aller Heiligen im Himmel – er wird in der abendländischen Kirche seit dem 9. Jahrhundert gefeiert. Allerheiligen ist also gleichsam das »Familienfest« der Christen. Am Abend dieses Tages, am Vorabend von Allerseelen, beginnt in katholischen Gegenden der Gang zum Friedhof. Die Gräber werden an diesem Tag gerichtet und mit Blumen, Kränzen und Kerzenlichtern ge-schmückt. Ein guter Brauch ist es, zum Gedenken an die Toten einen kleinen immergrünen Zweig in einen mit frischem Wasser gefüllten kleinen Weihwasserbrunnen zu legen.

Heilige, gibt's die? Die katholische Kirche kennt sie mit Namen, sie hat ein Register voller Qualitätsmerkmale, die erweisen, ob ein Mensch heiliggesprochen werden kann. Und diese Versammlung vorbildlicher Menschen spornt sicher uns Durchschnittliche an zu Güte, Geduld und Ver-zicht. Paulus begrüßt allerdings alle Gemeindeglieder in Rom, Korinth und anderswo als Heilige. Nicht unsere her-vorragenden Taten, sondern unsere Berufung macht uns heilig, also Gott zugehörig. Dann bist du auch ein Heiliger? Ja. Vielleicht zu sehr im Wartestand, zu verhalten, zu wenig entschieden, alles auf diese Karte zu setzen. Aber du zählst zur Gemeinschaft der Heiligen. Vergebung und Auferstehung zu ewigem Leben sind die Kennzeichen. Unsere Guttaten laufen hinterher.

TRAUGOTT GIESEN

Still sind die Gräber,
aber die Seelen sind in deiner Hand.
Man spürt die Blicke
der Liebe aus der anderen Welt.
Herr, leuchtende Sonne,
erwärme und erhelle
die Wohnungen der Verstorbenen.

Die Kerze

Der Schein der Kerze
  besiegt die Dunkelheit.
Ihr Licht leuchtet und
  wärmt.
Sie verzehrt sich,
um anderen die Nacht
  zu erhellen.
Sie wandelt sich ganz
  und gar in Licht.
Am Tag unserer Taufe
  wird eine Kerze ent-
  zündet.
In unserer Sterbestunde
  brennt ihr tröstendes
  Licht.
Von der Geburt bis zum
  Tode zeigt uns die
  Kerze:
Ihr seid Kinder
  des Lichtes.

So will ich beten:
Hilf, Herr, daß ich vom
  Zeichen der Kerze
  lerne:
Der helle Schein meines
  guten Lebens
soll anderen Licht und
  Wärme sein.
Amen.

WILLI FÄHRMANN

Memento

Vor meinem eigenen Tod ist mir nicht bang.
Nur vor dem Tode derer, die mir nah sind.
Wie soll ich leben, wenn sie nicht mehr da sind?

Allein im Nebel tast ich todentlang.
Und laß mich willig in das Dunkel treiben.
Das Gehen schmerzt nicht halb so wie das Bleiben.

Der weiß es wohl, dem gleiches widerfuhr,
– und die es trugen, mögen mir vergeben.
Bedenkt: den eignen Tod, den stirbt man nur.
Doch mit dem Tod der andern muß man leben.

MASCHA KALÉKO

2. November: Allerseelen

Allerseelengebet

Herr, gib den
  Verstorbenen
das ewige Leben,
und das ewige Licht
leuchte ihnen.
Herr, laß sie ruhen
in Frieden.
Amen.

Erbarme dich, Herr,
unserer verstorbenen
  Brüder
und Schwestern und aller,
die in deinem Frieden
entschlafen sind.
Nimm sie auf in
deine Herrlichkeit.
Amen.

Allerseelen – und nicht Allerheiligen – ist der eigentliche Gedächtnistag der Toten, seit dem 15. Jahrhundert ein katholisch bedeutsamer Tag. Der November gilt auch als Totenmonat (Gedächtnis am Volkstrauertag). Die Gräber der Angehörigen auf den Friedhöfen werden mit Blumen, Kränzen und Laternen geschmückt, darüber hinaus sind Allerheiligenprozessionen von der Kirche zum Friedhof und Gottesdienste, bei denen Kerzen für die Verstorbenen geopfert werden, weitverbreitet. Die frühere Allerseelenverehrung kannte noch viele Bilder, Sprüche, Sagen, Lieder und Gebete. Früher war es üblich, am Allerseelentag noch einmal für die Verstorbenen des vergangenen Jahres auf dem Tisch des Hauses ein Gedeck aufzulegen.

Buß- und Bettag

Gewissen ist ein schwieriges Wort. Abgeordnete werden darauf verpflichtet, Kriegsdienstverweigerer berufen sich darauf. Lehrer sprechen von gewissenhaften Schülern, Kommentare von gewissenlosen Geschäftemachern. Wir haben ein gutes oder schlechtes Gewissen. Wir machen uns ein Gewissen aus vielem, wir spüren Gewissensbisse. Das Gewissen ist so etwas wie ein Ort in uns. Eine Art Gerichtssaal in unserem Gehirn mit vielen Stimmen, die sich gegenseitig anklagen und verteidigen. Diese Stimmen fragen nach mir: »Wer bist du? Was willst du wirklich?« In diesem Gerichtssaal streiten Teile von uns. Da kämpfen

verschiedene Wünsche. Meine Triebe wollen Bequemlichkeit, Wärme, Anerkennung. Andere Stimmen reden wie Vater und Mutter: Du sollst, du mußt, das gehört sich nicht, du darfst nicht! Wieder andere Stimmen sagen: Tu, was du als gut erkannt hast, und andere verklagen dich: Du Schwächling, du tust ja nicht, was du für gut hältst. Die Stimmen kommen kaum zur Ruhe in uns. Auch wenn wir eine Entscheidung getroffen haben, geht oft noch die Diskussion weiter. In diesem Gewissens-Gerichtssaal, im Kopf, da ist einer dabei, der mich hört, und das bin nicht ich, sondern das ist ein andrer, eine leise Stimme, die mir verrät, daß jemand herschaut. Und wenn der Schauende dir klar bleibt, wirst du nicht im Stimmengewirr ertränkt. Und du tust, was du mußt.

TRAUGOTT GIESEN

Ich empfehle der Friedenskonferenz den Tisch meiner Großmutter, die, am Tisch sitzend, das Gezänk mit dem Großvater jäh unterbrach, indem sie die Hand ausstreckte und wartete, bis die andere Hand, die große des Mannes, sich, wenn auch zögernd, näher heranschob – diesen Tisch aus schlechtem fichtenen Holz und alt wie das faltige Lächeln der Großmutter, ihn empfehl ich.

RUDOLF OTTO WIEMER

11. November: Martinstag

Gebet

Heiliger Martin,
   großer Bischof,
du Mann des Friedens
und der Barmherzigkeit,
lehre uns die Fähigkeit,
mit den Armen zu teilen.
Amen.

Martinus wurde in Ungarn geboren, war dann Einsiedler und Gründer eines Klosters bei Poitiers und wurde gegen seinen Willen Bischof von Tours. Berühmt und beliebt war er wegen seiner Güte und Menschenfreundlichkeit, auch Wunderkraft wurde ihm nachgesagt. Der bekannten Legende zufolge hat er bei einem Ritt vor Tours seinen Mantel mit dem Schwert in zwei Stücke geteilt und eines davon einem frierenden Bettler gegeben. Daher ist St. Martin ein Symbol für christliche Barmherzigkeit geworden und zum Schutzheiligen der Armen und der Reiter.

Das Martinsfest wird oft – ungeklärterweise – mit dem Braten und Verzehren einer Martinsgans in Verbindung gebracht. Verbürgt ist allerdings der Brauch des »Martinsschmauses«, eines mit fröhlichen Feiern verbundenen Schlachtfestes, an das heute die »Martinswecken« erinnern, aus Hefeteig geformte Männlein mit Rosinenaugen, die häufig eine Tonpfeife im Arm tragen. Martini als Zinstermin war auch der Ablieferungstag von Naturalien. Martinsfeuer (kleines Feuer aus Reisig, Holzresten und Stroh) werden noch heute abgebrannt und Kinder mit Äpfeln, Nüssen, Pfefferkuchen beschenkt. Das Martinssingen (oder der Martinszug) ist ein weitverbreiteter Brauch: Kinder ziehen mit Lampions und selbstgebastelten Laternen hinter einem auf einem Schimmel reitenden, als St. Martin verkleideten Mann hinterher und singen Martinslieder.

Laterne, Laterne

La-ter-ne, La-ter-ne, Son-ne, Mond und Ster-ne, bren-ne auf, mein Licht, bren-ne auf, mein Licht, a-ber nur mei-ne lie-be La-ter-ne nicht.

Ich geh' mit meiner Laterne

Ich geh' mit mei-ner La-ter-ne und
Dort o - ben leuch-ten die Ster-ne, hier

mei - ne La-ter-ne mit mir.
un - ten, da leuch - ten wir.

Mein Licht ist aus, wir geh'n nach Haus. La-

bim-mel, la - bam-mel, la - bum.

Der Martinsmann, der zieht
voran.
Labimmel, labammel, labum.

Ein Kuchenduft liegt in der
Luft.
Labimmel, labammel, labum.

Beschenkt uns heut',
ihr lieben Leut'.
Labimmel, labammel, labum.

Mein Licht ist aus,
wir geh'n nach Haus.
Labimmel, labammel, labum.

VOLKSWEISE

Martinslied

**Sankt Martin,
Sankt Martin,
Sankt Martin ritt durch
Schnee und Wind,
sein Roß, das trug ihn fort
geschwind.
Sankt Martin ritt mit
leichtem Mut,
sein Mantel deckt ihn
warm und gut.**

**Im Schnee saß,
im Schnee saß,
im Schnee, da saß ein
armer Mann,
hat Kleider nicht,
hat Lumpen an.
»O hilf mir doch
in meiner Not,
sonst ist der bittre Frost
mein Tod.«**

**Sankt Martin,
Sankt Martin,
Sankt Martin hält die
Zügel an,
sein Roß steht still beim
armen Mann.
Sankt Martin mit dem
Schwerte teilt
den warmen Mantel
unverweilt.**

**Sankt Martin,
Sankt Martin,
Sankt Martin gibt den
halben still,
der Bettler rasch ihm
danken will.
Sankt Martin aber ritt
in Eil
hinweg mit seinem
Mantelteil.**

VOLKSWEISE

267

Liebesbrief an einen November

Lieber November,

du bist ein ungeliebter Geselle unter den Monaten, niemand lobt dich, wenn er an dich denkt. Keiner nimmt dich richtig wahr, alle sehnen sich nach etwas anderem als nach deinen kaltgrauen und dunklen Gesichtern. Kaum einer erwartet noch etwas von dir, du wirst ertragen als notwendiges Übel, mehr nicht. Die meisten sind froh, wenn sie deine Zeit hinter sich gebracht haben. Gegen die zauberische adventliche und weihnachtliche Zeit kommst du nicht an. Was bist du gegen Mai und Juni und selbst gegen den Dezember? Nur der April teilt ein ähnliches Los wie du, doch er trägt den Frühling bereits in sich.

Viele spüren, daß sie allein sind, daß die frohe Gemeinschaft des Sommers und die trunkene Geselligkeit des Herbstes dahin sind. In deinen Tagen werden kaum noch Feste gefeiert, und nur wenige machen sich auf die Reise. Die Menschen richten sich ein in ihren Wohnungen, sie denken öfter und stärker an den Tod. Manche versinken in tiefe Einsamkeit.

Ich aber, ich mag dich, November, du bist mein Freund. Du hältst dich heraus aus der lärmenden Gesellschaft der übrigen elf Monate, die sich um die Gunst der Menschen streiten. Du bist farblos und unscheinbar, aber auch geheimnisvoll. Du bist die Zeit des Übergangs, die Einstimmung in den Winter, ein heimlicher Träumer.

Ich mag die Erinnerung, die du mir leicht machst. Ich spüre deinen versteckten Zauber auf. Vieles, was verborgen ist, kann nur in dir gefunden werden. Du verschleierst die Sonne, aber ich ahne ihre Strahlen in den nebligen Wolken, ich erinnere mich an ihre Kraft. Du schickst den Wind, aber ich lerne, mich von ihm tragen zu lassen. Du verhängst den Himmel, aber ich sehe dahinter die Freundlichkeit des Lebens.

Ich mag dich, November, du bist mein Freund. Du verführst mich zum Entdecken längst versunken geglaubter Geschehnisse und Fähigkeiten. Wir können lernen, wieder aus dem Fenster zu sehen und zu träumen, wir heizen die Stuben, brutzeln Äpfel und Kartoffeln, schreiben

Briefe. Weil wir einsamer werden, laden wir uns Gäste ein, erzählen wir Geschichten. Und manche von uns lernen das Singen in der Stille deiner Tage. Einige lesen wieder Bücher, gehen lange und nachdenklich durch die verregneten Straßen und Gassen, machen sich Gedanken. Vielleicht entdecken sie gerade in deinen Tagen, was die Liebe ihnen schenkt. Die Kräfte lassen nach, aber die Menschen kommen in eine neue Sammlung, was ihnen wichtig und wesentlich ist.

Zu diesen Menschen gehöre ich. Ich bin dein Freund, seltsamer, wunderbarer November. Die letzten Blätter wehst du von den Bäumen, nur manchmal noch läßt du die Sonne sehen, rot und fern. Weil du selbst kühl bist, wärmen die Menschen einander. Du bringst uns zusammen.

Ein Vogelfutterhaus

Im November ist Zeit für den Bau eines Vogelfutterhauses für den Garten, für den Balkon oder das Fensterbrett. Die Erfahrung hat gezeigt, daß solche Futterhäuser bei den Vögeln am beliebtesten sind, die möglichst einfach, luftig und offen angelegt werden. Die allzu soliden Bauwerke mit festen Seitenwänden und womöglich verglaster Windseite werden trotz aller gutgemeinten Überlegungen leicht als Falle verdächtigt und mißtrauisch gemieden.

Die Vorschläge, die wir hier machen, sind einfach zu verwirklichen. Besenstiele, abgesägte Baumäste, Leisten, Kistenbretter, Dachpappe und das Stroh von Flaschenhülsen sind unsere Materialien. Die Maße richten sich nach den Gegebenheiten. Die Futterfläche sollte nicht zu klein sein, damit mehrere Vögel darauf Platz finden können. Das Dach soll immer möglichst weit überstehen und die Aufstellung so windgeschützt wie möglich erfolgen. Ein paar Tannen- oder Kiefernzweige können dabei als Windschutz helfen und bewirken zugleich, daß der Futterplatz vertrauter und einladender wirkt.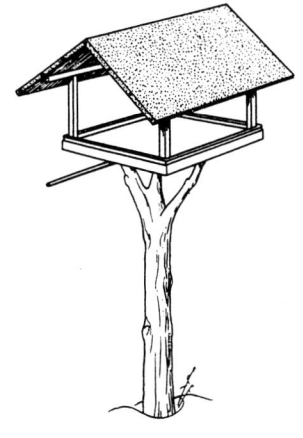

Man sollte allerdings mit dem Füttern nicht zu früh beginnen. Eigentlich ist erst in Zeiten dichter Schneedecke die Gelegenheit gekommen, den Vögeln Futter hinzustellen. Herrscht aber erst einmal Eis und Schnee, sollten wir ständig für Nahrung sorgen. Schon ein Tag ohne Futter kann einen kleinen Singvogel, der einen schnellen Stoffwechsel hat und ununterbrochen Nahrung aufnehmen muß, in Gefahr bringen.

Ein Sonntag im November:

Lob der kleinen Freuden

Unser Alltag ist voller kleiner Freuden. Die Pflanze vorm Fenster, deren Blüte sich entfaltet: bezaubernd. Das Wolkenspiel am Himmel: heiter. Der Duft eines bevorstehenden Essens: verlockend. Die schnurrende Katze auf dem Schoß: traulich. Geliebte Musik aus dem Radio: wohltuend. Der Anblick kleiner Kinder beim Spiel: beglückkend. Ein längst erwarteter Anruf mit guter Nachricht: erfreulich. Die Fahrt durchs Grüne nach Feierabend: erholsam. Arbeit an der Verschönerung des Hauses: befriedigend. Abendliches Gesellschaftsspiel in der Familie: gemütlich. Lesen in einem guten Buch: gewinnreich. Gemeinsames Singen im Kreise Gleichgesinnter: fröhlich. Wer recht hinblickt, wird noch viel mehr entdecken.

Gerade die kleinen Freuden sind es, die der Lebenslandschaft Farbe geben. Wie bunte Tupfer wirken sie im Grau-in-Grau des Daseins.

Was du auch tust, tu es in Fröhlichkeit; dann tust du das Rechte und tust es recht.

AURELIUS AUGUSTINUS

Deshalb gilt es, diese Tupfer, diese Pflänzchen zu hegen und zu pflegen. Wie man das macht? Nun, zuerst einmal genau hinsehen, damit man nichts übersieht. Sich auf Entdeckungsfahrt durch den eigenen Alltag begeben. Mit dem Herzen sehen lernen. Ein inneres Vergrößerungsglas mitnehmen und ein gutes Gedächtnis wie eine Botanisiertrommel, um frisch eingefangenes Glück möglichst lebendig zu erhalten: Erlebnisse und Begegnungen, Schönheiten und Freundlichkeiten, Heiteres am Rande, Neues und Altes, Liebenswertes und Beglückendes.

Und das zweite heißt: weitergeben. Die kleinen Freuden ersticken, wenn sie eingesperrt werden. Sie brauchen Luft und Licht, müssen begossen und besprochen werden. »Wes das Herz voll ist, des geht der Mund über.« Mitteilen

– mit dem anderen teilen, was einen selbst erfreut. Und seltsam: Im Teilen vergrößert sich die Freude, nimmt sie zu an Umfang und Gewicht, vervielfacht sich – eine wunderbare Vermehrung. Gegenseitig führen wir uns hin zu solchen Plätzen, wo die kleinen Freuden wachsen und zu finden sind.

Dort aber fängt etwas zu leuchten an: die Erkenntnis, daß all die kleinen Freuden nur Teile der einen großen Freude sind, die sich in ihnen Tag für Tag erneuert. Leise geschieht das und geheimnisvoll. Und doch so hell, daß man hindurchzublicken und dahinter den zu ahnen beginnt, der alle Freude gibt, weil er selbst die vollkommene Freude ist.

RENÉ LEUDESDORFF

Jeder von uns hat in tiefem Dank derer zu gedenken, die Flammen in ihm entzündet haben.

ALBERT SCHWEITZER

Danke

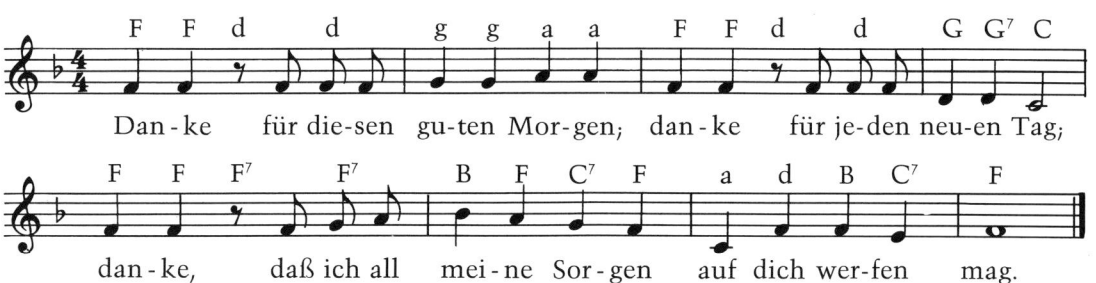

Dan - ke   für die-sen gu-ten Mor-gen; dan - ke   für je-den neu-en Tag;

dan - ke,   daß ich all   mei - ne Sor - gen   auf dich wer-fen   mag.

Danke für alle guten
Freunde.
Danke, o Herr, für jedermann.
Danke, wenn auch dem größten Feinde ich verzeihen kann.

Danke für manche Traurigkeiten.
Danke für manches gute Wort.
Danke, daß deine Hand mich leiten will an jeden Ort.

Danke für meine Arbeitsstelle.
Danke für jedes kleine Glück.
Danke für alles Frohe, Helle und für die Musik.

Danke, daß ich dein Wort verstehe.
Danke, daß deinen Geist du gibst.
Danke, daß in der Fern und Nähe du die Menschen liebst.

Danke, dein Heil kennt keine Schranken.
Danke, ich halt mich fest daran.
Danke, ach Herr, ich will dir danken, daß ich danken kann!

MARTIN G. SCHNEIDER

Die Adventszeit

Advent ist die Zeit vor dem Weihnachtsfest. Advent ist das lateinische Wort für Ankunft. Damit ist die Geburt von Jesus gemeint. Die Adventszeit ist eine Zeit des Wartens, in der wir uns auf das große Fest vorbereiten.

Wir stellen einen Adventskranz mit vier Kerzen auf – für jeden Adventssonntag eine. Wir schmücken unser Haus schon in den Adventswochen mit Tannenzweigen oder Weihnachtssternen. Und wir hängen einen Adventskalender auf, der uns zeigt, wie viele Tage es noch bis Weihnachten sind.

Räuchermännchen qualmen gemütlich vor sich hin und verbreiten einen Duft von Tannennadeln oder Honig. Nüsse, Bratäpfel und Marzipankartoffeln schmecken nie so gut wie in der Vorweihnachtszeit. Und wir haben auch viel Zeit zum Musizieren und Singen, um Geschenke oder Schmuck für den Weihnachtsbaum zu basteln, Plätzchen zu backen oder Gesellschaftsspiele zu spielen. Denn in der Adventszeit geht die Sonne schon am Nachmittag unter. Die Tage sind kurz, aber die Abende sind die längsten im ganzen Jahr.

Advent! Advent!
Ein Lichtlein brennt,
erst eins, dann zwei,
dann drei, dann vier,
dann steht das Christkind
vor der Tür.

VOLKSGUT

Apfel, Nuß und Mandelkern

Die Advents- und Weihnachtzeit ist voll von Tradition und Brauchtum. Vielleicht bedeutet uns manches nicht mehr viel. Doch zahlreiche Dinge wollen wir in dieser Zeit nicht mehr missen, sie gehören für uns dazu – wie Ochs und Esel zur Krippe: Adventskranz und Weihnachtsbaum, Spekulatius und Lebkuchen, Sterne und Kerzen, eine Krippe, der süße Duft aus den Häusern und Lichter über der Stadt.

All diese Dinge (und andere mehr) wollen uns auf Weihnachten einstimmen – auf die stillste Zeit im Jahr. Aber zu ihr gehören auch Hektik, Weihnachtskulisse und Geschäftemacherei. Traditionelle adventliche und weihnachtliche Zutaten werden vermarktet.

Nimm dir etwas Zeit und Ruhe, zünde eine Kerze an und stelle sie hinter ein Weihnachtstransparent. Laß die Faszination, die Stille und Ruhe auf dich wirken.

So wie das Licht durch das Transparent dringt, die Bilder zum Leuchten bringt und durchsichtig macht, möchten die »äußeren Dinge« innerlich transparent und durchsichtig werden. Legenden und Brauchtum wollen uns nicht vom eigentlichen Sinn des Weihnachtsfestes ablenken, sondern aufmerksam machen. Die Symbole wollen zu uns sprechen, erzählen, singen, deuten und zeigen. Sie wollen, daß wir die Botschaft von Weihnachten – vom Kind in der Krippe – sehen und hören, schmecken und riechen, mit unserem Herzen und allen Sinnen ganz aufnehmen.

Wenn wir uns vom Sinn der Dinge erzählen lassen, können wir weihnachtliches Brauchtum wieder neu entdekken. Lassen wir es zu uns reden: eine Predigt von Apfel, Nuß und Mandelkern, von Adventskranz und Weihnachtsbaum, von Geschenken und davon, daß Jesus zu uns in die Welt gekommen ist.

Jakob wartet auf Weihnachten

Die Mutter zündet die erste Kerze auf dem Adventskranz an. Jakob schaut in den Kerzenschein.

»Warum muß man so lange auf das Christkind warten?« fragt er. »Vier große Kerzen lang?«

»Auf etwas Schönes muß man meistens warten«, sagt die Mutter. »Etwas Schönes braucht Zeit zum Wachsen. Zum Beispiel, bis ein Kind geboren wird. Damals haben die Menschen lange Zeit auf die Geburt des Christkinds gewartet.

Wann kommt es denn endlich? haben sie gefragt. Auch die Mutter Maria hat viele Monate lang gewartet, bis sie das Christkind zur Welt bringen konnte.«

Hast du auf mich auch so lang warten müssen?« fragt Jakob.

»Ja freilich«, sagt die Mutter.

»Dafür war ich dann schön, und du hast dich gefreut«, sagt Jakob.

»Sehr gefreut«, sagt die Mutter.

Jakob schaut wieder in den Kerzenschein.

»Miteinander warten ist nicht so arg«, sagt er.

LENE MAYER-SKUMANZ

Der Bratapfel

Kinder, kommt und ratet,
was im Ofen bratet!
Hört, wie's knallt und
   zischt.
Bald wird er aufgetischt,
der Zipfel, der Zapfel,
der Kipfel, der Kapfel,
der gelbrote Apfel.

Kinder, lauft schneller,
holt einen Teller,
holt eine Gabel!
Sperrt auf den Schnabel
für den Zipfel, den Zapfel,
den Kipfel, den Kapfel,
den goldbraunen Apfel!

Sie pusten und prusten,
sie gucken und schlucken,
sie schnalzen und
   schmecken,
sie lecken und schlecken
den Zipfel, den Zapfel,
den Kipfel, den Kapfel,
den knusprigen Apfel.

VOLKSGUT AUS BAYERN

273

ALLES KANN DIE
NACHT VER-
SCHLINGEN,
UND ALLES DECKT
DER NEBEL ZU.
ABER IN ALLEN
ÄNGSTEN BIST DU
BEI MIR.
DU, GOTT,
HÄLTST MEINE
HAND
UND STÜTZEST
MEINE SCHULTER.
WAS SIND DA
NACHT UND
NEBEL?
ES GIBT SIE, ABER
DU BIST AUCH DA,
UND DIE TRAUER
WANDELT SICH IN
FREUDE.
WENN SICH AUCH
DIE SCHULTERN
KRÜMMEN
UND DER KALTE
ABEND KOMMT:
DU BIST BEI MIR,
UND ICH SPÜRE
DEINE ZÄRTLICH-
KEIT…

PIERRE GRIOLET

275

Stationen des Lebens: Das Leben, das man Sterben nennt

Durchbruch

Aus tiefer Erschöpfung kurz erwachend, schaut der Todkranke auf und lächelt. Ihm bleiben nur wenige Tage noch. Langsam hebt er den Arm mir entgegen, so daß ich meinen Stuhl näher ans Spitalbett rücke. Erst denke ich, er suche meinen Händedruck. Doch streckt er den Arm noch weiter aus, so weit, daß seine Hand meine linke Wange erreichen und sie streicheln kann. »Sie sind ein Lieber, danke«, sagt er leise. Danach sinkt er von neuem in seine Sterbensmüdigkeit zurück, die Augen fallen zu.

Welch unerwartete Geste der Zuneigung, ja Zärtlichkeit! Nie möglich, auch nie gesucht oder erwünscht, nicht einmal vorstellbar gewesen in den vielen Jahren zuvor. Désinvolture des Sterbens: alles ist erlaubt, keine Schranken mehr.

Nachher, von Verwirrung hin- und hergerissen, bleibe ich unschlüssig und bin's bis heute geblieben, ob ich's beklagen oder mit Dankbarkeit einfach hinnehmen soll, daß erst, aber wenigstens doch das Sterben einen solchen Durchbruch möglich macht.

KURT MARTI

Ich träumte,
ich stand am Ende
    meines Weges
und der Tod
kam mir entgegen.
»Schon?«
Er nickte.
»Das war alles?« fragte ich.
»Das war alles, was du
    daraus gemacht hast.«
Wir gingen schweigend
    nebeneinander.

CURT GOETZ

Gott geleite dich

Es segne dich Gott, der Vater, der dich nach seinem Bild geschaffen hat. Es segne dich Gott, der Sohn, der dich durch sein Leiden und Sterben erlöst hat. Es segne dich Gott, der Heilige Geist, der dich zum Leben gerufen und geheiligt hat.

Gott, der Vater und der Sohn und der Heilige Geist, geleite dich durch das Dunkel des Todes. Er sei dir gnädig im Gericht und gebe dir Frieden und ewiges Leben.

So spricht der Herr: Fürchte dich nicht, denn ich habe dich erlöst. Ich habe dich bei deinem Namen gerufen, du bist mein.

STERBESEGEN

Das Zeitliche segnen

Es gibt ein schönes und wichtiges Wort,
das unsere Voreltern gebrauchten,
wenn sie ein gutes Abschiednehmen meinten.
Sie sagten: Er oder sie »segnet das Zeitliche«.
Der Sinn dieses Worts ist uns verlorengegangen
mit viel anderem, das kostbar gewesen ist.

Segen ist die Kraft, die Fruchtbarkeit bewirkt,
Wachstum und Gedeihen.
Segnen heißt das Leben fördern und bejahen.
So segnet der Abschiednehmende sein vergehendes Leben.
Er segnet das Zeitliche und alles, was er geliebt hat.

Er schaut alles noch einmal dankbar und freundlich an.
Er wendet seine abnehmenden Kräfte
den Zurückbleibenden zu
und gibt ihnen seine Liebe mit auf ihren weiteren Weg.
Er gönnt ihnen ihre weitere Zeit.
Er wünscht ihnen Glück. Er vertraut sie der Güte Gottes an.

So schließt er sein Leben in Liebe ab.
Und wird dabei zuletzt noch das Schönste,
das er werden kann:
ein Mensch, von dem Segen ausgeht.

JÖRG ZINK

Der Pilger darf nur behalten, was er bereit ist loszulassen. Mit der offenen Hand kann man das kühle, strömende Wasser aus dem Fluß schöpfen. Mit der geschlossenen Faust gelingt es nicht, wie groß der Durst auch sein mag, der dieses verzweifelte Zugreifen bewirkt.

SHELDON B. KOPP

DEZEMBER

Dezember

Steckbrief des Monats

Der Name Dezember leitet sich ab vom lateinischen Wort *decem* für zehn; der Dezember war der zehnte Monat im römischen Kalender.

Andere Namen: Christmond, Julmond, Heilmond, Christmonat, Heiligmond.

Vorwinter

Feste des Monats

4. Dezember:
Barbara

6. Dezember:
Heiliger Nikolaus

8. Dezember:
Hochfest der ohne Erbsünde empfangenen Jungfrau und Gottesmutter Maria (in der katholischen Kirche)

13. Dezember:
Lucia

22. Dezember:
Winteranfang

25. Dezember:
Weihnachten

31. Dezember:
Silvester

1. – 10.	Meist mildes Regenwetter ohne Frost.
12. – 14.	Oft trocken und kalt mit mäßigem Frost.
15. – 19.	Zufuhr von Meeresluft, trübes Regenwetter.
20. – 23.	Oft Wintereinbruch aus dem Osten mit starkem Frost und Schneefällen. In vielen Jahren die erste anhaltende Schneedecke.
24. – 31.	Tauwetter durch Vorstoß milder Meeresluft bringt in der Regel »Grüne Weihnachten«. »Weiße Weihnachten« gehören vor allem in West- und Norddeutschland zu den Ausnahmen.

Dezember warm, daß Gott erbarm.

Dezember kalt mit Schnee, gibt Korn auf jeder Höh.

Ein dunkler Dezember bringt ein gutes Jahr,
    ein nasser aber macht es unfruchtbar.

Wie der Dezember pfeift, so tanzt der Juni.

Dezember veränderlich und lind, das ganze Jahr ein Kind.

Stellt Donner im Dezember sich ein,
    wird's nächste Jahr naß und windig sein.

Kalter Dezember wird gar sein,
    friert dem Hahn das Krähen ein.

(4.) Geht Barbara im Grünen,
    kommt's Christkind im Schnee.

(13.) Kommt die heilige Luzia, findet sie schon Kälte da.

(24.) Ist es grün zur Weihnachtsfeier,
    fällt der Schnee auf Ostereier.

Ist Weihnachten kalt,
    kommt der Winter hart und der Frühling bald.

Zum Dezember

Es treibt der Wind im Winterwalde
Die Flockenherde wie ein Hirt,
Und manche Tanne ahnt, wie balde
Sie fromm und lichterheilig wird.

Und lauscht hinaus. Den weißen Wegen
Streckt sie die Zweige hin – bereit,
Und wehrt dem Wind und wächst entgegen
Der einen Nacht der Herrlichkeit.

RAINER MARIA RILKE

Verschneit liegt rings die ganze Welt

Ver-schneit liegt rings die gan-ze Welt, ich hab nichts, was mich freu - et. Ver-las-sen steht der Baum im Feld, hat längst sein Laub ver-streu - et.

Der Wind nur geht bei stiller Nacht
und rüttelt an dem Baume.
Da rührt er seine Wipfel sacht
und redet wie im Traume.

Er träumt von künftger Frühlingszeit,
von Grün und Quellenrauschen,
wo er im neuen Blütenkleid
zu Gottes Lob wird rauschen.

TEXT: JOSEPH VON EICHENDORFF
MELODIE: KONRAD F. NOETEL

281

Thema des Monats:
Anfangen zu leben

Meins

Ich weiß nicht, wann es kommen wird,
Daß ich's mit Händen greife:
Hat dunkle Löckchen ob der Stirn
Und eine rote Schleife.

Ich weiß nicht, ob es kommen wird,
Daß meine Augen's sehen:
Sein Füßchen, ungeschickt und klein,
Kann ja so schnell nicht gehen.

Der Weg ist weit, ist gar so weit;
Wie mag's die Wandrung wagen?
Muß doch mein Glück, mein großes Glück
In winz'gen Händen tragen.

Und wenn es stolpert unterwegs,
Mag denn mein Glück verderben!
Komm, lieber Liebling, weine nicht,
Und bring mir mit die Scherben.

Die Scherben sind mir schon genug –
Ich halt die Arme offen. –
Und kommst du nie, verschweig's, du Meins,
Und laß mich weiterhoffen.

GERTRUD KOLMAR

Altsein ist ein herrliches
  Ding,
wenn man nicht verlernt
  hat,
was anfangen heißt.

MARTIN BUBER

Ich lasse dich nie aus meinem Schoß fallen

Von den Füßen bis zu den gelockten Haaren
immer muß ich dich belächeln
und möchte mit der Sonne und dem Wind
mit Brot und Milch und Früchten
mitbauen an dir.

Möchte, daß der Regen über dich komme
und deine Schultern breit mache,
daß dein Weg weit sei
und deine Schritte ihn leicht bezwingen.

Wenn du fern bist:
Gleich fühle ich mich wie die große Erde.
Wenn du auf dem Meer bist,
bin ich das Wasser.

Ich lasse dich nie aus meinem Schoß fallen.

PAULA LUDWIG

Komm Schöpfer, Heiliger Geist!
Durch dich wird die Welt geschaffen.
Schaffe weiter an ihr.
Die Welt, die deine schaffende Kraft braucht,
ist unser Herz.
Schaffe neu, was du gebildet hast.
Verbinde, was zerfällt.
Wecke, was unfruchtbar ist.
Gib uns Augen, das Licht zu sehen,
das geschaffene und das ungeschaffene.
Gib uns Kraft, Frucht zu bringen
und uns zu freuen mit Leib und Seele.

JÖRG ZINK

Heute ist der erste Tag der Zeit,
die uns noch zum Leben bleibt.
Es ist der letzte Tag der Zeit,
die wir bisher gelebt haben.
Laßt uns beides leben –
den neuen Anfang und das Ende,
frisch und unbefangen wie am Anfang
und so bewußt,
als stünden wir an unserem Ende.
Gottes Liebe wird bei uns sein
in allem, was wir tun.

Kalender

1
2
3
4
5
6
7
8
9
10
11
12
13
14
15
16
17
18
19
20
21
22
23
24
25
26
27
28
29
30
31

Gedenk- und Namenstage im Dezember

1	Natalie, Blanka · *Hermann Kapler (* 1867)*
2	Luzius, Bibiana · *Philipp Otto Runge († 1810)*
3	Franz Xaver, Emma, Gerlind · *Carl Zeiss († 1888)*
4	Barbara, Christian · *Karl Bonhoeffer († 1948)*
5	Anno, Hartwich, Niels · *Aloys Henhöfer († 1862)*
6	Nikolaus · *Leo Ragaz († 1945)*
7	Ambrosius, Gerald · *Fr. Konstantin v. Tischendorf († 1874)*
8	Konstantin · *Christian Friedrich Spittler († 1867)*
9	Liborius, Eucharius · *Kaspar von Schwenckfeld († 1561)*
10	Angelina, Diethard · *Karl Barth († 1968)*
11	Tassilo, Damasus · *Heinrich Zütphen († 1524)*
12	Johanna, Dietrich · *Jochen Klepper († 1942)*
13	Luzia, Odilia, Jost · *Chr. F. Gellert († 1769) · F. Hebbel († 1863)*
14	Bertold · *Kurt Hahn († 1974)*
15	Christiane, Wunibald · *Gerhard Uhlhorn († 1901)*
16	Adelheid, Sturmius · *Lina Morgenstern († 1909)*
17	Lazarus · *Dorothy Sayers († 1957)*
18	Philipp · *Johann Gottfried Herder († 1803)*
19	Konrad · *Marc Boegner († 1970)*
20	Eido · *Katharina von Bora († 1552)*
21	Richard, Hagar
22	Jutta, Marian · *Stanser Friedensschluß (1481)*
23	Dagobert, Viktoria, Ivo · *Ehrenfried Liebich († 1780)*
24	Adam, Eva, Hanno · *Andreas Karlstadt († 1541)*
25	Eugenia, Anastasia
26	Stephanus · *Heinrich Vogel († 1989)*
27	Johannes, Fabiola
28	Unschuldige Kinder · *Johann Reinhard Hedinger († 1704)*
29	Thomas, David, Lothar · *Johann Friedrich Cotta († 1832)*
30	Felix, Richard · *Hans Asmussen († 1968)*
31	Silvester, Kolumba, Melanie · *John Wiclif († 1384)*

Die stillste Zeit im Jahr

Immer am zweiten Sonntag im Advent stieg der Vater auf den Dachboden und brachte die große Schachtel mit dem Krippenzeug herunter. Ein paar Abende lang wurde dann fleißig geleimt und gemalt, etliche Schäfchen waren ja lahm geworden, und der Esel mußte einen neuen Schwanz bekommen, weil er ihn in jedem Sommer abwarf wie ein Hirsch sein Geweih.

Aber endlich stand der Berg wieder wie neu auf der Fensterbank, mit glänzendem Flitter angeschneit, die mächtige Burg mit der Fahne auf den Zinnen und darunter der Stall. Das war eine recht gemütliche Behausung, eine Stube eigentlich, sogar der Herrgottswinkel fehlte nicht und ein winziges ewiges Licht unter dem Kreuz. Unsere Liebe Frau kniete im seidenen Mantel vor der Krippe, und auf der Strohschütte lag das rosige Himmelskind, leider auch nicht mehr ganz heil, seit ich versucht hatte, ihm mit der Brennschere neue Locken zu drehen. Hinten standen Ochs und Esel und bestaunten das Wunder. Der Ochs bekam sogar ein Büschel Heu ins Maul gesteckt, aber er fraß es ja nie. Und so ist es mit allen Ochsen, sie schauen nur und schauen und begreifen rein gar nichts.

Weil der Vater selber Zimmermann war, hielt er viel darauf, daß auch sein Patron, der heilige Joseph, nicht nur so herumlehnte. Er dachte sich in jedem Jahr ein anderes Geschäft für ihn aus. Joseph mußte Holz hacken oder die Suppe kochen oder mit der Laterne die Hirten einweisen, die von überallher gelaufen kamen und Käse mitbrachten oder Brot oder was sonst arme Leute zu schenken haben.

Es hauste freilich ein recht ungleiches Volk in unserer Krippe, ein Jäger, der zwei Wilddiebe am Strick hinter sich herzog, aber auch etliche Zinnsoldaten und der Fürst Bismarck und überhaupt alle Bresthaften aus der Spielzeugkiste.

Ganz zuletzt kam der Augenblick, auf den ich schon tagelang lauerte. Der Vater klemmte plötzlich meine Schwester zwischen die Knie, und ich durfte ihr das längste Haar aus dem Zopf ziehen, ein ganzes Büschel mitunter, damit man genügend Auswahl hatte, wenn dann ein golden gefiederter Engel darangeknüpft und über der

Krippe aufgehängt wurde, damit er sich unmerklich drehte und wachsam umherblickte.

Das Gloria sangen wir selber dazu. Es klang vielleicht ein bißchen grob in unserer breiten Mundart, aber Gott schaut seinen Kindern ja ins Herz und nicht in den Kopf oder aufs Maul. Und es ist auch gar nicht so, daß er etwa nur Latein verstünde.

Advent, sagt man, sei die stillste Zeit im Jahr. Aber in meinem Bubenalter war es keineswegs die stillste Zeit. In diesen Wochen lief die Mutter mit hochroten Wangen herum, wie mit Sprengpulver geladen, und die Luft in der Küche war sozusagen geschwängert mit Ohrfeigen. Dabei roch die Mutter so unbeschreiblich gut, überhaupt ist ja der Advent die Zeit der köstlichen Gerüche.

Es duftet nach Wachslichtern, nach angesengtem Reisig, nach Weihrauch und Bratäpfeln. Ich sage ja nichts gegen Lavendel und Rosenwasser, aber Vanille riecht doch eigentlich viel besser, oder Zimt und Mandeln.

KARL HEINRICH WAGGERL

Kleine Begebenheiten vor Weihnachten

Du hast einen Brief
  bekommen,
beschrieben mit
  Herzschlägen,
und plötzlich spürst du:
ich werde geliebt.

Du hast einen Weg
  gefunden
im dunklen Wald der
  Träume,
und plötzlich merkst du:
ich werde in Licht gehen.

Du hast den Stern ge-
  sehen
über dem kleinen Stall,
und plötzlich fühlst du:
ich werde nie allein sein.

4. Dezember: Barbaratag

Nach der Legende lebte Barbara in Nikodemien als Tochter reicher Eltern. Ihr Vater, ein Heide, wollte verhindern, daß Barbara Christin wurde, und als sie von ihrem neuen Glauben nicht ablassen wollte, hat ihr Vater sie im Jahr 306 n. Chr. enthaupten lassen.

Die heilige Barbara ist eine der vierzehn Nothelferinnen, und sie ist die Schutzheilige so unterschiedlicher Berufsgruppen wie der Bergleute, Bauleute, Waffenschmiede, Glockengießer, Artilleristen und Feuerwehrleute, was wohl darauf zurückzuführen ist, daß nach der Legende durch die Kraft ihres Gebetes Felsen und Mauern eingestürzt sein sollen, damit sie den von ihrem Vater verwehrten christlichen Gottesdienst besuchen konnte.

An diesem Tag holt man Barbarazweige ins Haus, damit sie zu Weihnachten blühen. Meist sind es Kirschzweige, aber auch Zweige von anderen Obstbäumen sowie Flieder- und Lindenzweige werden über Nacht in warmes Wasser gelegt und dann in eine mit Wasser gefüllte Vase ins Wohnzimmer gestellt.

Gehe in den Garten
am Barbaratag.
Gehe zum kahlen
Kirschbaum und sag:

Kurz ist der Tag,
grau ist die Zeit.
Der Winter beginnt,
der Frühling ist weit.

Doch in drei Wochen,
da wird es geschehn:
Wir feiern ein Fest,
wie der Frühling so schön.

Baum, einen Zweig
gib du mir von dir.
Ist er auch kahl,
ich nehm' ihn mit mir.

Und er wird blühen
in leuchtender Pracht
mitten im Winter
in der Heiligen Nacht.

JOSEF GUGGENMOS

Kirschenzweige bringt ein Mädchen
über kahle, kalte Heide.
Dämmertag ist Nacht geworden,
Dörfchen blinkt wie Lichtgeschmeide.

Engelsstimme singt vom Himmel:
Dunkle Reiser, seid erkoren,
staubverweht sind lang die Blumen,
Feld und Garten eingefroren.

Ihr nur werdet grünend leben,
wenn der Erde Pflanzen fehlen.
Heilige Nacht wird Blüten treiben,
und ein Glück kommt in die Seelen.

Letztes Rot verlischt am Walde.
Ton in Lüften bebt entschwindend.
Über die verhüllte Heide
haucht der Bergwind, Schnee verkündend.

HANS CAROSSA

6. Dezember:
Nikolaustag

Das Nikolausfest ist für die Kinder sicherlich einer der Höhepunkte der Adventszeit. Nikolaus wurde im 4. Jahrhundert als Bischof von Myra in Kleinasien wegen seiner Freigebigkeit und Kinderfreundlichkeit sehr verehrt und geliebt. Wegen der vielen Legenden, die sich um sein Leben ranken, ist er der eigentliche Schutzheilige der Kinder. Er hat Kindern das Leben gerettet und zu ihrer Unterstützung die goldenen Geräte seiner Kirche verkauft. Bekannt ist auch die Legende von seiner Hilfe in der Hungersnot und den geöffneten Kornspeichern.

Zum Nikolausfest erhalten die Kinder kleine Geschenke, vor allem Süßigkeiten, die in einen Schuh gesteckt werden, den das Kind abends vor dem Nikolaustag vor die Tür stellt. Nikolausfeiern finden ihren Höhepunkt mit dem Auftreten des »Heiligen« in rotem Gewand, oft begleitet von einem schwarzen Kerl, dem Knecht Ruprecht, der die Kinder mit der Rute »erschreckt«. Dieser Begleiter gilt allgemein als das besiegte Böse.

Bis ins 16. Jahrhundert hinein ersetzte Nikolaus, wie heute noch in Holland, das Christkind als Gabenbringer. Erst mit Martin Luther hat der protestantische Teil Deutschlands den Nikolaus zugunsten des Christkinds und seiner Verehrung zurückgedrängt.

Nikolaus-Verse

Sankt Niklas ist ein braver
  Mann,
bringt den kleinen
  Kindern was,
die großen läßt er laufen,
die können sich was
  kaufen.

✳

Draußen weht es
  bitterkalt.
Wer kommt da durch
  den Winterwald?
Stipp-stapp, stipp-stapp
  und huckepack –
Knecht Ruprecht ist's
  mit seinem Sack.
Was ist denn in dem
  Sacke drin?
Äpfel, Mandeln und Rosin'
und schöne Zuckerrosen,
auch Pfeffernüss' fürs gute
  Kind.
Die andern, die nicht artig
  sind,
die klopft er auf die
  Hosen.

✳

Niklaus, Niklaus, heiliger
  Mann,
zieh die großen Stiefel an,
reis damit nach Spanien,
kauf Äpfel, Nüss',
  Kastanien!

Ruprecht, Ruprecht, guter Gast

Ru - precht, Ru - precht, gu - ter Gast,

hast du mir was mit - ge - bracht?

Hast du was, so setz dich nie - der,

hast du nichts, dann geh nur wie - der!

VOLKSWEISE

289

Laßt uns froh und munter sein

Laßt uns froh und mun-ter sein und uns in dem

Herrn er-freun. Lu-stig, lu-stig, tra-le-ra-le-ra,

bald ist Ni-ko-laus-a-bend da, bald ist Ni-ko-laus-a-bend da.

Dann stell ich den Teller
  auf,
Niklaus legt gewiß was
  drauf.

Wenn ich aufgestanden bin,
lauf ich schnell zum Teller
hin.

Wenn ich schlaf,
  dann träume ich,
jetzt bringt Niklaus was für
  mich.

Niklaus ist ein guter Mann,
dem man nicht g'nug danken
kann.

VOLKSWEISE

Knecht Ruprecht

Von drauß vom Walde komm' ich her;
Ich muß euch sagen, es weihnachtet sehr!
Allüberall auf den Tannenspitzen
Sah ich goldene Lichtlein sitzen;
Und droben aus dem Himmelstor
Sah mit großen Augen das Christkind hervor,
Und wie ich so strolcht' durch den finstern Tann,
Da rief's mich mit heller Stimme an:
»Knecht Ruprecht«, rief es, »alter Gesell,
Hebe die Beine und spute dich schnell!
Die Kerzen fangen zu brennen an,
Das Himmelstor ist aufgetan,
Alt' und Junge sollen nun

Von der Jagd des Lebens einmal ruhn;
Und morgen flieg' ich hinab zur Erden,
Denn es soll wieder Weihnachten werden!«
Ich sprach: »O lieber Herre Christ,
Meine Reise fast zu Ende ist;
Ich soll nur noch in diese Stadt,
Wo's eitel gute Kinder hat.« –
»Hast denn das Säcklein auch bei dir?«
Ich sprach: »Das Säcklein, das ist hier;
Denn Äpfel, Nuß und Mandelkern
Essen fromme Kinder gern.« –
»Hast denn die Rute auch bei dir?«
Ich sprach: »Die Rute, die ist hier;
Doch für die Kinder nur, die schlechten,
Die trifft sie auf den Teil, den rechten.«
Christkindlein sprach: »So ist es recht;
So geh mit Gott, mein treuer Knecht!«
Von drauß vom Walde komm' ich her;
Ich muß euch sagen, es weihnachtet sehr!
Nun sprecht, wie ich's hierinnen find'!
Sind's gute Kind, sind's böse Kind?

THEODOR STORM

Die Adventsbäckerei

Zimtsterne

Was wir brauchen:

400 g Mandeln
400 g Puderzucker
5 Eiweiß
2 EL Zimt
2 Tropfen Bittermandelöl
oder
2 geschälte, feingeriebene
bittere Mandeln
2 EL Arrak oder weißen Rum
Fett für die Bleche

Die ungeschälten Mandeln zunächst fein reiben. Das Eiweiß sehr steif schlagen, dann den Zucker zugeben und noch kurz weiterschlagen, so daß die Masse glänzt. Für den Guß von dieser Baisermasse 4 EL abnehmen. Unter den Rest den größten Teil der geriebenen Mandeln, Zimt und Zitronenschale mengen. Die Masse sollte fest sein, darf aber noch leicht kleben.

Die übrigen Mandeln mit etwas Puderzucker gemischt auf die Arbeitsplatte geben, darauf den Teig etwa ½ cm dick ausrollen. Nun den mit Rum vermischten Eiweißguß daraufstreichen. Erst dann Sterne ausstechen. (Dabei die Sterne möglichst so ausstechen, daß wenig Teigreste entstehen.) Auf diese Weise läuft der Guß nicht die Seiten herunter und verklebt sie, so daß dort der Teig nicht aufgehen kann. Auf einem mit gefettetem Pergamentpapier oder Backpapier belegten Blech bei sehr mäßiger Hitze (130 bis 150 Grad) auf der obersten Schiene keinesfalls zu dunkel backen. Zu lang oder zu heiß gebackene Sterne werden hart!

Katharinchen

Was wir brauchen:

250 g Honig
900 g Mehl
250 g Zucker
12 g Pottasche
3 Eier
1 TL gemahlener Zimt
1 TL Kardamom
1 TL gemahlene Nelken
3 EL Rum
75 g gehackte Mandeln
Mehl zum Ausrollen und
Bestäuben
Margarine zum Einfetten

Honig in einem Topf bei schwacher Hitze zergehen lassen. Die Hälfte des Mehls in eine Schüssel geben. Den etwas abgekühlten, aber noch warmen Honig mit einem Löffel oder dem Handrührgerät (Knethaken) unterrühren. Zucker, Pottasche, Eier, Gewürze, Rum und Mandeln unterrühren. Teig auf ein bemehltes Backbrett oder Arbeitsfläche geben. Mit dem restlichen Mehl zu einem glatten Teig kneten. 2 Stunden im Kühlschrank zugedeckt ruhen lassen. Teig dann auf einem bemehlten Backbrett ½ cm dick ausrollen. Mit den Katharinchen-Formen ausstechen. Auf ein gefettetes und bemehltes Backblech legen. In den vorgeheizten Ofen schieben (mittlere Schiene). Backzeit ca. 10 Minuten bei 180 Grad. Nach dem Backen auf einem Kuchengitter abkühlen lassen.

Spekulatius

Mehl und Butter am Brett abbröseln – etwas Mehl zurücklassen – dann Zucker, Eier und Gewürze einarbeiten. Über Nacht ruhen lassen. Am anderen Tag das restliche, mit dem Backpulver vermischte Mehl einkneten. Den Teig messerrückendick ausrollen. Beliebige Formen ausstechen, auf ein leicht gefettetes Blech legen und im vorgeheizten Rohr bei mäßiger Hitze backen.

Was wir brauchen:

500 g Mehl
250 g Butter
500 g Zucker
3 Eier
abgeriebene Schale
von 1 Zitrone
2 g Zimt
1 Prise Nelken
1 TL Backpulver

Spritzgebäck

Fett schaumig rühren; den Zucker, Vanillezucker und das ungeschlagene Eiweiß beifügen und die Masse mit dem Handrührer etwa 8 Minuten rühren. Das Mehl beimengen, den Teig in eine Teigspritze mit großer Tülle füllen und verschiedene Formen auf ein gefettetes, leicht mit Mehl bestäubtes Blech spritzen.

Was wir brauchen:

150 g Butter oder
Margarine
100 g Zucker
1 Pck. Vanillezucker
1 Eiweiß
200 g Mehl

Backzeit: 12–15 Minuten
Elektroherd: 175–190 Grad
Gasherd: Stufe 3

Springerle

Eier schaumig rühren und nach und nach Zucker und Vanillezucker zugeben. Rühren, bis die Masse cremig wird. 225 g Mehl mit Hirschhornsalz sieben und in die Eicreme rühren. Restliches Mehl auf ein Backbrett sieben. Teig daraufgeben und alles verkneten. Den Teig dann 1 cm dick ausrollen. Den gut mit Mehl ausgepinselten Springerle-Model in den Teig drücken. Model abheben, überstehenden Teig abschneiden und die Springerle auseinanderschneiden (in 4–6 Kekse). Mit dem Muster nach oben auf ein gefettetes, mit Anissamen bestreutes Backblech setzen und 24 Stunden in einem warmen Raum trocknen lassen, dann backen. Ein leeres Backblech zwei Stufen über das Blech mit den Springerle schieben, damit das Gebäck auf der Oberseite weiß bleibt.

Was wir brauchen:

2 kleine Eier
200 g Puderzucker
1 Pck. Vanillezucker
250 g Mehl
1 Messerspitze Hirschhornsalz
1–2 EL Anissamen

Backzeit: 30–35 Minuten
Elektroherd: 140–150 Grad
Gasherd: Stufe 2

Springerle einige Tage offen stehenlassen, damit sie weich werden.

Was unsere Advents- und Weihnachtsbräuche bedeuten

Es gehört zum sinnlichen Ausdruck der Religion, bedeutsame Ereignisse nicht nur im Geist, sondern auch in Bildern und Figuren vor sich sehen zu wollen. So rankt sich um die Advents- und Weihnachtszeit ein besonders reiches und vielfältiges Brauchtum.

Advent
Mit der adventlichen Zeit beginnt das Kirchenjahr. In vielen Gegenden gibt es das Adventssingen. Außerdem sind die Wochen vor dem Fest auch Gelegenheit für die Weihnachtsbäckerei: Spekulatius (»Spekulatius« kommt übrigens von *Spekulator*, einer alten Bezeichnung für Nikolaus), Stutenkerle, Spritzgebäck, Pfeffernüsse, Honigkuchen, Mandelgebäck, Christstollen usw.

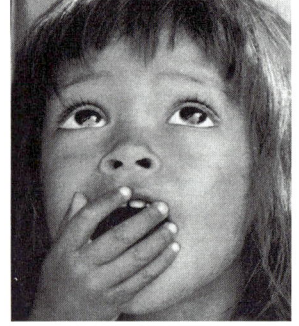

Der Adventsstern erinnert an den Stern, der den Weisen auf ihrer Reise zur Krippe nach Bethlehem den Weg zeigte. Der Brauch, im Advent Zweige aufzustecken (Barbarazweige) erinnert an Jesaja 11,1: »Es wird ein Reis aufgehen vom Stamm Isais und ein Zweig aus seiner Wurzel Frucht bringen.«

Transparente werden aufgestellt, um das Licht der Ewigkeit anzudeuten. Auch Adventskalender (mit Transparentfenstern) sind weit verbreitet. Jeden Tag darf das Kind eines der 24 Kläppchen öffnen – bis Weihnachten. Die Kalender haben aber nur dann einen christlichen Sinn, wenn sie der adventlichen Botschaft vom Kommen Gottes gerecht werden.

Der Adventskranz als Siegessymbol in der vorweihnachtlichen Zeit ist vermutlich die Wiederholung einer alten Wintersitte und geht wie viele auf den Ringzauber zurück: Kränze aus geflochtenem Stroh oder grünen Tannenzweigen brachten Segen und sollten Unheil abwenden. Die Zauberkränze wurden deshalb mit goldenen und roten Bändern umwickelt. Der christliche Adventskranz ist aus Tannenzweigen geflochten und mit vier roten Kerzen – für jeden Adventssonntag eine – besteckt.

Krippe
Das Weihnachtsgeschehen findet in Lukas 2,12 besonders prägnanten Ausdruck. Es war der Ausgang zu jener Veran-

schaulichung, die Franziskus von Assisi zu Weihnachten 1223 im Wald von Greccio, in der Nähe seiner Vaterstadt, den Bauern und Hirten der Toskana darbot: Er ließ einen tragbaren Altar aufstellen, daneben eine mit Heu gefüllte Futterkrippe, einen leibhaftigen Ochsen und einen Esel. Diese wenigen Hilfsmittel genügten, um die kindlich einfachen und armen Leute zu lebendigen Teilnehmern und Darstellern des Weihnachtsgeschehens werden zu lassen.

Die ersten bildnerischen Weihnachtskrippen waren schlichte Gestalten der Volkskunst. Erst später schufen Holzschnitzer und Bildhauer in Süditalien, Frankreich, Tirol und Bayern jene prachtvollen Krippen, die zum Teil heute noch in Kirchen erhalten sind.

Weihnachtsbaum und Christbaum

Am Abend des 24. Dezember steckt die christliche Familie die Lichter an ihrem Weihnachtsbaum an. Die Äpfel (Kugeln) als Frucht des Weihnachtsbaumes kommen in der christlichen Symbolik schon recht früh vor. Der Christbaum trägt noch etwas von dem in dunkler Nacht blühenden Paradiesbaum in sich, der Hoffnung in ängstliche Dunkelheit bringt. Schon in der Vorzeit hatten vermutlich grüne Zweige und immergrüne Bäumchen zu Beginn des lebensfeindlichen Winters als Hoffnungssymbol zum Schutz gegen die Mächte der Finsternis und allerlei Unglück besondere Bedeutung. Geschmückte Weihnachtsbäume tauchen im späten 16. Jahrhundert auf. Kugeln und Lametta sind erst seit 1848 (Glasbläser im Thüringer Wald und im Erzgebirge) in Gebrauch. Der Brauch, silberne Papierketten an den Baum zu hängen, ist aus Spanien zu uns gekommen. Der Rauschgoldengel hat seinen Ursprung aus der Geschichte der Verkündigung an die Hirten im Feld; er ist Symbol der Überbringer dieser frohen Botschaft.

In manchen Gegenden wird der Weihnachtsbaum mit Christrosen geschmückt – ein Zeichen des Lebens, das mitten im kalten Winter erblüht und verdeutlichen soll, wie stark und widerstandsfähig man wird, wenn man an Christus glaubt. Eine weitere Bedeutung weist auf die Heilwirkung dieser Pflanze hin (»Schwarze Nieswurz«), die damit zum Sinnbild des Guten über das Böse wird.

Durch die Verlegung des Weihnachtsfestes auf die Wintersonnenwende verband die alte Kirche die heidnische Feier der Naturhoffnung (Wiederkehr von Licht und Wärme) mit der christlichen Hoffnung auf das kommende Heil der Welt.

Verse zum Advent

Noch ist Herbst nicht ganz entflohn,
aber als Knecht Ruprecht schon
kommt der Winter hergeschritten,
und alsbald aus Schnees Mitten
klingt des Schlittenglöckleins Ton.

Und was jüngst noch, fern und nah,
bunt auf uns herniedersah,
weiß sind Türme, Dächer, Zweige,
und das Jahr geht auf die Neige,
und das schönste Fest ist da.

Tag du der Geburt des Herrn,
heute bist du uns noch fern,
aber Tannen, Engel, Fahnen
lassen uns den Tag schon ahnen,
und wir sehen schon den Stern.

THEODOR FONTANE

295

13. Dezember: Luciatag

Lucia, die heilige Märtyrerin, starb in Syrakus während der Christenverfolgungen durch den römischen Kaiser Diokletian, ungefähr im Jahre 304 nach Christus.

In die Legende ist sie als Lichtgestalt eingegangen: Lucia, die ewige Braut, die von ihrem Bräutigam verraten wurde. Sie verkörpert Helligkeit und Reinheit, nicht zuletzt durch den »reinen Glauben«, für den sie sterben mußte. Schließlich bedeutet sogar ihr Name »Licht«.

Das Volk, das im Dunkel lebt, schaut ein großes Licht; über denen, die im Lande der Dunkelheit leben, leuchtet ein Licht auf.

JESAJA 9, 1

Und damit sind wir auch schon beim 13. Dezember. Im Mittelalter war dies der Tag der Wintersonnenwende und der Gerichtstag – folglich ein aus verschiedenen Gründen düsterer Termin. Durch »Lucia« sollte dieser dunkle Tag erhellt werden; ein Brauch, der heute besonders in Schweden, wo es im Dezember ja auch besonders dunkel ist, noch sehr lebendig erhalten wird. Dort sitzt man am Luciatag zusammen, und am Abend, wenn es so richtig dunkel ist, kommt die »Luciabraut« mit ihrem Gefolge: eine Reihe Mädchen mit weißen Kleidern und Kerzen, angeführt von Lucia, die einen Lichterkranz auf dem Kopf trägt. Dazu singen alle ein schönes Lied, das das Leben der Lucia und ihre Fähigkeit preist, selbst die dunkelste Nacht in Licht zu verwandeln.

SUSANNE DAHMANN

Warum wir den Kerzenschein so mögen? Wir empfangen Wärme und Geborgenheit. In Kerzen flackert ein Stück Sonnenkraft, also Gottes Energie. Insgeheim aber sind sie kleine Propheten. Du Mensch – ein Kerzlein, ein Lichtschein von Gottes Liebe! Du bist als Lichtblick gedacht, Mensch. Darum bist du ja glücklich, einig mit deiner Bestimmung, wenn du mit Menschen und für sie lebst.

TRAUGOTT GIESEN

Weihnachten richtig bedacht

Zwei Christfeste bestimmen den Weihnachtskreis: Am 25. Dezember feiern die evangelischen und katholischen Christen die Geburt Jesu, am 6. Januar die orthodoxen Christen. Diese beiden Geburtstage haben zur Unterscheidung zwei verschiedene Akzente erhalten: Am 25. Dezember sind es die Hirten (Lukas 2), am 6. Januar die Weisen aus dem Morgenland (Matthäus 2), die zur Krippe kommen.

Entgegen der landläufigen Meinung, die Weihnachten weitgehend in Verbindung sieht mit Geschenkflut, Konsumdenken, Hektik, Hetze und Weihnachtsferien, ist Weihnachten nicht das Hauptfest der Kirche. Diesen Rang nimmt das Osterfest ein; der Geburtstag Jesu spielte in der frühen Kirche ursprünglich keine große Rolle – erst in der Auseinandersetzung mit den Religionen der Umwelt wurde es nötig, auf die Geburt des Herrn einzugehen, die erst ab 250 und 300 n. Chr. gefeiert wurde. Der Termin des Weihnachtsfestes wurde in der Westkirche Roms im 3./4. Jahrhundert auf den 25. Dezember festgesetzt, dem Tag des heidnischen Sonnengottes.

Der Weihnachtsmann ist in angelsächsischen Ländern (Santa Claus) von Bedeutung; in Deutschland dient er dem Geschäfterummel.

> Das Christfest macht mir das Herz
> warm und froh.
> Sein heller Stern hat mir immer geholfen,
> wenn es dunkel und kalt war.
>
> CATHARINA ELISABETH GOETHE

Alle Jahre wieder kommt das Christuskind
auf die Erde nieder, wo wir Menschen sind.

Kehrt mit seinem Segen ein in jedes Haus,
geht auf allen Wegen mit uns ein und aus.

Steht auch mir zur Seite still und unerkannt,
daß es treu mich leite an der lieben Hand.

FRIEDRICH SILCHER

297

24. Dezember
Heiliger Abend

Wenn wir sagen: es ist Weihnacht, dann sagen wir: Gott hat sein letztes, sein tiefstes, sein schönstes Wort im fleischgewordenen Wort in die Welt hineingesagt, ein Wort, das nicht mehr rückgängig gemacht werden kann, weil es Gottes endgültige Tat, weil es Gott selbst in der Welt ist. Das ist ein unerwartetes, ein ganz unwahrscheinliches Wort. Denn wie kann man dieses Wort sagen, wenn man den Menschen und die Welt und beider grauenvolle und leere Abgründe kennt? Gott aber kennt sie besser als wir. Und er hat dieses Wort doch gesagt.

KARL RAHNER

Markt und Straßen stehn
    verlassen,
still erleuchtet jedes Haus,
sinnend geh ich durch die
    Gassen,
alles sieht so festlich aus.

An den Fenstern haben
    Frauen
buntes Spielzeug fromm
    geschmückt,
tausend Kindlein stehn
    und schauen,
sind so wunderstill
    beglückt.

Und ich wandre aus den
    Mauern
bis hinaus ins freie Feld,
hehres Glänzen,
    heil'ges Schauern!
Wie so weit und still
    die Welt!

Sterne hoch die Kreise
    schlingen,
aus des Schnees
    Einsamkeit
steigt's wie wunderbares
    Singen –
o du gnadenreiche Zeit!

JOSEPH VON EICHENDORFF

Die Weihnachtsgeschichte

Es begab sich zu der Zeit, daß ein Befehl von Kaiser Augustus ausging, daß alle Einwohner unter römischer Herrschaft gezählt würden. Diese Zählung war die erste und wurde durchgeführt zu einer Zeit, da Cyrenius Landpfleger in Syrien war. Für diese Zählung mußte sich jeder in seine Heimatstadt begeben.

Und es brach auch auf Joseph aus Galiläa, aus der Stadt Nazareth, in das jüdische Land zur Stadt Davids, die da heißt Bethlehem, weil er von dem Hause und Geschlechte Davids war, auf daß er sich zählen ließe mit Maria, seinem angetrauten Weibe. Die war schwanger. Und als sie in Bethlehem waren, kam die Zeit, daß sie gebären sollte. Und sie gebar einen Sohn und wickelte ihn in Windeln und legte ihn in eine Krippe. Denn sie hatten sonst keinen Raum in der Herberge und mußten im Stall schlafen.

Und es waren Hirten in derselben Gegend auf dem Felde, die hüteten des Nachts ihre Herde. Und siehe: Des Herrn Engel trat zu ihnen, und die Klarheit des Herrn leuchtete um sie, und sie fürchteten sich sehr. Und der Engel sprach zu ihnen:

»Fürchtet euch nicht! Siehe, ich verkünde euch große Freude, die allem Volk widerfahren wird; denn euch ist heute der Heiland geboren, welcher ist Christus, der Herr, in der Stadt Davids!

Und das habt zum Zeichen: ihr werdet finden das Kind in Windeln gewickelt und in einer Krippe liegen.«

Und alsbald war da bei dem Engel die Menge der himmlischen Heerscharen, die lobten Gott und sprachen:

»Ehre sei Gott in der Höhe und Frieden auf Erden und den Menschen ein Wohlgefallen!«

Und da die Engel von ihnen gen Himmel fuhren, sprachen die Hirten untereinander: »Laßt uns nun gehen gen Bethlehem und die Geschichte sehen, die da geschehen ist, die uns der Herr kundgetan hat.«

Und sie kamen eilend und fanden beide, Maria und Joseph, dazu das Kind in der Krippe liegen. Da sie es aber gesehen hatten, breiteten sie das Wort aus, welches zu ihnen von diesem Kinde gesagt war. Und alle, vor die es kam, wunderten sich der Rede, die ihnen die Hirten gesagt hatten. Maria aber behielt alle diese Worte und bewegte sie in ihrem Herzen. Und die Hirten kehrten wieder um, priesen und lobten Gott um alles, was sie gehört und gesehen hatten, wie denn zu ihnen gesagt war.

LUKAS 2, 1–20

Schenken

Schenke groß oder klein,
    aber immer gediegen.
Wenn die Bedachten die
    Gaben wiegen,
sei dein Gewissen rein.

Schenke herzlich und frei.
Schenke dabei, was in dir
    wohnt
an Meinung, Geschmack
    und Humor,
so daß die eigene Freude
    zuvor
dich reichlich belohnt.

Schenke mit Geist ohne
    List.
Sei eingedenk, daß dein
    Geschenk
du selber bist.

JOACHIM RINGELNATZ

25. Dezember: Weihnachten

Wißt ihr noch,
   wie es geschehen?

Wißt ihr noch, wie es
   geschehen?
Immer werden wir's
   erzählen:
Wie wir einst den Stern
   gesehen
mitten in der dunklen
   Nacht.

Stille war es um die
   Herde.
Und auf einmal war ein
   Leuchten
und ein Singen ob der
   Erde,
daß das Kind geboren sei!

Eilte jeder, daß er's sähe
arm in einer Krippen
   liegen.
Und wir fühlten Gottes
   Nähe.
Und wir beteten es an.

Könige aus Morgenlanden
kamen reich und hoch
   geritten,
daß sie auch das Kindlein
   fanden.
Und sie beteten es an.

Und es sang aus
   Himmelshallen:
Ehr sei Gott! Auf Erden
   Frieden!
Allen Menschen Wohl-
   gefallen,
welche guten Willens
   sind!

Immer werden wir's
   erzählen,
wie das Wunder einst
   geschehen
und wie wir den Stern
   gesehen
mitten in der dunklen
   Nacht.

HERMANN CLAUDIUS

Stille Nacht, heilige Nacht!

Stil - le Nacht, hei - li - ge Nacht! Al - les schläft,
ein - sam wacht nur das trau - te hoch - hei - li -
ge Paar. Hol - der Kna - be im lok - ki - gen Haar,
schlaf in himm - li - scher Ruh,
schlaf in himm - li - scher Ruh!

Stille Nacht, heilige Nacht!
Hirten erst kundgemacht
durch der Engel Halleluja,
tönt es laut von fern und
   nah:
Christ, der Retter, ist da!
Christ, der Retter, ist da!

Stille Nacht, heilige Nacht!
Gottes Sohn, oh, wie lacht
Lieb' aus deinem göttlichen
   Mund,
da uns schlägt die rettende
   Stund,
Christ, in deiner Geburt,
Christ in deiner Geburt!

JOSEF MOHR

Weihnachtslieder und Gedichte

O du fröhliche, o du selige

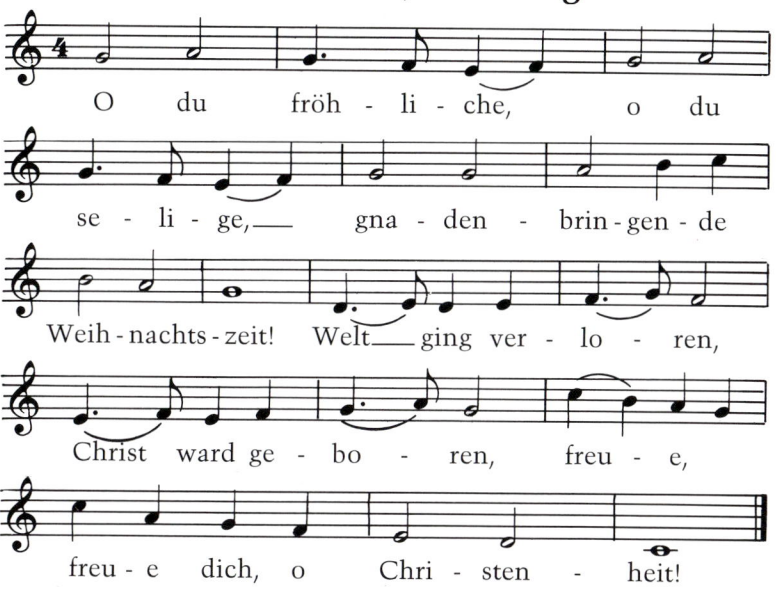

O du fröh - li - che, o du
se - li - ge,— gna - den - brin - gen - de
Weih - nachts - zeit! Welt— ging ver - lo - ren,
Christ ward ge - bo - ren, freu - e,
freu - e dich, o Chri - sten - heit!

O du fröhliche, o du selige,
gnadenbringende Weih-
nachtszeit!
Christ ist erschienen,
uns zu versühnen,
freue, freue dich, o Christenheit!

O du fröhliche, o du selige,
gnadenbringende Weih-
nachtszeit!
Himmlische Heere
jauchzen dir Ehre,
freue, freue dich, o Christenheit!

VOLKSWEISE AUS DEM 17. JAHRHUNDERT

Noch einmal ein
    Weihnachtsfest,
Immer kleiner wird der
    Rest,
Aber nehm ich so die
    Summe,
Alles Grade, alles
    Krumme,
Alles Falsche, alles Rechte,
Alles Gute, alles Schlechte –
Rechnet sich aus all dem
    Braus
Doch ein richtig Leben
    heraus.
Und dies können ist das
    Beste
Wohl bei diesem
    Weihnachtsfeste.

THEODOR FONTANE

Liebeläutend zieht durch
    Kerzenhelle,
Mild, wie Wälderduft,
    die Weihnachtszeit,
Und ein schlichtes Glück
    streut auf die Schwelle
Schöne Blumen der
    Vergangenheit.

Hand schmiegt sich an
    Hand im engen Kreise,
Und das alte Lied von
    Gott und Christ
Bebt durch Seelen und
    verkündet leise,
Daß die kleinste Welt
    die größte ist.

JOACHIM RINGELNATZ

Am Weihnachtsbaum die Lichter brennen

Am Weih-nachts - baum die Lich-ter bren - nen, wie glänzt er fest - lich, lieb und mild, als spräch er: Wollt in mir er-ken-nen ge-treu-er Hoff-nung stil-les Bild.

Weihnachtsnacht

Weht im Schnee ein
  Weihnachtslied
Leise über Stadt und
  Felder,
Sternenhimmel nieder-
  sieht,
Und der Winternebel zieht
Um die dunklen Tannen-
  wälder.

Weht im Schnee ein
  Weihnachtsduft
Träumerisch durch dichte
  Flocken,
Füllt die schwere
  Winterluft
Und aus weichen Wolken
  ruft
Sanft der Klang der
  Kirchenglocken.

Geht durch Schnee
  ein Weihnachtskind
Liebend über kalte Erde,
Geht dahin und lächelt
  lind,
Hoffend, daß wir gütig
  sind
Und die Menschheit
  besser werde.

HILDE FÜRSTENBERG

Die Kinder stehn mit hellen
  Blicken,
das Auge lacht, es lacht das
  Herz,
o fröhlich, seliges Entzücken,
die Alten schauen himmel-
  wärts.

Zwei Engel sind herein-
  getreten,
kein Auge hat sie kommen
  sehn,
sie gehn zum Weihnachts-
  baum und beten
und wenden wieder sich
  und gehn.

Kein Ohr hat ihren Spruch
  vernommen,
unsichtbar jedes Menschen
  Blick
sind sie gegangen,
  wie gekommen,
doch Gottes Segen bleibt
  zurück!

VOLKSWEISE

Leise rieselt der Schnee

Lei - se rie - selt der Schnee, still und starr liegt der See, weih-nacht-lich glän-zet der Wald, freu-e dich, 's Christkind kommt bald!

O Tannenbaum, o Tannenbaum

O Tan-nen-baum, o Tan-nen-baum, wie grün sind dei-ne Blät-ter! Du grünst nicht nur zur Som-mers-zeit, nein, auch im Win-ter, wenn es schneit. O Tan-nen-baum, o Tan-nen-baum, wie grün sind dei-ne Blät-ter.

O Tannenbaum,
  o Tannenbaum,
du kannst mir sehr gefallen!
Wie oft hat nicht zur
  Weihnachtszeit
ein Baum von dir
  mich hoch erfreut!
O Tannenbaum,
  o Tannenbaum,
du kannst mir sehr gefallen!

O Tannenbaum,
  o Tannenbaum,
dein Kleid will mich was
  lehren:
Die Hoffnung und
  Beständigkeit
gibt Trost und Kraft
  zu jeder Zeit.
O Tannenbaum,
  o Tannenbaum,
dein Kleid will mich was
  lehren.

ERNST ANSCHÜTZ

Der Traum

Ich lag und schlief;
  da träumte mir
ein wunderschöner
  Traum:
Es stand auf unserm Tisch
  vor mir
ein hoher Weihnachts-
  baum.

Und bunte Lichter ohne
  Zahl,
die brannten ringsumher;
die Zweige waren
  allzumal
von goldnen Äpfeln
  schwer.

Und Zuckerpuppen
  hingen dran;
das war mal eine Pracht!
Da gab's, was ich nur
  wünschen kann
und was mir Freude
  macht.

Und als ich nach dem
  Baume sah
und ganz verwundert
  stand,
nach einem Apfel
  griff ich da,
und alles, alles schwand.

Da wacht' ich auf
  aus meinem Traum,
und dunkel war's um
  mich.
Du lieber, schöner
  Weihnachtsbaum,
sag an, wo find' ich dich?

Da war es just, als rief
  er mir:
»Du darfst nur artig sein;
dann steh ich wiederum
  vor dir;
jetzt aber schlaf nur ein!

Und wenn du folgst
  und artig bist,
dann ist erfüllt dein
  Traum,
dann bringet dir der
  heil'ge Christ
den schönsten
  Weihnachtsbaum.«

HEINRICH HOFFMANN VON
FALLERSLEBEN

303

Geschichten zum Vorlesen

Den Weihnachtsbaum, der auf der Diele steht und genau bis an die Decke reicht, habe ich bis auf das letzte Fädchen ganz allein hergestellt, außerdem eine schöne Tannenverzierung über dem Sofa, vor welchem nach alter Weise der Teetisch mit den braunen Kuchen steht ... Die Frauen, da sie nichts dabei getan, haben mir in die Herrlichkeit gar nicht hinein dürfen. Die Teller mit Äpfeln, Nüssen und Kuchen und sehr leckerem, selbstgebackenem Marzipan, die sie für jeden, auch für sich und mich, aufgebaut haben, sind ihnen vor der Tür abgenommen. Constanze ist so vergnügt, wie ich sie am Weihnachtsabend fast noch nicht gesehen habe, und auch mir ist friedlich und still zumute. Draußen liegt eine wunderschöne Schneelandschaft – es ist äußerst anmutig hier auf dem stillen Weihnachtskämmerchen.
Jetzt, liebe Mutter, wünsche ich Euch herzlich vergnügte Weihnachten.
Euer Theodor

THEODOR STORM

Mein lieber Freund!
Die Weihnacht ist gekommen mit ihrem Troste, mit ihrem Himmelsfrieden fürs kranke Menschenherz. Sie ist so erhaben und heilig, diese Nacht, daß sie eigentlich gar nicht auf die Erde gehört, sondern ins Himmelreich. Laß mich heute eine glückliche Stunde träumen; träume mit mir, träumen wir uns zusammen!

Draußen heulen die Stürme und schleudern Eis und Flocken ans wohlverwahrte Fenster. Wir ruhen im trauten warmen Gemache, einer an die Brust des andern gelehnt, und vor uns strahlt ein Christbaum mit unseren Wünschen behangen. An Deiner Seite, die weichen Arme um Deinen Hals geschlungen, Dich innig anblickend und küssend, ruht Dein süßes Weibchen; und willst Du, so laß auch ein paar Kleine an Deinem und am Fuße des Christbaumes jubeln; der Christbaum ist ja eigentlich für Kinder. – Ich? Ich verzichte auf das Weibchen und folglich auch auf die Kleinen; ich lehne mich dafür inniger an die warme Freundesbrust und freue mich mit Dir an Deinem Glück. Dann nehme ich das älteste Büblein auf den Schoß, und es muß mir zeigen, was doch das Christkindlein ihm gebracht hat. Dann frage ich es, wen es wohl lieber habe, das Christkindlein oder den Vater; da schüttelt es sein Lockenköpfchen und denkt nach, und endlich sagt es: Oh, den Vater habe ich noch lieber; und will zu Dir und herzt und küßt Dich. Und das engelliebe Mädchen frohlockt an der jungen Mutter Seite. Und über dieses Stück Seligkeit flammen die hundert Kerzlein und machen das Leben und die Herzen so licht, so licht wie im Lande der Verklärung. Dann hebe ich zitternd vor Freude das schäumende Glas in die Höhe und rufe: Prosit meinem Freund, dem Könige des Glückes –

Und der Engel Gottes schwebt über unsere Häupter und lispelt: Amen! Amen! Dann öffnet sich das himmlische Füllhorn des Segens und niedersenken sich auf Dich und die Deinen viele, viele Jahre des Glückes; ein ganzes rosendurchwobenes Leben!

PETER ROSEGGER AN SEINEN FREUND EMIL BRUNLECHNER
GRAZ, WEIHNACHTEN 1867

Der Weihnachtsbaum

Es war Heiligabend, und der Weihnachtsbaum stand fertig geschmückt für die Feiertage da. Aber kaum waren alle zu Bett gegangen, als die Spielsachen, die am Baum hingen, miteinander zu reden und zu tuscheln begannen.

»Es wäre doch ein rechter Spaß«, sagten sie, »wenn wir alle heruntersteigen und uns verstecken würden.«

Sie kletterten also alle vom Baum herunter und ließen ihn ganz kahl zurück und versteckten sich – einige hinter den Schränken, und einige hinter den Heizröhren, und einige hinter den Büchern auf den Regalen im Wohnzimmer und wo es ihnen sonst noch einfiel.

Am ersten Feiertag kamen die Kinder herunter und wünschten einander fröhliche Weihnachten: Aber als sie ihren entzückenden Baum ganz kahl da stehen sahen mit nicht einmal einem einzigen Knallbonbon mehr daran, da weinten und weinten sie heiße Tränen.

Als sie die Kinder weinen hörten, schämten sich die Spielsachen gehörig wegen des unartigen Streichs, den sie ihnen gespielt hatten: Trotzdem aber mochten sie nicht recht aus ihren Verstecken hervorkommen, während jemand herumstand. Sie warteten also, bis alle in die Kirche gegangen waren, und dann schlüpften sie hervor.

»Ich weiß!« sagte die Arche Noah und sprach mit all ihren Stimmen zugleich, »ich hab' eine Idee!«

Sie führte also die andern Spielsachen zum Haus hinaus und in die Stadt, und da trennten sie sich und suchten sich ihren Weg durch die Hintertür in jeden Spielzeugladen und in jeden Süßigkeitsladen. Einmal drinnen, luden sie alle Spielsachen und alle Süßigkeiten zu einer großen Gesellschaft ein, die sie gäben, und führten sie zurück zum Haus. »Hier ist es, wo wir unsere Gesellschaft geben«, sagten sie und zeigten auf den Weihnachtsbaum. So kletterten denn alle die neuen Spielsachen zu den Zweigen des Baums hinauf. Es war wahrhaftig kaum genug Platz für sie alle, denn es war nun zehnmal soviel da als vorher.

Die ganze Zeit in der Kirche hatten die Kinder still geweint und waren noch immer ziemlich traurig, als sie nach Hause kamen; aber als sie ihren Weihnachtsbaum erblickten mit zehnmal soviel Geschenken daran, als vorher dagewesen waren, und mit zehnmal soviel Kerzen, die einander lieblich anstrahlten, da lachten sie und klatschten in die Hände und jauchzten vor Freude und sagten, in ihrem ganzen Leben hätten sie niemals einen so bezaubernden Weihnachtsbaum gesehen! RICHARD HUGHES

O schöne, herrliche Weihnachtszeit

O schöne, herrliche Weihnachtszeit,
was bringst du Lust und Fröhlichkeit!
Wenn der heilige Christ
in jedem Haus
teilt seine lieben Gaben aus.

Und ist das Häuschen noch so klein,
so kommt der heilige Christ hinein,
und alle sind im lieb wie die Seinen,
die Armen und Reichen, die Großen und Kleinen.

Der heilige Christ an alle denkt,
ein jedes wird von ihm beschenkt.
Drum laßt uns freu'n und dankbar sein!
Er denkt auch unser, mein und dein.

HEINRICH HOFFMANN
VON FALLERSLEBEN

Die Weihnachtsgeschichte, erzählt vom Weihnachtsmann

Weihnachtslied

Vom Himmel in die
  tiefsten Klüfte
Ein milder Stern
  herniederlacht;
Vom Tannenwalde steigen
  Düfte
Und hauchen durch die
  Winterlüfte,
Und kerzenhelle wird die
  Nacht.

Mir ist das Herz so froh
  erschrocken,
Das ist die liebe
  Weihnachtszeit!
Ich hörte fernher Kirchen-
  glocken
Mich lieblich heimatlich
  verlocken
In märchenstille Herrlich-
  keit.

Ein frommer Zauber hält
  mich wieder,
Anbetend, staunend
  muß ich stehn;
Es sinkt auf meine
  Augenlider,
Ein goldner Kindertraum
  hernieder,
Ich fühl's, ein Wunder ist
  geschehn.

THEODOR STORM

»Nicht viel los in so einem Winterwald«, denkt der Fuchs. »Nur Schnee. Nirgends ein Hühnchen zu sehen. Aber da? Hinter dem Baum?« Es riecht pelzig. Und neugierig schleicht der Fuchs näher.

Halt! Da sitzt doch der Weihnachtsmann! Sitzt einfach so da und schläft. Er schnarcht dabei sogar ein bißchen. »Du meine Güte«, denkt der Fuchs. »Der Weihnachtsmann ist schon da. Hurra!« Schnell läuft der Fuchs, um es allen Tieren zu erzählen: »Der Weihnachtsmann ist da!«

Ist das eine Aufregung im Wald. »Was, der Weihnachtsmann? Was, schon Weihnachten?« Aufgeregt stehen sie da und schauen dem Weihnachtsmann beim Schlafen zu. »Wirklich, es ist der Weihnachtsmann!« So ganz aus der Nähe sieht man ihn selten. Endlich wacht er auf. »He, was macht ihr denn alle da?« fragt er sie, und sie fragen ihn: »Ja, was machst du denn da, ist denn schon Weihnachten?« »Und wo sind die Geschenke?« fragt der Fuchs. »So weit sind wir noch nicht«, antwortet der Weihnachtsmann. »Ich bin dabei, mich für Weihnachten in Form zu bringen.

Ich bin durch den Wald gelaufen und dabei müde geworden. Ich bin nicht mehr der Jüngste, wißt ihr, ich werde schnell müde in letzter Zeit... und jedes Jahr mehr Geschenke... sie wünschen sich allerhand, die Leute, wißt ihr«, brummt der Weihnachtsmann. »Das schafft einen ganz schön jedes Jahr.«

Dabei erschrecken die Tiere. Was sagte er da gerade? »Kann es sein, daß du einmal zu müde für Weihnachten bist?« fragt der Fuchs. »Aber nein, natürlich wird es immer Weihnachten geben«, sagt der Weihnachtsmann. »Das Wichtigste an Weihnachten bin doch nicht ich! Kennt ihr eigentlich die Weihnachtsgeschichte? Setzt euch hin, ich werde sie euch erzählen:

Es geschah vor langer Zeit an einem weit entfernten Ort, der Bethlehem hieß. Es war Nacht, die Hirten hatten ihre Schafe zusammengetrieben. Einige Hirten saßen da und redeten miteinander, die anderen hatten sich schon zum Schlafen niedergelegt. Es war sehr still.

Da stieg auf einmal ein schöner, heller Stern am Himmel auf, und wie die Hirten da standen und staunten, hörten sie eine Stimme: ›Fürchtet euch nicht, ich habe eine gute Nachricht: Gerade jetzt wurde das Christkind geboren, der Sohn Gottes. Gott hat seinen Sohn auf die Welt gesandt, um den Menschen zu zeigen, daß er sie liebt und sie nicht allein läßt. Geht dem Stern nach, er führt euch zum Christkind.‹

Da brachen die Hirten auf und folgten dem Stern. Der Weg führte über Hügel und durch Täler, über Brücken und vorbei an kleinen Dörfern, in denen die Menschen, die noch nichts vom Christkind wußten, schliefen.

Und immer heller schien der Stern, bis er über einem kleinen Stall haltmachte. In diesem Stall in einer Krippe lag das neugeborene Kind. Es war das Christkind, der Sohn Gottes. Die Hirten knieten nieder und beteten. Ihre Herzen waren voller Freude.

Jetzt habt ihr gehört, was damals in Bethlehem geschehen ist und wie das Christkind zu uns auf die Welt kam. Und jedes Jahr feiern wir wieder den Geburtstag des Christkindes. Deshalb sind wir so froh jedes Jahr zu Weihnachten, und deshalb wünschen wir einander immer fröhliche Weihnachten um diese Zeit. Alle sollen fröhlich sein zu Weihnachten, weil der arm dran ist, der sich nicht freuen kann. Das ist schöner und wichtiger als alle Geschenke zusammen. Ich bin nur ein Mann mit einem roten Mantel, roten Stiefeln, einer roten Pelzmütze und einem weißen Bart«, sagt der Weihnachtsmann. Dabei steckt er die Hände in seine Manteltasche und schmunzelt. »Wie dumm wir waren«, sagt da der Fuchs. »Wir haben alle geglaubt, daß Weihnachten nur etwas mit Geschenken zu tun hat.« »Aber jetzt wißt ihr es auch besser«, sagt der Weihnachtsmann und reibt sich dabei vergnügt die Hände. »Immer wenn ich diese Geschichte erzähle, wird mir ganz warm ums Herz.

Nun muß ich mich aber beeilen«, sagt der Weihnachtsmann, »es gibt noch eine ganze Menge zu tun. Ein paar Geschenke will ich auch diesmal verteilen. Wollt ihr mir dabei helfen?« Und der Weihnachtsmann stapft über Wiesen und Felder und durch den Schnee bis zu seinem Haus. Die Tiere folgen ihm alle.

Und am Heiligen Abend sitzen sie wieder zusammen im Haus des Weihnachtsmannes. Sie feiern Weihnachten. Wie gemütlich und warm es hier ist. Sie spüren, daß sie einander sehr lieb haben, und freuen sich sehr. Und noch einmal erzählt der Weihnachtsmann seine Lieblingsgeschichte: »Es geschah vor langer langer Zeit an einem weitentfernten Ort, der Bethlehem hieß ...« Dann ist es ruhig im Haus des Weihnachtsmannes.

Der Weihnachtsmann ist heute der glücklichste von allen, denn er weiß: das schönste Weihnachtsgeschenk ist doch Weihnachten selbst. HISAKO AOKI

Der Winterabend

Der Winterabend, das ist
  die Zeit
der Arbeit und der
  Fröhlichkeit.
Wenn die andern nähen,
  stricken und spinnen,
dann müssen wir Kinder
  auch was beginnen;
wir dürfen nicht müßig
  sitzen und ruh'n,
wir haben auch unser Teil
  zu tun.
Wir müssen zu morgen
  uns vorbereiten
und vollenden unsere
  Schularbeiten.
Und sind wir fertig mit
  Lesen und Schreiben,
dann können wir unsere
  Kurzweil treiben.
Und ist der Abend auch
  noch so lang,
wir kürzen ihn mit Spiel
  und Gesang.
Und wer dann ein
  hübsches Rätsel kann,
der sagt's, und wir fangen
  zu raten an.

HEINRICH HOFFMANN
VON FALLERSLEBEN

31. Dezember: Silvester

Kaum ein Tag des Jahres läßt so wenig von seiner ursprünglichen Bedeutung erkennen wie Silvester, der Tag des Jahresausklangs mit seinem Rummel und seinen Festivitäten. Dabei war der heilige Silvester in der Zeit nach den Christenverfolgungen Bekenner und Papst und führte die Kirche unter dem ersten christlichen Kaiser Konstantin in eine Periode des Friedens. So ist er der rechte Heilige zum Anbruch des neuen Jahres – seine Wachsamkeit kann als Beispiel dienen.

Der letzte Tag des Jahres bietet Anlaß zu Jahresrückblick und Ausblick auf das neue Jahr. Mit Bleigießen versucht man am Abend die Zukunft zu deuten. Das Essen am Silvesterabend vereint Familie und Freunde, manchmal wird eine Feuerzangenbowle angesetzt. Vielerorts werden Silvesterglückwünsche ausgetauscht und Grußkarten verschickt. Mit großem Feuerwerk begeht man den Jahreswechsel – und der Traum in der Neujahrsnacht geht selbstverständlich in Erfüllung! Wie die zum Jahreswechsel gefaßten Vorsätze gleich in die Tat umgesetzt werden!

Silvester

Der letzte Tag des Jahres
was war es für ein Jahr
weißt du noch was alles
an Angst und Freude war

Der letzte Tag des Jahres
hast du es schon ver-
    gessen
die Menschen in dem
    Sahelland
sie hatten nichts zu essen

Der letzte Tag des Jahres
ist nur ein kleiner Schritt
er nimmt dich hoffend,
    glaubend
in neue Zukunft mit

Der letzte Tag des Jahres
erstrahlt im Feuerlicht
bei allem was du tust
    in Freude
vergiß die Menschen nicht

Silvester-Glückwunsch

Wir wünschen euch so viel Glück und Segen,
als Sternelein am Himmel stehn
und Sandkörnlein im Meere sind.
Ihr sollt so lange gesund sein,
bis ein Mühlstein schwimmt über den Rhein.

Ihr sollt so lange sein gesund,
bis eine Feder wiegt ein Pfund.
Ihr sollt eure Tage und Jahre in Freuden
    und Frieden verleben,

Was würden Sie tun,
  wenn Sie das neue Jahr
  regieren könnten?

Ich würde vor Aufregung
  wahrscheinlich
Die ersten Nächte
  schlaflos verbringen
Und darauf tagelang
  ängstlich und kleinlich
Ganz dumme,
  selbstsüchtige Pläne
  schwingen.

Dann – hoffentlich –
  aber laut lachen
Und endlich den lieben
  Gott abends leise
Bitten, doch wieder nach
  seiner Weise
Das neue Jahr göttlich
  selber zu machen.

          JOACHIM RINGELNATZ

bis ein Vöglein in den Himmel tut schweben.
Ihr sollt sie in Glück und Ruhm verbringen,
bis sich der Hahn auf dem Kirchturm in den
   Himmel tut schwingen.

Hat euch mein Spruch gefallen,
so wird es gleich drauf knallen.
Tut es euch nicht verdrießen,
so wollen wir das alte Jahr beschließen
und das neue beschießen.

              VOLKSGUT

Jahreswechsel

Ein Jahr Zeit

Gott, ich danke dir für ein Jahr Zeit – für Atem und Nahrung, Schlaf und Gesundheit, für Liebe von Menschen und erträglichen Ärger, für Auskommen und Verdienst; daß ich einigen Nächsten nützen konnte und viel zu lachen hatte; ich erinnere mich nicht, auch nur eine Nacht durchweint zu haben. Aber mein Gedächtnis ist schwach, mir ist, als flog das Jahr dahin, nicht zwei Dutzend Ereignisse stehen mir vor Augen, eher ist ein Gefühl von sanfter Dankbarkeit in mir. Ich wurde hindurchgetragen und bin nicht gestürzt unter Schmerzen und Schuld.

Doch du weißt mein Versäumen. Ich sah mich oft überfordert, wehrte Anliegen schon im Keime ab, blieb in Gesprächen oberflächlich, mied Menschen in Not. Ich erschrecke über mein kleinmütiges Ich, das mit viel Unwichtigem beschäftigt war.

Dein Versprechen aus der Weihnachtsgeschichte ist mir ein Halt: Ehre sei Gott in der Höhe, Frieden auf Erden, den Menschen ein Wohlgefallen aneinander (Lk 2, 14)! Du besorgst deine Ehre, indem du Frieden werden läßt und uns liebesarme Menschen zum Wohlgefallen aneinander bekehrst.

Laß mir, laß uns ein neues Jahr Zeit, deine Gefährten zu werden durch Freude und Leid. Verwandle das Vergehende in Segen. Laß das Kommende ein Segen sein. Amen.

TRAUGOTT GIESEN

**Ich wünsche dir nicht
ein Leben
ohne Mühe und Herausforderung,
aber ich wünsche dir,
daß deine Arbeit nicht ins Leere geht,
Ich wünsche dir die Kraft der Hände
und des Herzens.**

JÖRG ZINK

Ein Sonntag im Dezember:

Parabel von der Lieblichkeit des Gottvertrauens

Zur Erläuterung der ehrfurchtgebietenden Lieblichkeit des Vertrauens in Gott und der Sinnlosigkeit jeglicher Verzweiflung berichtet meine Großmutter Luci die vielhundertjährige Geschichte des Zimmermanns, den eines

Abends auf seinem Heimweg ein Freund anhielt und fragte: »Mein Bruder, warum bist du so traurig?«

»Wärst du in meiner Lage, du empfändest wie ich«, sagte der Zimmermann.

»Erkläre dich«, sprach der Freund.

»Bis morgen früh«, sagte der Zimmermann, »muß ich elftausendelfhundertundelf Pfund Sägemehl aus Hartholz für den König bereit haben, oder ich werde enthauptet.«

Der Freund des Zimmermanns lächelte und legte ihm den Arm um die Schultern. »Mein Freund«, sagte er, »sei leichten Herzens. Laß uns essen und trinken und den morgigen Tag vergessen. Der allmächtige Gott wird, während wir ihm Anbetung zollen, statt unser des Kommenden eingedenk sein.«

Sie gingen also zum Hause des Zimmermanns, wo sie Weib und Kind in Tränen fanden. Den Tränen ward Einhalt getan durch Essen, Trinken, Reden, Singen, Tanzen und allsonstige Art und Weise von Gottvertrauen und Güte. Inmitten des Gelächters fing des Zimmermanns Weib zu weinen an und sagte: »So sollst du denn, mein lieber Mann, in der Morgenfrühe enthauptet werden, und wir alle vergnügen uns indessen und freuen uns an der Güte des Lebens. So steht es also.«

»Denke an Gott«, sprach der Zimmermann, und der Gottesdienst ging weiter. Die ganze Nacht hindurch feierten sie. Als Licht das Dunkel durchdrang und der Tag anbrach, wurde ein jeglicher schweigsam und von Angst und Kummer befallen. Die Diener des Königs kamen und klopften sacht an des Zimmermanns Haustür, und der Zimmermann sprach: »Jetzt werde ich sterben«, und öffnete. »Zimmermann«, sagten sie, »der König ist tot. Mache ihm einen Sarg.«

WILLIAM SAROYAN

Gottes Macht erhalte dich aufrecht,
Gottes Auge schaue für dich,
Gottes Ohr höre dich,
Gottes Wort spreche für dich,
Gottes Hand schütze dich.

ALTIRISCHER SEGENSWUNSCH

311

MIT DEN JAHREN
WIRD DAS LEBEN
NICHT LEICHTER,
ABER ES KANN
SCHÖNER
UND GRÖSSER
WERDEN.

ZENTA MAURINA

Stationen des Lebens:
Das Fest der Geburt

Gebet der Eltern

Gott,
jedes Kind, das du uns schenkst, ist eine wunderbare
Gabe. Du vertraust uns dieses Leben an. Wir nehmen als
Frau und Mann an deiner Schöpferkraft teil und erwecken
neues Leben. Wir verstehen jetzt das biblische Wort »Gott
schuf den Menschen nach seinem Bild«. In jedem unserer
Kinder wird unsere Liebe sichtbar. Gib uns die Kraft, daß
wir unsere Kinder nicht als Last empfinden, sondern als
Geschenk, und die Freude sehen, die unsere Kinder uns
bereiten.

**Wir Mütter
die wir in den Wiegen
die dämmernden Erinne-
     rungen
des Schöpfertages
     wiegen –
des Atemzuges Auf
     und Ab
ist unseres Liebessanges
     Melodie.**

**Wir Mütter
wiegen in das Herz
     der Welt
die Friedensmelodie.**

NELLY SACHS

Wiegenlied

Suse, bruse, wie weht der Wind,
Wiegt unser Kindchen, dann wächst es geschwind.
Weht um das Gärtchen, schlüft durch das Tor,
Klettert am Apfelbaum hurtig empor,
Pocht an das Fenster: Liegts schon in Ruh?
Wirft dir ein goldenes Äpfelchen zu.
Suse, bruse, wie weht der Wind,
Wiegt unser Kindchen, dann wächst es geschwind.
Weithin fliegt er übers Meer,
Bringt dir ein weißes Schiffchen daher,
Und aus dem Schiffchen – schläfst du schon, Maus? –
Springt ein gesatteltes Pferdchen heraus.
Suse, bruse, wie weht der Wind,
Wiegt unser Kindchen, dann wächst es geschwind.
Hoch dann zum Himmel nimmt er den Lauf.
Fragen die Engel: Ist Kindchen noch auf?
Pflückt ihm ein Sternlein mit goldenem Licht.
Erst mußt du schlafen, sonst kriegst du es nicht!
Suse, bruse, wie weht der Wind,
Wiegt unser Kindchen, dann wächst es geschwind!

JAKOB LOEWENBERG

Kannst kommen, du

Du,
wir sind bereit,
Sonne wartet schon
in deinem Zimmer.
Kannst kommen,
sollst freudig
empfangen werden;
sollst in
Licht und Musik
gebadet werden.

Noch bist du dort,
wohin wir eines Tages
alle zurückkehren.
Horch dich doch einmal
ein wenig um;
vielleicht kannst du uns
einen nützlichen Rat
mitbringen.
Hier siehts nämlich schlecht aus!

Aber hab' keine Angst, du,
wir sind bereit;
Sonne wartet schon
in deinem Zimmer,
kannst kommen.

KAI ENGELKE
Verfaßt vor der Geburt meines ersten Sohnes

Das Kind bringt auf die
   Erde
einen Hauch der noch
   ungefallenen
und noch unbefleckten
   Schöpfung,
eine Ahnung von der
   Frühe und
Reinheit des Anfangs.

WERNER BERGENGRUEN

Ich wurde nicht gefragt
bei meiner Zeugung
und die mich zeugten
wurden auch nicht gefragt
bei ihrer Zeugung
niemand wurde gefragt
außer dem Einen
und der sagte
ja

Ich wurde nicht gefragt
bei meiner Geburt
und die mich gebar
wurde auch nicht gefragt
bei ihrer Geburt
niemand wurde gefragt
außer dem Einen
und der sagte
ja

KURT MARTI

Geburtstag feiern

Am Geburtstag

Mein Leben liegt vor Dir, mein Schöpfer, aufgeschlagen.
Du trugest mich von je und wirst mich weiter tragen.
Du kennst den ganzen Weg, den ich bis heut gegangen,
seit ich den ersten Hauch aus Deinem Mund empfangen.
Du kennst den dunklen Weg, der mir noch bleibt zu
   gehen,
bis ich den letzten Hauch werd' wieder zu Dir wehen.

Es steht bei Dir allein, was meine Tage gelten,
die ich bis heut gelebt vor Dir, dem Herrn der Welten.
Du weißt, Herr, wie ich täglich bitter Dich betrübt.
Du weißt, Herr, wie ich dennoch herzlich Dich geliebt.
Du weißt, daß ich Vergebung brauche wie das Brot,
und wirst mich damit speisen, gütig-reicher Gott.

Es steht bei Dir allein, was meine Tage bringen,
ob Leben oder Tod, ob Unstern, ob Gelingen,
Du teilst mir beides zu, das Fallen und das Stehen.
Du läßt in beidem Deine Liebe nur geschehen.
Du rufst mich jeden Tag durch Freude und durch
   Schmerzen
zu Deinem lieben Sohn, zu Deinem Vaterherzen.

SIEGFRIED GOES

Vor den Augen des Glaubens breitet sich der Weg in das neue Lebensjahr taufrisch aus. Und der Mensch Gottes darf etwas davon erfahren, daß er wie ein Baum an Wasserbächen gepflanzt ist, daß unter der Sonne der Gnade Christi die Blätter nicht welken, und daß am Ende seines irdischen Lebenstages nicht nur das dunkle Tor wartet, durch das wir alle hindurchschreiten müssen, sondern daß hinter ihm das Morgenrot der Auferstehung wartet. Und der Schein des ewigen Lebens fällt auch auf das irdische Leben und macht es reich und schön.

HANNS LILJE

DRITTER TEIL
Unsere Familie, unser Haus

Unsere Familie

HOCHZEIT DER ELTERN

Namen _____

Tag _____

Pfarrgemeinde _____

Trauzeugen _____

Unsere Kinder

Name	
Geburt Tag _____	Paten _____
Ort _____	Erstkommunion _____
Taufe Tag _____	Firmung _____
Ort _____	Konfirmation _____

Name	
Geburt Tag _____	Paten _____
Ort _____	Erstkommunion _____
Taufe Tag _____	Firmung _____
Ort _____	Konfirmation _____

Name	
Geburt Tag _____	Paten _____
Ort _____	Erstkommunion _____
Taufe Tag _____	Firmung _____
Ort _____	Konfirmation _____

Name	
Geburt Tag _____	Paten _____
Ort _____	Erstkommunion _____
Taufe Tag _____	Firmung _____
Ort _____	Konfirmation _____

Namenstage und andere wichtige Daten
(Geburts- und Gedenktage)

| |
| |
| |
| |
| |
| |
| |
| |
| |
| |
| |

Stationen im Leben der Eltern und Kinder

| |
| |
| |
| |
| |
| |

Unsere Enkelkinder

Name	
Geburt Tag	Paten
Ort	Erstkommunion
Taufe Tag	Firmung
Ort	Konfirmation

Name	
Geburt Tag	Paten
Ort	Erstkommunion
Taufe Tag	Firmung
Ort	Konfirmation

Name	
Geburt Tag	Paten
Ort	Erstkommunion
Taufe Tag	Firmung
Ort	Konfirmation

Unsere Verstorbenen

Name	
Geburt Tag	Sterbesakrament
Ort	Begräbnis Tag
Tod Tag	Ort
Ort	Todesursache

Name	
Geburt Tag	Sterbesakrament
Ort	Begräbnis Tag
Tod Tag	Ort
Ort	Todesursache

Grundgebete
des Glaubens

Das Vaterunser

Vater unser im Himmel,
geheiligt werde dein Name.
Dein Reich komme.
Dein Wille geschehe,
wie im Himmel, so auf Erden.
Unser tägliches Brot gib uns heute.
Und vergib uns unsere Schuld,
wie auch wir vergeben unseren Schuldigern.
Und führe uns nicht in Versuchung,
sondern erlöse uns von dem Bösen.
Denn dein ist das Reich und die Kraft
und die Herrlichkeit in Ewigkeit.
Amen.

Der apostolische Segen

**Die Gnade unseres Herrn
Jesus Christus
und die Liebe Gottes
und die Gemeinschaft des
heilige Geistes
sei mit euch allen.**

2. KORINTHER 13,13

Die zehn Gebote

Segen

**Es segne uns der
allmächtige Gott,
der Vater und der Sohn
und der Heilige Geist.**

Ich bin der Herr, dein Gott.
Du sollst nicht andere Götter haben neben mir.

Du sollst den Namen des Herrn, deines Gottes, nicht unnütz gebrauchen, denn der Herr wird den nicht ungestraft lassen, der seinen Namen mißbraucht.

Du sollst den Feiertag heiligen.

Du sollst deinen Vater und deine Mutter ehren, auf daß dir's wohl gehe und du lange lebest auf Erden.

Du sollst nicht töten.

Du sollst nicht ehebrechen.

Du sollst nicht stehlen.

Du sollst nicht falsch Zeugnis reden wider deinen Nächsten.

Du sollst nicht begehren deines Nächsten Haus.

Du sollst nicht begehren deines Nächsten Weib, Knecht, Magd, Vieh noch alles, was sein ist.

Das Kreuzzeichen

Im Namen des Vaters
und des Sohnes
und des Heiligen Geistes.
Amen.

Das apostolische Glaubensbekenntnis

Ich glaube an Gott,
den Vater, den Allmächtigen,
den Schöpfer des Himmels und der Erde,
und an Jesus Christus,
seinen eingeborenen Sohn, unsern Herrn,
empfangen durch den Heiligen Geist,
geboren von der Jungfrau Maria,
gelitten unter Pontius Pilatus,
gekreuzigt, gestorben und begraben,
hinabgestiegen in das Reich des Todes,
am dritten Tage auferstanden von den Toten,
aufgefahren in den Himmel;
er sitzt zur Rechten Gottes,
des allmächtigen Vaters;
von dort wird er kommen,
zu richten die Lebenden und die Toten.
Ich glaube an den Heiligen Geist,
die heilige christliche Kirche,
Gemeinschaft der Heiligen,
Vergebung der Sünden,
Auferstehung der Toten
und das ewige·Leben.
Amen.

(ÖKUMENISCHE FASSUNG)

Das höchste Gebot

**Du sollst den Herrn,
deinen Gott,
lieben von ganzem
Herzen,
von ganzer Seele und von
ganzem Gemüt.
Dies ist das höchste und
größte Gebot.
Das andere aber ist dem
gleich:
Du sollst deinen Nächsten
lieben wie dich selbst.**

Lob des dreieinigen Gottes

Ehre sei dem Vater und dem Sohn
und dem Heiligen Geist,
wie im Anfang
so auch jetzt und alle Zeit
und in Ewigkeit.
Amen.

Morgengebete

Morgengebet für Kinder

Die Sonne schon den Tag erhellt
und schenkt aufs neue uns die Welt.
Ich atme tief, ich bin erquickt.
Gott hat mir einen Traum geschickt.
Ich laufe in das schöne Licht
und wasch darin mein Angesicht.
Gott, du bist groß, Gott, du bist gut,
bewege wie das Meer mein Blut
und laß mein Auge sonnig sein
und wie das Wasser: wahr und rein.
Fang an, o Tag, in Gottes Namen
und wachse, leuchte, sinke. Amen.

STEFAN ANDRES

Herr,
ich werfe meine Freude
wie Vögel an den Himmel.
Die Nacht ist verflattert,
und ich freue mich am
 Licht.
So ein Tag, Herr,
so ein Tag.

Herr, ich freue mich
 an der Schöpfung.
Und daß du dahinter bist,
und daneben und davor
und darüber
und in uns.

Morgengebet

In mir ist es finster,
aber bei Dir ist das Licht;
ich bin einsam,
aber Du verläßt mich
 nicht;
ich bin kleinmütig,
aber bei Dir ist die Hilfe;
ich bin unruhig,
aber bei Dir
 ist der Friede;
in mir ist die
 Bitterkeit,
aber bei Dir
 ist die Geduld;
ich verstehe Deine Wege
 nicht,
aber Du weißt den Weg
 für mich.

DIETRICH BONHOEFFER

Der Hahn hat schon gekräht.
Ich bin wach.
Bist auch du schon wach,
lieber Gott?
Hast du gut geschlafen?
Ich habe sehr gut geschlafen
und danke dir.
Bleib' heute bei uns
und beschütze uns.

AUS KENIA

Lieber Gott, da bin ich. Ausgeschlafen, voller Unternehmungslust. Ich freue mich auf den Tag heute. Es gibt immer etwas zu erleben, immer etwas Neues zu entdekken. Sogar auf die Schule freue ich mich und auf die Spiele mit den Freunden und auf das spannende Buch, das ich heute nachmittag lesen werde. Es gibt doch eine ganze Menge Dinge, worauf ich mich freuen kann. Das Leben ist schön. Ich danke dir, mein Gott.

Vater im Himmel,
am Morgen dieses Tages
sprechen wir zu dir.
Du bist so anders als wir,
daß wir dich nicht sehen,
und so nah, daß wir ohne dich
keinen Tag leben können.

Wir möchten dir begegnen.
Wir möchten dich finden
im Licht dieses Tages,
in der Luft, die wir atmen,
in allem,
was du uns zum Leben gibst.

Wir leben davon, daß du da bist.
Wir danken dir,
daß du uns nahe bist,
wohin immer wir gehen,
Vater im Himmel. Amen.

HEIDI UND JÖRG ZINK

Wo ich stehe,
  wo ich gehe,
bist du, lieber Gott,
  bei mir.
Wenn ich dich auch
  niemals sehe,
weiß ich sicher, du bist
  hier.

Ich bin aufgewacht
und denke an den neuen
  Tag.
Lieber Gott,
laß ihn schön werden!
Ich bin gern auf der Welt.

Wie fröhlich bin ich aufgewacht,
wie hab' ich geschlafen so sanft die Nacht.
Hab Dank im Himmel, du Vater mein,
daß du hast wollen bei mir sein.
Behüte mich auch diesen Tag,
daß mir kein Leid geschehen mag.

Der Morgen

Dem klaren hellen Morgen geht das Morgengrauen voraus. Grau. Grauen. Darin liegt die ganze Zwiespältigkeit
und Unsicherheit einem Tag gegenüber, der erst anfängt,
der neu für uns ist, obwohl wir seinen äußeren Ablauf vielleicht genau voraussehen können. Was wird aus diesem
Tag, der da aufgeht? Im Morgengrauen liegt die Angst verborgen vor der unbekannten Zukunft, vor der Einmalig-
keit meines Lebens an diesem heutigen Tag; auch die

unbewußte Angst vor meiner Freiheit, die mir die Last der Verantwortung unerbittlich aufbürdet und zumutet. Der Morgen ist eine Zeit der Entscheidung. Wie ich in den Tag gehe, wie ich entscheide, wer ich in ihm sein will, das bestimmt weithin meinen Tag. Der Morgen ist eine anstrengende Zeit. Nicht nur, daß ich mich aus dem Traum, aus dem Schlaf, aus der wohligen Wärme meines Lagers lösen muß. Ich muß auch innerlich aufstehen, wach und aufgeräumt in den Tag gehen.

Der Morgen ist eine Zeit der Verheißung. Es gibt nicht nur das Morgengrauen. Wir kennen auch das Morgenrot. Zwar sagt der Volksmund, daß es Regen bringe. Jedoch bringt es auch Hoffnung. Der Psalmist sagt: »Wie die Wächter aufs Morgenrot, so wartet meine Seele auf den Herrn« (Psalm 130, 6). Ging unserem Morgen eine schlaflose Nacht voraus, weil wir krank waren oder uns die Sorgen nicht zur Ruhe kommen ließen, ist das anbrechende Licht am Morgen eine Erlösung.

Der Morgen bringt uns Licht. Licht für den ganzen Tag. Licht für alle Schritte, die wir gehen werden. Licht, in dem sich uns die Welt entbirgt. Licht, in dem wir sehen und gesehen werden. Licht, das die Farben lockt und leuchtend macht. Licht, das allem Leben bringt. Licht, dem sich alles zuwendet: Pflanze, Mensch und Tier. Licht gegen alle Finsternis. Auch gegen die Finsternis in uns? Der Tag bringt es ans Licht.

Der Morgen ist auch Trost. Er macht den neuen Anfang möglich. Was gestern nicht gut war, kann ich heute besser oder gut machen. Was mich gestern im nachhinein gequält hat, jetzt, am Morgen kann ich es lassen: Was ich sein will, liegt vor mir. Es liegt in diesem neuen Tag die neue Möglichkeit für mich, zu sein: gut zu sein zu meinem Nächsten; geduldig zu sein mit meinem Kind; freundlich zu sein zu den Kunden; mitfühlend zu sein mit dem, der Kummer hat. Jeder Morgen bringt mir eine neue Chance, mehr Mensch zu sein. Er bringt mir eine neue Zeit für meine Menschwerdung.

Morgen. Sinnbild der Auferstehung. Der Morgen, Zeit, aufzustehen. Zeit, aufzustehen aus der Müdigkeit; Zeit, aufzustehen aus der Blindheit gegen mich selbst und gegen den andern; Zeit, aufzustehen aus meiner Gleichgültigkeit; Zeit, aufzustehen aus Trägheit und Resignation. Jeden Morgen kann ich aufstehen zu einem Neubeginn, zu einem neuen und anderen Leben.

THERESIA HAUSER

Jeden Morgen soll die Schale
unseres Lebens hingehalten werden,
um aufzunehmen, zu tragen und zurück-
zugeben.
Leer hingehalten.

DAG HAMMARSKJÖLD

Tischgebete

Vor dem Essen

Komm, Herr Jesus, sei unser Gast,
und segne, was du uns bescheret hast.

Laß uns, Herr, beim Trinken, Essen
deine Güte nicht vergessen;
teil uns deine Gaben aus,
füll mit Frieden Herz und Haus.

Gott will uns speisen,
Gott will uns tränken,
nun laßt uns still die Augen senken
und an seine Gäste denken:
Fisch im See, Hase im Klee,
Biene im Honigduft, Schwalbe in Himmelsluft,
Nest im Dorn, Mäuschen im Korn,
Frösche im Teich, arm und reich,
Wiese und Wald, jung und alt,
Mensch und Tier, groß und klein,
alle lädt er zu Tische ein,
allen gibt er Speise und Trank,
für alle sagen wir: Gott sei Dank.

Der Tisch ist gedeckt.
Wir sitzen zusammen
und wollen essen.

Alles, was wir haben,
ist ein Geschenk von dir.
Auch diese Mahlzeit.

Du bist unser Gastgeber.
Wir sind deine Gäste.
Herr, wir danken dir.

Herr, sättige die, die Hunger haben,
und gib Hunger denen, die satt sind.

Aller Augen warten auf dich, o Herr.
Du gibst uns Speise zur rechten Zeit.
Du öffnest deine Hand
und erfüllst alles,
was lebt, mit deinem Segen.

Unser tägliches Brot gib uns heute:
Speise, die unseren Körper ernährt,
Leben, das wir teilen können,
Luft, die uns atmen läßt,
Menschen, die uns verbunden sind,
Worte, die unserem Denken
Weisung geben,
Frieden, der uns Heimat schenkt.
Wir danken dir jetzt
für das tägliche Brot.

Nach dem Essen

Wir wollen danken für unser Brot,
wir wollen helfen in aller Not,
wir wollen schaffen, die Kraft gibst du,
wir wollen lieben, Herr, hilf dazu.

Alle guten Gaben,
alles, was wir haben,
kommt, o Gott, von dir.
Dank sei dir dafür.

Wir danken dir, Herr,
denn du bist freundlich,
und deine Güte währt
ewiglich.

Unser Brot, wo andere
Hunger leiden,
Vertrauen, wo andere
Angst ausstehen,
unsere Freunde, wo andere
einsam bleiben,
sind deine Gaben.
Hilf, Gott, das zu sehen
und diesen Segen, von dem wir leben,
dankbar anderen weiterzugeben.

Jedes Tier, das hat sein Essen,
jede Blume trinkt von dir,
hast auch uns noch nicht vergessen,
lieber Gott, wir danken dir.

Von deiner Gnade leben wir,
und was wir haben, kommt von dir;
drum sagen wir dir Lob und Preis,
tritt segnend ein in unsren Kreis.

Der Mittag

Der Mittag ist die Zeit der Wende. Mittagswende. Tageswende. Die Zeit, in der die Sonne ihren Höhepunkt
erreicht hat, von dem aus sie zurückkehrt in den Abend, in
die Nacht. Am Mittag lastet die Sonne über dem Tag, wenn
Sommer ist. Im Winter wird ihre Helligkeit vom Nebel,
vom Dunst oder vom Schneetreiben verdunkelt.

Mittag. Jetzt ist die Zeit der Unterbrechung. Die Zeit für
den Mittagstisch zuhause oder in der Kantine des Großbe-
triebs, in den Cafés oder in den Gasthäusern. Er ist die Zeit

der kurzen Rast, bevor uns der neue Anlauf am Nachmittag zugemutet wird.

Mittag. Es ist die Zeit der Müdigkeit. Die erste Hälfte des Tages hatte schon ihre Forderungen, verlangte viel von uns: daß wir uns einsetzen, daß wir vorwärtskommen, durchhalten, tüchtig sind, beweisen, daß wir etwas können, etwas leisten. Nicht nur der Leib wird schlaff, wenn wir in der Wärme der Speiselokale uns ein wenig entspannen wollen. Die Seele muß sich manchesmal gar sehr bemühen, die Unterbrechung der Arbeit mit einem neuen Anfang zu vertauschen. Statt einer Stunde Schlaf, die man sich nicht gönnen kann, trinken wir Kaffee, Tee oder Coca-Cola. Dabei ein netter, langweiliger, interessanter, leerer, spannender, müder, nichtssagender, angeberischer oder tiefsinniger Plausch mit den Kollegen.

Mittag. Nach-Mittag. Wenn die Spannkraft schon nachläßt, holt der Tag heraus, was in uns da ist: Wenn wir uns anstrengen müssen, unsere Kraft; in der Mühsal unsere Geduld; wenn wir ermatten wollen, unsere Ausdauer; wenn wir es äußerlich oder innerlich schwer haben, unsere Tapferkeit.

Unabhängig davon, wie uns jeweils zumute ist, lernen wir die Hingabe an den Augenblick. Im Augenblick überläßt sich die Zeit dem Menschen. Überlassen wir uns dem Augenblick, geben wir uns in ihn und das Zu-tuende hinein, werden uns manchmal die langen Stunden kurz. Wir können das Überraschende erleben, daß wir in diesem Eingelassensein in unser Tun Freude an der Arbeit finden, die uns auch die freie Zeit am Abend befreiter als sonst erleben läßt.

Das Auf und Ab des Tagesrhythmus spiegelt sich wider im Auf und Ab unserer Arbeitsfreude, unserer Spannkraft, unserer Fähigkeit zu Konzentration und Durchhaltevermögen. Aus dieser Erfahrung wachsen uns Verläßlichkeit und Gelassenheit zu, die uns in der Hektik unserer Tage unentbehrlich sind.

Mittag, Nach-Mittag. Sie lehren uns, daß die Zeit nicht hält. Daß sie vorübergeht. In ihrem Vorübergang jedoch gibt uns die Zeit den Vorgeschmack der Unvergänglichkeit.

Mittag. Mittagswende. Tageswende. Neigung der Zeit zum Abend hin, zur Zeit der Nacht, zur Mitternacht. Ist diese Neigung der Zeit vielleicht ihre heimliche Zu-Neigung zu jener »Zeit«, die wir, vor ihrem Geheimnis bleibend, Ewigkeit nennen?

THERESIA HAUSER

**Herr, unser Gott,
Schöpfer der Welt,
wir danken dir für diese
Speise,
die Frucht der Erde
und der menschlichen
Arbeit.
Wir bitten dich um
deinen Segen.**

331

Abendgebete

Vor dem Einschlafen

Lieber Gott, gute Nacht!
Ich muß jetzt schlafen.

Bitte, paß auf alle auf,
die ich lieb hab.
Paß auf alle auf,
die andre lieb haben.
Paß auch auf alle auf,
die niemand mehr lieb hat
als du.
Paß auf die Sonne auf
und schick sie uns morgen wieder,
aber den Mond schick lieber
gleich heute nacht.

Lieber Gott, wenn ich groß bin,
darf ich dann auch wach bleiben
und dir aufpassen helfen?

Wirst du denn gar nie müde?
Komm
und leg dich doch ein bißchen zu mir.
Meine Mutter deckt uns beide gut zu.

CHRISTINE BUSTA

Gott, du kennst mich.
Du hast mich lieb. Ich bin
dein Kind.
Gut, daß du da bist.
Du machst, daß ich ruhig
schlafe.

Nun bring du unser Herz
zur Ruh
und schließ uns bald die
Augen zu.
Mit deiner Güte decke
uns,
zur rechten Zeit erwecke
uns.
Dann sei dir unser Dank
gebracht
für dein Geschenk,
die gute Nacht.

Will mich in mein
Bettchen legen,
gib mir, Herr, nun deinen
Segen.
Lieber Gott, ich bitte dich,
bleib bei mir, hab acht auf
mich.

Müde bin ich, geh zur Ruh,
schließe meine Augen zu.
Vater, laß die Augen dein
über meinem Bette sein.

Alle, die mir sind verwandt,
Gott, laß ruhn in deiner Hand.
Alle Menschen, groß und klein,
sollen dir befohlen sein.

Kranken Herzen sende Ruh,
nasse Augen schließe zu.
Laß den Mond am Himmel stehn
und die stille Welt besehn!

LUISE HENSEL

Schon glänzt der helle Abendstern,
gut Nacht, ihr Lieben, nah und fern,
schlaft ein in Gottes Frieden.
Die Blume schließt die Blüte zu,
die Vögel gehen all zur Ruh,
bald schlummern alle Müden.

Du aber schläfst und schlummerst nicht,
dir, Vater, ist das Dunkel Licht,
dir will ich mich vertrauen.
Hab, Vater, auf uns alle acht,
laß uns nach einer guten Nacht
die Sonne fröhlich schauen.

**Draußen vor dem Fenster
ist es dunkel geworden.
Der Schnee fällt
in großen Flocken
auf die Erde.
Er deckt die Pflanzen zu
und treibt die Tiere
in ihre Verstecke.
Heute nacht
wird es kalt.
Vater im Himmel,
wir bitten dich
für alle,
die jetzt noch
unterwegs sind:
Beschütze sie
und sende ihnen
freundliche Menschen,
wenn sie Hilfe
brauchen.**

ERICH JOOSS

Bleibe bei uns, Herr,
denn es will Abend werden,
und der Tag hat sich geneigt.

Bleibe bei uns und bei allen Menschen.
Bleibe bei uns am Abend des Tages,
am Abend des Lebens, am Abend der Welt.

Bleibe bei uns und bei allen Deinen Kindern
in Zeit und Ewigkeit.

KIRCHENGEBET

Der Abend

Am Abend nimmt sich das Licht zurück. Die Sonne wird von der Unendlichkeit hinter dem Horizont verschluckt. Als roter Ball versinkend oder blaß im Dunst der Wolken entzieht sie sich für eine lange oder kurze Nacht. Im Sinken der Sonne überkommt die Landschaft eine besondere Farbigkeit. Bevor die Dämmerung in ihrem Schleier die Welt einhüllt, bringt das letzte Licht das Grün zum Leuchten, das Gelb scheint noch einmal auf, die braune Erde schimmert für Augenblicke golden. Berge erröten im Alpenglühen. Ein lichter Tag lebt sich aus in einem von Farben trunkenen Abend. Wer jetzt hinausgeht und dabeisein kann, wird zum verliebten Bewunderer der Welt.

Der Abend ist die Zeit, in der wir heimkommen. Eine Zeit des Wiedersehens nach einem langen Tag der Arbeit und der Trennung. Die Kinder haben ihre Eltern wieder, die Eltern ihre Kinder; die Gatten, die Freunde kommen zusammen. Der Abend ist die Zeit des Beieinanderseins. Es kann eine Zeit der Fülle sein, wenn jeder die Ernte seines Tages mit dem andern teilt im Wort, im Brot, im Mahl.

Der Abend ist die Zeit der Nähe. Unser Auge sieht in der Dämmerung und Dunkelheit nur noch in die Nähe. Nur unsere nächste Nähe erhellen uns die Lampen. Am Abend rücken wir zusammen. Man trifft sich unterm Licht. Der Abend ist die Zeit für die Geselligkeit, für die Gemütlichkeit, Zeit festlicher Freude, die Zeit für Tanz und Spiel, die Zeit des Mahles, die Zeit endloser Gespräche, die Zeit für die Musik und für das Buch.

Der Abend ist die Zeit der Beruhigung und Sammlung, die Zeit, in der wir aus der Hand geben dürfen, was diese den Tag über bewerkstelligen mußte. Der Abend schenkt sich uns als eine Zeit der Besinnung und Be-sinn-lichkeit, als Zeit des Einholens unserer Gedanken, unserer Energien, all unserer Verausgabungen. Als eine solche Zeit verlangt der Abend von uns eine besondere Bereitschaft für sein Angebot der Stille. Doch bleibt die Versuchung für weitere Zerstreuung am Abend uns so fern-seh-nah, daß wir die sanfte Herabkunft der Nacht nur selten voll erleben. Auch verstellen uns die grellen Neonlichter den Blick auf den nächtlichen Himmel, an dem oft genug die Wolken mit den Sternen und dem wechselhaften Mond ihr Spiel treiben. Der Abend ist die Zeit der Stille. Doch ist es meistens tiefe Nacht, bis der Lärm der Autos und der Lautsprecher sie uns gönnen.

Am Abend kommt der Tag zu seinem Ende. Er ist vergangen und doch noch nicht vorüber. Der Abend läßt noch Zeit, Versäumtes nachzuholen. Wir können noch anrufen und gratulieren oder uns entschuldigen. Wir können den kranken Nachbarn noch besuchen, noch etwas fertig machen, was von gestern her liegen blieb.

Der Abend ist ein Gleichnis für den Abschied. Er selbst ist Abschied vom gewesenen Tag, von vielen Stunden meiner Lebenszeit. Er ist Abschied von mir selbst: von meiner Aktivität, von meinem sicheren Gebaren, von meiner öffentlichen Geltung. Am Abend gebe ich mich ab an meinen Schlaf, an meinen Traum. Der Abend lädt mich ein zu meiner Wahrheit: Er mahnt mich an den letzten Abschied in meinem Tod. Der Abend ist auch eine Einladung zum Vertrauen. Zum Vertrauen auf einen neuen Tag.

THERESIA HAUSER

Weißt du, wieviel
  Sternlein stehen
an dem blauen
  Himmelszelt?
Weißt du, wieviel Wolken
  gehen
weit hin über alle Welt?
Gott, der Herr, hat sie
  gezählet,
daß ihm auch nicht eines
  fehlet
an der ganzen großen
  Zahl.

Weißt du, wieviel
  Mücklein spielen
in der heißen
  Sommerglut?
Wieviel Fischlein auch
  sich kühlen
in der hellen Wasserflut?
Gott, der Herr, rief sie
  mit Namen,
daß sie all ins Leben
  kamen,
daß sie nun so fröhlich
  sind.

Weißt du, wieviel Kinder
  frühe
stehn aus ihren Bettlein
  auf,
daß sie ohne Sorg und
  Mühe
fröhlich sind im Tageslauf?
Gott im Himmel hat an
  allen
seine Lust, sein Wohl-
  gefallen,
kennt auch dich und hat
  dich lieb.

WILHELM HEY

Gebete der Familie

Herr, mache mich zum Werkzeug deines Friedens,
daß ich Liebe übe, wo man sich haßt,
daß ich verzeihe, wo man sich beleidigt,
daß ich verbinde, wo Streit ist,
daß ich die Wahrheit sage, wo der Irrtum herrscht,
daß ich Hoffnung erwecke, wo die Finsternis regiert,
daß ich Freude bringe, wo die Sorgen wohnen.

Ach Herr, laß mich trachten,
nicht daß ich getröstet werde, sondern daß ich tröste,
nicht daß ich verstanden werde, sondern daß ich verstehe,
nicht daß ich geliebt werde, sondern daß ich liebe.

Denn wer hingibt, der empfängt,
wer sich selbst vergißt, der findet,
wer verzeiht, dem wird verziehen,
und wer stirbt, der erwacht zum ewigen Leben.

FRANZISKUS VON ASSISI ZUGESCHRIEBEN

Herr Gott,
großes Elend ist über mich gekommen.
Meine Sorgen wollen mich erdrücken.
Ich weiß nicht ein noch aus.
Gott, sei gnädig und hilf.
Gib Kraft zu tragen, was du schickst.
Laß die Furcht nicht über mich herrschen,
sorge du väterlich für die Meinen,
für Frau und Kinder.

Barmherziger Gott,
vergib mir alles, was ich an dir
und den Menschen gesündigt habe.
Ich traue deiner Gnade
und gebe mein Leben ganz in deine Hand.
Mach du mit mir, wie es dir gefällt
und wie es gut für mich ist.
Ob ich lebe oder sterbe, ich bin bei dir,
und du bist bei mir, mein Gott.
Herr, ich warte auf dein Heil
und auf dein Reich.
Amen.

DIETRICH BONHOEFFER

Herr, du kennst mich,
und du hast mich erwählt.
Nimm mich also,
wie ich bin,
und zeige mir,
wie du mich haben willst.

JOHANN MICHAEL SAILER

Du bist
ein wunderbarer, liebevoller Gott.
Du regierst uns
wunderbar und freundlich.
Du erhöhst uns,
wenn du uns erniedrigst.
Du machst uns gerecht,
wenn du uns zu Sündern machst.
Du führst uns gen Himmel,
wenn du uns in die Hölle stößt.
Du gibst uns Sieg,
wenn du uns unterliegen läßt.
Du tröstest uns,
wenn du uns trauern läßt.
Du machst uns fröhlich,
wenn du uns heulen läßt.
Du machst uns singen,
wenn du uns weinen läßt.
Du machst uns stark,
wenn wir leiden.
Du machst uns weise,
wenn du uns zu Narren machst.
Du machst uns reich.
wenn du uns Armut schickst.
Du machst uns zu Herren,
wenn du uns dienen läßt.

MARTIN LUTHER

Jesus sagt:

Ich bin das Brot
   des Lebens
wer zu mir kommt, wird
   nicht mehr hungern,
und wer an mich glaubt,
wird nie mehr Durst
   haben.

Ich bin das Licht der Welt,
wer mir nachfolgt,
   wird nicht
in der Finsternis umher-
gehen,
sondern wird das Licht
   des Lebens haben.

Ich bin der gute Hirte.
Ich kenne die Meinen und
die Meinen kennen mich.

Ich bin die Auferstehung
und das Leben.
Wer an mich glaubt,
   wird leben,
auch wenn er stirbt.

Ich bin der Weg
und die Wahrheit und das
   Leben.
Niemand kommt zum
   Vater
außer durch mich.

AUS DEM
JOHANNESEVANGELIUM

Der Herr ist mein Hirte,
mir wird nichts mangeln.
Er weidet mich auf einer grünen Aue
und führet mich zum frischen Wasser.
Er erquicket meine Seele.
Er führet mich auf rechter Straße
um seines Namens willen.
Und ob ich schon wanderte im finstern Tal,
fürchte ich kein Unglück; denn du bist bei mir,
dein Stecken und Stab trösten mich.
Du bereitest vor mir einen Tisch
im Angesicht meiner Feinde.
Du salbst mein Haupt mit Öl und schenkst mir voll ein.
Gutes und Barmherzigkeit werden mir folgen
mein Leben lang
und ich werde bleiben im Hause des Herrn immerdar.

PSALM 23

338

Die Hochzeitsjubiläen

»Silberne Hochzeit« und »Goldene Hochzeit« sind die bekanntesten Ehejubiläen. Darüber hinaus kennen Tradition und Brauchtum auch andere Hochzeits-Gedenktage — vielleicht eine Gelegenheit, sich des Eheversprechens in der einen oder anderen Weise zu erinnern und sich beschenken zu lassen.

1 JAHR	BAUMWOLLENE HOCHZEIT Geschenk: Praktisches
5 JAHRE	HÖLZERNE HOCHZEIT Bedeutung: Die Ehe hat Bestand, wie das Holz Geschenk: Beständiges, im Alpenraum Holzgeschnitztes
7 JAHRE	KUPFERNE HOCHZEIT Bedeutung: Nach dem »verflixten siebten Jahr« ist die Ehe von vielversprechender Beständigkeit (Patina). Geschenk: Kupferpfennige als Glücksbringer
8 JAHRE	BLECHERNE HOCHZEIT Bedeutung: Die Ehe hat sich im Alltag nutzbringend bewährt. Geschenk: Kuchenformen (»Kuchenblech«)
10 JAHRE	ROSENHOCHZEIT Bedeutung: Der erste »runde« Jahrestag, Erinnerung an die Rosen der Hochzeit.
15 JAHRE	GLÄSERNE (KRISTALLENE) HOCHZEIT Bedeutung: Klar und durchsichtig soll die Beziehung zwischen Mann und Frau bleiben. Geschenk: Gläser, Kristall
20 JAHRE	PORZELLANHOCHZEIT Bedeutung: Die Ehe ist fest, glänzend und empfindlich wie Porzellan. Geschenk: Neues Geschirr
25 JAHRE	SILBERNE HOCHZEIT Bedeutung: Ein Vierteljahrhundert lang hat die Ehe ihren bleibenden Wert unter Beweis gestellt. Fest: Mit Verwandten und Freunden
30 JAHRE	PERLENHOCHZEIT Bedeutung: Wie die Perlen einer Kette reihen sich die Ehejahre aneinander.
40 JAHRE	RUBINHOCHZEIT Bedeutung: Der Rubin ist der Edelstein der Liebe und des Feuers.
50 JAHRE	GOLDENE HOCHZEIT Bedeutung: Fest und kostbar wie das Gold ist die Ehe; sie hat allen Stürmen standgehalten. Fest: Mit Verwandten und Freunden Geschenk: Neue Ringe
60 JAHRE	DIAMANTENE HOCHZEIT Bedeutung: Die Ehe ist unzerstörbar wie ein Diamant.
65 JAHRE	EISERNE HOCHZEIT
70 JAHRE	GNADENHOCHZEIT
75 JAHRE	KRONJUWELENHOCHZEIT

Weibliche Vornamen

ADELE Kurzform von Adelheid

ADELHEID die edel Geartete

AGATHE die Gütige

AGNES die Reine

ALEXANDRA (Kurzform: Sandra) die Helferin

ALICE die Schützende

ALINE die Erhabene

ALMUT die Edelmütige

AMALIE die Arbeitsame

ANASTASIA die Auferstandene

ANGELA die Engelgleiche

ANGELIKA die Engelhafte

ANITA die Gnädige

ANNEROSE Zusammensetzung

ANTJE friesische Form von Anna

ANTONIA die Unschätzbare

ASTA die Auferstandene

ASTRID die Reiterin Gottes

ATHANASIA die Unsterbliche

AURELIA die Schöne

BABETTE die Fremde

BARBARA die Fremde

BEATE die Glückliche

BEATRIX die Beglückende

BELLA die Schöne

BENEDIKTA die Gesegnete

BIANKA die Saubere

BIRGIT die Tugendstarke

BLANKA die Blonde

BRIGITTE, BRITTA die Erhabene

BRUNHILD die Kämpfende

CARMEN die Sängerin

CAROLA die Freie

CHARLOTTE die Tüchtige

CHRISTA die Christin

CHRISTINA, CHRISTINE die Christin

CLARA die Berühmte

CLÄRE (auch: Claire) die Glänzende

CLAUDIA weibliche Form von Claudius

CONSTANCE die Standhafte

CORA der Augapfel

CORDULA Herzchen

CORINNA das Mädchen

CORNELIA die Harte

DAGMAR die Berühmte

DANIELA mein Richter ist Gott

DEBORAH die Biene

DIANA Name einer Göttin

DINA die Richterin

DÖRTHE Kurzform von Dorothea

DORIS die Dorierin

DOROTHEA das Gottesgeschenk

EDELTRAUD die traute Freundin

EDITH die Besitzende

ELEONORE die Barmherzige

ELFRIEDE die von Elfen Beschützte

ELISABETH die Gottgeweihte

ELKE Kurzform von Adelheid

ELLEN, ELENA Koseform von Helena

EMILIE die Eifrige

EMMA die Göttliche

ERIKA die Ehrenreiche

ESTHER die Himmelskönigin

EVA die das Leben Gebende

EVELYN Koseform von Eva

FANNY Koseform von Franziska

FELICITAS die Glückliche

FLORA die Blühende

FLORENTINE Göttin der Blumen

FRANZISKA die Freie

FRIEDERIKE die Friedensreiche

GABRIELE die Gottesstreiterin

GERALDINE die Walterin

GERDA die Hüterin

GERLINDE die mit Speer und Schild Schützende

GERTRUD die Speerkämpferin

GESINE die mit dem Speer Vertraute

GISA Kurzform von Gisela

GISELA, GILA aus edlem Geschlecht

GUDRUN die Kampfzauberin

GUNHILD die Kämpferin

HANNA die Anmutige

HEDWIG die Kämpferin

HEIDE Koseform von Adelheid

HEIKE Koseform von Henrike

HELGA die Glückliche

HELENA die Strahlende

HENRIETTE, HENRIKE Herrscherin in ihrem Heim

HERTA die strahlende Kämpferin

HILDEGARD die im Kampf Schützende

HILDRUN die das Geheimnis Wahrende

HILTRUD die starke Kämpferin

IDA die Arbeitsame

INGEBORG durch Gott Ingwio ein Schutz

INGRID Ingwios Reiterin

IRENE die Friedliche

IRMA zu Gott Irmin gehörig

IRMGARD die von Irmin Behütete

IRMHILD mit Irmin im Kampf
IRMTRAUD Irmins Vertraute
ISA die Schwertwaltende
ISABELLA die schöne Priesterin
ISOLDE die Schwertwaltende
IVONNE die Bogenschützin

JENNY, JENNIFER Kurzform von Marianne
JOHANNA die Gnädige
JOSEFA Gott gebe Vermehrung
JOSEFINE Kurzform von Josefa
JUDITH die aus Judäa Stammende
JULIA Kurzform von Juliane, die Glänzende
JULIANE die Jugendliche
JUTTA die aus Judäa Stammende

KARIN die Unschuldige
KARLA die Freie
KAROLA, KAROLINE die Tüchtige
KATHARINA (Kurzform: Kathrin) die Reine
KATJA die Unschuldige
KERSTIN, KIRSTEN (s. Christine)
KLARA die Helle
KLAUDIA die in sich Verschlossene
KONSTANZE Die Beständige
KRIEMHILD die im Helm Kämpfende

LAURA weibliche Form von Laurentius (die Lorbeergeschmückte)
LEA die Löwenstarke
LENA die Strahlende
LEONORE Kurzform von Eleonore
LIANE Kurzform von Juliane
LILLI Koseform von Elisabeth
LILO Koseform von Lieselotte (Zusammensetzung)
LINDA die Schildträgerin

LIOBA
LUCIA die Leuchtende
LUISE die Kämpferin
LYDIA die aus Lydien Stammende

MABEL die Liebenswürdige
MAGDALENA die aus Magdala Stammende
MAJA die Hehre
MANUELA mit uns ist Gott
MARGARETE die Perle
MARGOT Kurzform von Margarete
MARIA die Meeresperle
MARION französische Form von Maria
MARINA
MARLENE Zusammensetzung
MARTHA die Betrübte
MARTINA die Kriegerische
MATHILDE die mächtige Kämpferin
MECHTHILD
MELANIE Die Dunkle
Michaela (s. Michael)
MILDRED
MONIKA die Einzige

NATALIE, NADJA, NADINE
NINA Kurzform von Antonia
NORA Gott ist mein Licht

OLGA die Heldin
OLIVIA
OPHELIA die Nützliche

PATRIZIA die Edle
PAULA die Kleine
PETRA die Felsenfeste
PIA weibliche Form von Pius (die Fromme)
PRISKA

RAHEL das Lamm
RAFAELA weibliche Form von Rafael
REBEKKA die Wohlgenährte
REGINA (Kurzform: Gina) die Königin
REINHILD die Ratende
RENATE die Wiedergeborene

RITA die starke Herrin
ROSA die Rose
ROSALIE das Röschen
ROSWITHA die Hochberühmte
RUTH die Genügsame

SABINE aus dem Stamm der Sabiner
SALOME die Friedliche
SARA, SARAH die Fürstin
SELMA die Beschützte
SENTA die Helferin
SIBYLLE die Weissagerin
SIGRID die sieghafte Reiterin
SILVIA das Waldmädchen
SOPHIA, SONJA die Wissende
STEFANIE weibliche Form von Stefan (die Bekränzte)
SUSANNE die Lilie

TANJA Koseform von Tatjana (aus dem Russischen)
THEKLA Gottes Ehre
THERESIA die Jägerin

ULLA Kurzform von Ulrike, Ursula
ULRIKE die Herrscherin des Besitzes
URSULA die Bärin
UTE die Herrin des Besitzes

VALERIE die Gesunde
VALESKA die Starke
VERA die Aufrichtige
VERENA
VERONIKA die Siegbringende
VIKTORIA die Siegerin
VIRGINIA die Jungfräuliche
VIVIANE die Lebendige

WALBURGA die Bergerin
WALTRAUD die mit der Walstatt Vertraute
WANDA die Wendin
WERA die Wahre
WILHELMINE die Schutz Wollende

341

Männliche Vornamen

ADAM Mensch aus Erde
ADOLF aus edlem
    Geschlecht
ADRIAN aus Adria
    in Mittelitalien
ALBERT aus edlem
    Geschlecht
ALBIN, ALWIN der edle
    Freund
ALEXANDER der Wehrmann
ALFONS der edle Hilfs-
    bereite
ALFRED der edle Beschützer
ALOIS in allem kundig
ANDREAS, ANDRÉ der
    Männliche
ANSELM
ANSGAR der Speerkämpfer
ANTONIUS, ANTON der
    Unschätzbare
ARMIN im Schutz des
    Gottes Irmin
ARNOLD der wie ein Adler
    Herrschende
ARTHUR der große Bär
AUGUSTINUS der Erhabene

BENEDIKT der Gesegnete
BERNHARD, BERND stark wie
    ein Bär
BERTHOLD der glänzend
    Waltende
BERTRAM glänzend wie ein
    Rabe
BODO der Gebieter
BONIFATIUS, WINFRIED
    der Wohltäter
BORIS der Geweihte
BRUNO der Glänzende
BURKHARD der im Schutz
    Starke

CARSTEN der Anhänger
    Christi
CHRISTIAN der Anhänger
    Christi

CHRISTOPH der Anhänger
    Christi
CLAUDIUS der Hinkende
CORNELIUS der Zornige

DANIEL Gott richtet
DAVID Liebling
DETLEV, DETLEF der im Volk
    Lebende
DIETHARD, DIETER
DIETMAR
DIETRICH Volkskönig
DOMINIK dem Herrn
    gehörig

EBERHARD stark und kühn
    wie ein Eber
EDGAR der den Besitz mit
    dem Speer verteidigt
ECKHARD der Schwertstarke
EDUARD Schützer des
    Besitzes
EGON der Schwertstarke
ELMAR der Berühmte
EMIL der Eifrige
ENGELBERT der Berühmte
ERHARD Mann von
    Ansehen
ERICH der Ehrenreiche
ERNST der ernste Kämpfer
ERWIN Heeres- oder Volks-
    freund
EUGEN der Wohlgeborene
EWALD der nach Recht und
    Gesetz Waltende

FABIAN
FALK Sinnbild für Stärke
    und Klugheit
FELIX der Glückliche
FERDINAND der kühne
    Schützer
FLORIAN der Blühende
FRANK (s. Franz)
FRANZ der Freie
FRIEDRICH mächtiger
    Schützer

GABRIEL Gottesstreiter
GEBHARD der Gebefreudige
GEORG der Landmann
GERHARD, GERD der mit
    dem Speer Waltende
GERMAN Speerkämpfer
GEROLD
GILBERT, GISBERT
GODEHARD, GOTTHARD
    durch Gott stark
GOTTFRIED
GREGOR der Wachsame
GUIDO Kurzform von
    Widukind
GUNNAR, GUNTHER,
GÜNTHER
 der Mann im Kampf
GUSTAV der Kampfordner

HADRIAN, ADRIAN
HARALD Heerführer
HARTMUT ein starker Sinn
HARTWIG, HERWIG stark im
    Kampf
HEINRICH (Henner, Henri,
    Heinz, Heino) Herrscher
    in seinem Heim
HELMUT der mutige Schüt-
    zer
HERBERT im Heer glänzend
HERMANN Krieger
HOLGER ein Speer
    (s. Gerold)
HORST der im Wald
    Wohnende
HUBERT durch Verstand
    glänzend
HUGO ein kluger Mensch

IGNAZ der Feurige
INGO Kurzform von Ingwio
    (Stammesgott)
INGMAR durch Ingwio
    glänzend
IGOR

JAKOB Fersenhalter
JOACHIM von Gott aufge-
richtet
JOHANNES Gott ist gnädig
JÖRN (s. Georg)
JOSEF Gott gebe Vermeh-
rung
JÜRGEN Kurzform von
Georg
JUSTUS der Gerechte

KAI (s. Nikolaus)
KARL der Freie, Tüchtige
KARSTEN Kurzform von
Christian
KASIMIR Friedensstifter
KASPAR Schatzmeister
KILIAN
KLEMENS der Milde
KNUT aus edlem
Geschlecht
KONRAD der Kühne im Rat
KONSTANTIN der Beständige
KORNELIUS der Hornige
KURT (s. Konrad)

LAMBERT der Glänzende
LAURENTIUS, LORENZ der
Lorbeergeschmückte
LEO der Löwe
LEONHARD im Kriegsvolk
stark
LEOPOLD im Kriegsvolk
kühn
LIBORIUS der Geweihte
LOTHAR ruhmvoller Held
LUDWIG, LUTZ ruhmvoller
Kämpfer
LUKAS

MANFRED der männliche
Schutz
MANUEL, EMMANUEL mit
uns ist Gott
MARIUS der Seemann
MARKUS Sohn des Mars,
der Hammer
MARTIN der Kriegerische
MATTHÄUS Geschenk
Gottes
MATTHIAS Geschenk
Jahwes
MAXIMILIAN, MAX der
Größte

MEINHARD der Stark-
mächtige
MICHAEL wer ist wie Gott
MORITZ der Dunkle

NIKOLAUS, NIKLAS, KLAUS
Sieger über das Volk
NORBERT ein Krieger aus
dem Norden

ODO Herr des Besitzes
OLAF der Götter Sproß
OLIVER der Ölbaumpflanzer
OSKAR durch Gott ein
Speer
OSWALD durch Gott
waltend
OTMAR, OTHMAR durch das
Erbe berühmt
OTTO der Besitzende

PANKRATIUS über alles herr-
schend
PATRICK der Edle
PAUL der Kleine
PETER der Felsenfeste
PHILIPP der Pferdefreund
PIUS der Barmherzige

RAFAEL einer der höchsten
Engel
RAIMUND
REINER der Volksberater
REINHARD der im Rat
Starke
REINHOLD der im Rat
Zuverlässige
RENÉ, RENATUS der Wieder-
geborene
RICHARD der starke Herr
ROBERT durch Ruhm
glänzend
RODGER, RÜDIGER
ROLAND
ROMAN
RUDOLF, ROLF ruhmreicher
Wolf
RUPERT der Ruhmglän-
zende

SAMUEL
SEBASTIAN der Ehrwürdige
SIEGFRIED der siegreiche
Schützer
SIGMUND, SIGISMUND der

durch Sieg Schützende
SILVESTER der Waldmann
SIMON der Erhörte
STEFAN der Bekränzte
SVEN der Junggeselle

TASSILO
THEODOR, THORSTEN Got-
tesgeschenk
THOMAS der Zwilling
TIMOTHEUS, TIM ehre Gott
TITUS der Feurige
TOBIAS der durch Gott
Gütige

UDO (s. Odo)
ULRICH Freigutsbesitzer
URBAN der Höfliche
URS der Bär
UWE der Gedankenkühne
(s. auch Odo, Ulrich)

VALENTIN der Starke
VIKTOR der Sieger
VINZENZ der Siegende
VITUS, VEIT der Lebendige
VOLKER des Volkes
Kämpfer
VOLKMAR der im Volk
Berühmte

WALTER der im Heer Wal-
tende
WENDELIN
WENZEL der Vielgerühmte
WERNER der Späher, War-
ner
WILFRIED der den Frieden
will
WILHELM der Krieger im
Helm
WILLIBALD der Kühne
WINFRIED der Friedens-
freund (s. Bonifatius)
WOLFGANG, WOLF ein Wolf
im Angriff
WOLFRAM stark und klug
wie ein Wolf

XAVER der Glänzende
(s. Franz Xaver)
XYSTUS, SIXTUS der Feine

ZACHARIAS Gott gedenkt
meiner

Kirchliche Feiertage von 1991 bis 2015

	1991	1992	1993	1994	1995	1996	1997	1998	1999	2000
Neujahr	Di	Mi	Fr	Sa	So	Mo	Mi	Do	Fr	Sa
Dreikönig/Epiphanias	So	Mo	Mi	Do	Fr	Sa	Mo	Di	Mi	Do
Karfreitag	29.3.	17.4.	9.4.	1.4.	14.4.	5.4.	28.3.	10.4.	2.4.	21.4.
Ostersonntag	31.3.	19.4.	11.4.	3.4.	16.4.	7.4.	30.3.	12.4.	4.4.	23.4.
Christi Himmelfahrt	9.5.	28.5.	20.5.	12.5.	25.5.	16.5.	8.5.	21.5.	13.5.	1.6.
Pfingstsonntag	19.5.	7.6.	30.5.	22.5.	4.6.	26.5.	18.5.	31.5.	23.5.	11.6.
Fronleichnam	30.5.	18.6.	10.6.	2.6.	15.6.	6.6.	29.5.	11.6.	3.6.	22.6.
Mariä Himmelfahrt	Do	Sa	So	Mo	Di	Do	Fr	Sa	So	Di
Reformationstag	Do	Sa	So	Mo	Di	Do	Fr	Sa	So	Di
Allerheiligen	Fr	So	Mo	Di	Mi	Fr	Sa	So	Mo	Mi
Allerseelen	Sa	Mo	Di	Mi	Do	Sa	So	Mo	Di	Do
Buß- und Bettag	20.11.	18.11.	17.11.	16.11.	22.11.	20.11.	19.11.	18.11.	17.11.	22.11.
Totensonntag	24.11.	22.11.	21.11.	20.11.	26.11.	24.11.	23.11.	22.11.	21.11.	26.11.
1. Advent	1.12.	29.11.	28.11.	27.11.	3.12.	1.12.	30.11.	29.11.	28.11.	3.12.
2. Advent	8.12.	6.12.	5.12.	4.12.	10.12.	8.12.	7.12.	6.12.	5.12.	10.12.
3. Advent	15.12.	13.12.	12.12.	11.12.	17.12.	15.12.	14.12.	13.12.	12.12.	17.12.
4. Advent	22.12.	20.12.	19.12.	18.12.	24.12.	22.12.	21.12.	20.12.	19.12.	24.12
1. Weihnachtstag	Mi	Fr	Sa	So	Mo	Mi	Do	Fr	Sa	Mo

Hinweis: Der Ostersonntag ist der erste Sonntag nach dem Frühlingsvollmond. Daher kann der früheste Ostertermin der 22. März, späteste der 25. April sein. Von diesem Ostertermin sind die Daten der beweglichen Feste Aschermittwoch, Christi Himmelfahrt, Pfingsten und Fronleichnam abhängig.

2001	2002	2003	2004	2005	2006	2007	2008	2009	2010	2011	2012	2013	2014	2015
Mo	Di	Mi	Do	Sa	So	Mo	Di	Do	Fr	Sa	So	Di	Mi	Do
Sa	So	Mo	Di	Do	Fr	Sa	So	Di	Mi	Do	Fr	So	Mo	Di
3.4.	29.3.	18.4.	9.4.	25.3.	14.4.	6.4.	21.3.	10.4.	2.4.	22.4.	6.4.	29.3.	18.4.	3.4.
5.4.	31.3.	20.4.	11.4.	27.3.	16.4.	8.4.	23.3.	12.4.	4.4.	24.4.	8.4.	31.3.	20.4.	5.4.
24.5.	9.5.	29.5.	20.5.	5.5.	25.5.	17.5.	1.5.	21.5.	13.5.	2.6.	17.5.	9.5.	29.5.	14.5.
3.6.	19.5.	8.6.	30.5.	15.5.	4.6.	27.5.	11.5.	31.5.	23.5.	12.6.	27.5.	19.5.	8.6.	24.5.
14.6.	30.5.	19.6.	10.6.	26.5.	15.6.	7.6.	22.5.	11.6.	3.6.	23.6.	7.6.	30.5.	19.6.	4.6.
Mi	Do	Fr	So	Mo	Di	Mi	Fr	Sa	So	Mo	Mi	Do	Fr	Sa
Mi	Do	Fr	So	Mo	Di	Mi	Fr	Sa	So	Mo	Mi	Do	Fr	Sa
Do	Fr	Sa	Mo	Di	Mi	Do	Sa	So	Mo	Di	Do	Fr	Sa	So
Fr	Sa	So	Di	Mi	Do	Fr	So	Mo	Di	Mi	Fr	Sa	So	Mo
21.11.	20.11.	19.11.	17.11.	16.11.	22.11.	21.11.	19.11.	18.11.	17.11.	16.11.	21.11.	20.11.	19.11.	18.11.
25.11.	24.11.	23.11.	21.11.	20.11.	26.11.	25.11.	23.11.	22.11.	21.11.	20.11.	25.11.	24.11.	23.11.	22.11.
2.12.	1.12.	30.11.	28.11.	27.11.	3.12.	2.12.	30.11.	29.11.	28.11.	27.11.	2.12.	1.12.	30.11.	29.11.
9.12.	8.12.	7.12.	5.12.	4.12.	10.12.	9.12.	7.12.	6.12.	5.12.	4.12.	9.12.	8.12.	7.12.	6.12.
16.12.	15.12.	14.12.	12.12.	11.12.	17.12.	16.12.	14.12.	13.12.	12.12.	11.12.	16.12.	15.12.	14.12.	13.12.
23.12.	22.12.	21.12.	19.12.	18.12.	24.12.	23.12.	21.12.	20.12.	19.12.	18.12.	23.12.	22.12.	21.12.	20.12.
Di	Mi	Do	Sa	So	Mo	Di	Do	Fr	Sa	So	Di	Mi	Do	Fr

Unser Stammbaum

Stichwortregister

Abend   197, 334, 335
Abendgebete   332–334
Advent   272, 273, 286, 287, 295
Adventsbäckerei   292, 293
Adventsbräuche   294, 295
Alleinsein   48, 49
Allerheiligen   262, 263
Allerseelen   264
Alltag   20, 21
Alter   252, 253
Anfangen   282, 283
April   90 ff.
Aschermittwoch   67
August   194 ff.

Barbaratag   288
Bäume   147
Basteln   78, 79, 244, 245, 269
Begegnen   94, 95
Berge   205
Beten   72, 73, 81, 241, 322–338
Blätter   246, 247
Brauchtum, Bräuche   25, 45
Buß- und Bettag   265

Christi Himmelfahrt   140

Danken   234, 235, 238, 239, 271
Dasein für andere   198, 199

Dezember   278 ff.
Dreikönige   41–43
Drachenbauen   244, 245

Ei   112–115
Eltern   172, 173, 192, 193
Erntedank   238, 239
Erster Mai   134, 135
Erzählen   156, 157

Familie   192, 193, 318–320, 342, 343
Familien-gebete   336–338
Fasching, Fastnacht   66
Fastenzeit   76, 77
Faulheit   186, 187
Februar   50 ff.
Feiertagskalender   344, 345
Ferien   184–188
Feste, Feiern   16, 17, 314, 315
Franziskus   241
Freiheit   258
Freizeit   188
Freude   12, 270, 271
Freunde   22, 23
Freundlichkeit   61
Frieden   225
Fronleichnam   160, 161
Frühling   84, 85
Frühlingsanfang   82, 83

Gebete   322–338
Geborgenheit   14, 15
Geburt   314, 315

Geburtstag   316
Generationen   124, 125
Gewitter   205
Gemeinde   240
Glauben   34, 35
Glaubensbekenntnis   323
Glück   119, 150, 151
Gott suchen und finden   220, 221, 224
Grün   169
Gründonnerstag 101, 102

Haus   8–10, 18, 19
Heiliger Abend   298 ff.
Heimat   14, 15, 120, 121
Herbst   242, 243, 246, 247
Herbstanfang   222, 223
Hochzeit   150, 151
Hochzeitsjubiläen   339
Hoffen   214, 215, 240

Jagd   213
Jahreswechsel   310
Jahreszeiten   28, 29, 218, 219
Januar   30 ff.
Johannistag   168
Jugend   88, 89
Juli   174 ff.
Juni   152 ff.

Karfreitag 103
Karneval   66
Karwoche   98, 99
Karsamstag   104, 105

Kerze 263
Kinder 64, 65, 144–146
    172, 173, 192, 193
Kirchenjahr 12
Kirchliche
    Feiertage 344, 345
Krankheit 228, 229
Kreuzzeichen 323

Lebensmittel 208, 209
Leib 24, 25
Liebe 11, 130, 131,
    150, 151
Luciatag 296

März 68 ff.
Mai 126 ff.
Maria 138, 139
Mariä Lichtmeß 60
Martinstag 266, 267
Mittag 330, 331
Morgen 326, 327
Morgengebete 324–326
Muttertag 136, 137

Nachbarn 22, 23
Neujahr 38, 39, 40, 45
Nikolaustag 289–291
November 254 ff.

Oktober 230 ff.
Osterbräuche 110–116

Ostern 105–110
Osternacht 105, 107

Palmsonntag 100
Pfingsten 141–143

Regenbogen 164
Reformationstag 248

Schnee 33, 59, 281
Schöpfung 164–167
Segen 165, 219, 276
September 210 ff.
Silvester 308, 309
Sinne 24, 25
Sommer 155, 182, 183,
    218, 219
Sommeranfang 162,
    163
Sonne 166
Sonntag 20, 21
Stammbaum der
    Familie 346, 347
Staunen 219, 241
Sterben 276, 277
Stern 189
Stille 48, 49

Teilen 54, 55
Tischgebete 328–330
Tod 263, 276, 277
Trauung 150

Umkehren 258, 259

Valentinstag 60
Vater 188
Vaterunser 322
Vertrauen 178, 179,
    310, 311
Vogelfutterhaus 269

Wachsen 80
Wald 147, 233
Warten 273
Weihnachts-
    bräuche 294, 295
Weihnachten 297 ff.
Weihnachtsgeschichte
    (biblische) 299
Weihnachtsgeschichten
    (zum Vorlesen)
    304–307
Weihnachtslieder
    und -gedichte
    300–303
Weltgebetstag der
    Frauen 81
Winter 58, 59

Zehn Gebote 322
Zeit 12, 13, 249,
    310
Zusammenleben 124,
    125

Quellennachweis der Texte

S. 8   MARTIN BUBER, aus: Die Erzählungen der Chassidim, Manesse Verlag; Zürich, 1949.

S. 10 HANS WALLHOF, aus: Ferment-Bildband, Jahrgang 1985. © beim Autor.

S. 11 HERR, DEINE LIEBE, Text: E. Hansen, aus: Sing mit – Trinitatis. Burckardthaus-Laetare Verlag; Offenbach.

S. 11 CHRISTIAN MORGENSTERN, aus: Werke. R. Piper & Co. Verlag; München, 1965.

S. 12 JOACHIM RINGELNATZ, aus: Das Gesamtwerk, Bd. 1. Henssel Verlag; Berlin, 1984.

S. 14 JOHANNES BOBROWSKI, aus: Böhlendorf und Mäusefest. Union-Verlag; Berlin, 1965.

S. 15 ANSELM GRÜN, aus: Zu Hause in Gottes Wort. Vier Türme Verlag; Münsterschwarzach, 1985.

S. 16 CHRISTEL BENDER, aus: Liebe entdecken. Kösel Verlag; München, 1967.

S. 18 ANTOINE DE SAINT-EXUPÉRY, aus: Wind, Sand und Sterne. Karl Rauch Verlag; Düsseldorf, 1989.

S. 20 RAINER MARIA RILKE, aus: Sämtliche Werke. Insel Verlag; Frankfurt am Main, 1955.

S. 20/21 JOHANNES KUHN, aus: Aufmerksam leben. Kreuz Verlag; Stuttgart, 1976.

S. 23 ANTOINE DE SAINT-EXUPÉRY, aus: Bekenntnis einer Freundschaft. Karl Rauch Verlag; Düsseldorf, 1989.

S. 24 BRUNO DÖRIG, aus: bewußt leben. Verlag am Eschbach; Eschbach, 1983.

S. 34 TRAUGOTT GIESEN, aus: Gott liebt dich und braucht dich. Radius Verlag; Stuttgart, 1987.

S. 35 DIETRICH BONHOEFFER, aus: Widerstand und Ergebung. Christian Kaiser Verlag; München, 1970.

S. 38 DIETRICH BONHOEFFER, aus: Widerstand und Ergebung. Christian Kaiser Verlag; München, 1970.

S. 41 WIR KOMMEN DAHER AUS DEM MORGENLAND, Text: Maria Ferschl, aus: Weihnachtssingebuch. Christophorus-Verlag; Freiburg.

S. 44 ERICH KÄSTNER, aus: Die kleine Freiheit. © Erich Kästner Erben, München.

S. 45 JOCHEN KLEPPER, aus: Ziel der Zeit – Gesammelte Gedichte. Luther-Verlag; Bielefeld, 1980.

S. 47 CHRISTIAN MORGENSTERN, aus: Werke. R. Piper & Co. Verlag; München, 1965.

S. 52 MARIE LUISE KASCHNITZ, aus: Orte. Insel Verlag; Frankfurt am Main, 1973.

S. 52 ZENTA MAURINA, aus: Werke. Maximilian Dietrich Verlag; Memmingen.

S. 54 ROGER SCHUTZ, aus: Briefe aus Taizé. Zweiter Brief an das Volk Gottes. © Communauté de Taizé, Taizé.

S. 55 HELDER CAMARA, aus: Mach mir einen Regenbogen. Pendo-Verlag; Zürich.

S. 58 THERESIA HAUSER, aus: Das Thema 23/1981.

S. 61 JOE LEDERER, aus: Von der Freundlichkeit der Menschen in Shanghai. F. A. Herbig Verlagsbuchhandlung; München.

S. 64/65 MAX BOLLIGER, aus: Weißt du, warum wir lachen und weinen? Ernst Kaufmann Verlag; Lahr, 1977.

S. 65 PETER BICHSEL, aus: Kindergeschichten. Luchterhand Verlag; Darmstadt, 1969.

S. 72 ZENTA MAURINA, aus: Werke. Maximilian Dietrich Verlag, Memmingen.

S. 73 INA SEIDEL, aus: Gerd Heinz Mohr (Hg.), Plädoyer für den Hymnus. Lutherisches Verlagshaus; Hannover, 1981.

S. 80 BRUNO DÖRIG, aus: Vreni und Bruno Dörig-Hug, Sommerzeit. Verlag am Eschbach; Eschbach, 1986.

S. 81 BARBARA DAXER, aus: Angelika Schmidt-Biesalski (Hg.), Ein Freitag im März. Burckardthaus-Laetare Verlag; Offenbach, 1982.

S. 82 HILDEGARD KREMER, aus: Blickpunkt Leben. © Hildegard Kremer.

S. 84/85 ANNELIESE STARKE, aus: Das Thema 23/1981.

S. 94 GÜNTER BRUNO FUCHS, aus: Das Lesebuch des Günter Bruno Fuchs. Carl Hanser Verlag; München–Wien, 1970.

S. 95 ROSE AUSLÄNDER, aus: Ich höre das Herz des Oleanders. Gedichte 1977–1979. S. Fischer Verlag; Frankfurt am Main, 1984.

S. 98 WOLFGANG SCHÖPPING, aus: Anneliese Knippenkötter (Hg.), Festzeiten im Frühling. Klens Verlag; Düsseldorf, 1987.

S. 102 DIETRICH BONHOEFFER, aus: Gesammelte Werke, Bd. 1. Christian Kaiser Verlag; München, 1978.

S. 104/105 JOSEF LEITGEB, aus: Helga Exinger (Hg.): Frohe Ostern. Herder Verlag; Wien.

S. 105 HANS WALLHOF, aus: »Ferment«. Mit freundlicher Genehmigung des Autors.

S. 106 TRAUGOTT GIESEN, aus: Gott liebt Dich und braucht Dich. Radius Verlag; Stuttgart, 1987.

S. 112 © WILLI FÄHRMANN. Mit freundlicher Genehmigung des Autors.

S. 113 KARL HEINRICH WAGGERL, aus: Das Lebenshaus. Arche Verlag Raabe & Vitali; Zürich, 1956.

S. 114/115 ALEXANDRA RACHMANOVA, aus: Milchfrau in Ottakring. Verlag Styria; Graz.

S. 115/116 JOHANNES KUHN, aus: Aufmerksam leben. Kreuz Verlag; Stuttgart, 1989.

S. 120 MAX BOLLIGER, aus: Das große Buch der Kindergebete. Herder Verlag; Freiburg, 1989.

S. 120 KURT MARTI, aus: Ungrund Liebe. Radius Verlag; Stuttgart, 1987.

S. 124 JOHANNES KUHN, aus: Geduld für Tage, die uns nicht gefallen. Kreuz Verlag; Stuttgart, 1989.

S. 131 ERICH FRIED, aus: Es ist was es ist. Verlag Klaus Wagenbach; Berlin, 1986.

S. 136 JO CARR/IMOGENE SORLEY, aus: Bleib mein Gott im Alltagstrott. Christliches Verlagshaus; Stuttgart. 1986.

S. 137 HILDEGARD KREMER, aus: Blickpunkt Leben. Verlag Butzon & Bercker; Kevelaer, 1982.

S. 139 CHRISTA PEIKERT-FLASPÖHLER, aus: Anneliese Knippenkötter (Hg.): Festzeiten im Frühling. Klens Verlag; Düsseldorf, 1976.

S. 141/142 JÖRG ZINK, aus: Kostbare Erde. Kreuz Verlag; Stuttgart, 1981.

S. 143 THOMAS KLOCKE, aus: Mit Kindern durch das Kirchenjahr. Verlag J. Pfeiffer; München, 1982.

S. 144–146 JAMES KRÜSS, aus: Hans-Joachim Gelberg (Hg.): Kinderland-Zauberland. Georg Bitter Verlag; Recklinghausen, 1967.

S. 144 CHRISTIAN MORGENSTERN, aus: Werke, R. Piper & Co. Verlag; München, 1965.

S. 147 HERMANN HESSE, aus: Gesammelte Werke. Suhrkamp Verlag; Frankfurt am Main, 1970.

S. 149 CHRISTIAN MORGENSTERN, aus: Werke. R. Piper & Co. Verlag; München, 1965.

S. 150 MARTIN BUBER, aus: Die Erzählungen der Chassidim. Manesse Verlag; Zürich, 1949.

S. 151 LOTHAR ZENETTI, aus: Texte der Zuversicht. Verlag J. Pfeiffer; München, 1981.

S. 156 HARVEY COX, aus: Das Fest der Narren. Kreuz Verlag; Stuttgart, 1969.

S. 162 ANTOINE DE SAINT-EXUPÉRY, aus: Romane, Dokumente. Karl Rauch Verlag; Düsseldorf, 1986.

S. 164 JOHANNES KUHN, aus: Ermunterung. Kreuz Verlag; Stuttgart, 1980.

S. 166 LOTHAR ZENETTI, aus: Texte der Zuversicht. Verlag J. Pfeiffer; München, 1981.

S. 166 HERMANN HESSE, aus: Gesammelte Werke. Suhrkamp Verlag; Frankfurt am Main, 1970.

S. 169 JOHANNES KUHN, aus: Ermunterung. Kreuz Verlag; Stuttgart, 1980.

S. 172 RICHARD BRAUTIGAN, aus: Die Rache des Rasens. Eichborn Verlag; Frankfurt/M., 1978.

S. 173 PETER HÄRTLING, aus: Vorwarnung. Luchterhand Verlag; Neuwied, 1983.

S. 182 THERESIA HAUSER, aus: Das Thema 23/1981.

S. 183 DIE ERDE IST SCHÖN, aus: Lieder der Mariapoli. Verlag Neue Stadt; München.

S. 184 DETLEF BLOCK, aus: Gebete für Kinder. Verlag Ernst Kaufmann; Lahr, 1974.

S. 184/185 JOHANNES KUHN, aus: Ermunterung. Kreuz Verlag; Stuttgart, 1980.

S. 185 WOLFGANG BORCHERT, aus: Das Gesamtwerk. Rowohlt Verlag; Hamburg, 1949.

S. 186/187 HANNELORE FRANK, aus: Lebenskunst für Christenmenschen. Kreuz Verlag; Stuttgart, 1973.

S. 188 ALBRECHT GOES, aus: Lichtschatten du. S. Fischer Verlag GmbH; Frankfurt am Main, 1978.

S. 188 JOHANNES KUHN, aus: Ermunterung. Kreuz Verlag; Stuttgart, 1980.

S. 189 PEARL S. BUCK, aus: Geschichten für kleine Kinder. Trauner Verlag; Linz, 1969.

S. 191 DAG HAMMARSKJÖLD, aus: Zeichen am Weg. Droemer Knaur Verlag; München.

S. 192/193 JOHANNES KUHN, aus: Aufmerksam leben. Kreuz Verlag; Stuttgart, 1976.

S. 193 BETTINA WEGNER, aus: Wenn meine Lieder nicht mehr stimmen. Rowohlt Verlag; Reinbek.

S. 198 TRAUGOTT GIESEN, aus: Gott liebt Dich und braucht Dich. Radius Verlag; Stuttgart, 1987.

S. 199 ANDREAS EBERT, aus: Jungschar- und Teenagerlieder, Heft 2. Hänssler-Verlag; Neuhausen-Stuttgart.

S. 202 MANFRED HAUSMANN, aus: Nachtwache. Neukirchener Verlag; Neukirchen-Vluyn.

S. 205 ALEXANDER SOLSCHENIZYN, aus: Im Interesse der Sache. Luchterhand Literaturverlag; Darmstadt, 1970.

S. 214 CHRISTOPH STÜCKELBERGER, aus: Martin Affolderbach (Hg.): Gebete und Meditationen für die Gruppe. Gütersloher Verlagshaus Gerd Mohn; Gütersloh, 1985.

S. 215 FULBERT STEFFENSKY, aus: Wo der Glaube wohnen kann. Kreuz Verlag; Stuttgart, 1989.

S. 218 HERMANN HESSE, aus: Gesammelte Werke. Suhrkamp Verlag; Frankfurt am Main, 1970.

S. 218/219 KURT TUCHOLSKY, aus: Gesammelte Werke, Band III. Rowohlt Verlag GmbH; Reinbek bei Hamburg, 1960.

S. 220 CARLOS MESTERS, aus: Das Wort Gottes in der Geschichte der Menschheit. Neukirchener Verlag; Neukirchen-Fluyn, 1984.

S. 221 DIETRICH BONHOEFFER, aus: Widerstand und Ergebung. Christian Kaiser Verlag; München, 1985.

S. 221 CHRISTIAN MORGENSTERN, aus: Werke. R. Piper & Co. Verlag; München, 1965.

S. 222/223 GOTTFRIED UNTERDÖRFER, aus: Es ist ein Unterschied. Union Verlag; Berlin.

S. 224 KURT MARTI, aus: Ungrund Liebe. Radius Verlag; Stuttgart, 1987.

S. 228 JOHANNES KUHN, aus: Aufmerksam leben. Kreuz Verlag; Stuttgart, 1976.

S. 234/235 © HANS JÜRGEN SCHULTZ. Mit freundlicher Genehmigung des Autors.

S. 238 THOMAS KLOCKE, aus: Mit Kindern durch das Kirchenjahr. Verlag J. Pfeiffer; München, 1982.

S. 239 MACHE DICH AUF, © Präsenz-Verlag der Jesus-Bruderschaft; Hünfelden.

S. 239 RENATE SCHUPP, aus: Steig ein, fahr mit. Verlag Ernst Kaufmann; Lahr, 1979.

S. 241 LENE MAYER-SKUMANZ, aus: Das große Buch der Kindergebete. Herder Verlag; Freiburg, 1989.

S. 242 RAINER MARIA RILKE, aus: Sämtliche Werke. Insel Verlag; Frankfurt am Main, 1955.

S. 242 GILBERT NIGGL, aus: das Thema 23/1981.

S. 246/247 THOMAS KLOCKE, aus: Mit Kindern durch das Kirchenjahr. Verlag J. Pfeiffer; München, 1982.

S. 247 RAINER MARIA RILKE, aus: Sämtliche Werke. Insel Verlag; Frankfurt am Main, 1955.

S. 248 TRAUGOTT GIESEN, aus: Gott liebt Dich und braucht Dich. Radius Verlag; Stuttgart, 1987.

S. 253 KARL BARTH, aus: Carl Zuckmayer/Karl Barth: Späte Freundschaft in Briefen. Theologischer Verlag; Zürich, 1991.

S. 259 UWE SEIDEL, aus: Ich tanze über den Wassern. Burckardthaus-Laetare Verlag; Gelnhausen, 1982.

S. 262 TRAUGOTT GIESEN, aus: Gott liebt Dich und braucht Dich. Radius Verlag; Stuttgart, 1987.

S. 263 MASCHA KALÉKO, aus: Die unbekannte Freiheit meines Lebens. Beltz Verlag; Weinheim/Basel. Mit freundlicher Genehmigung von Frau Gisela Zoch-Westphal.

S. 263 WILLI FÄHRMANN, aus: Mit Kindern beten. Echter Verlag; Würzburg, 1970.

S. 263 ERNST GINSBERG, aus: Abschied. Arche Verlag Raabe & Vitali; Zürich, 1965.

S. 265 TRAUGOTT GIESEN, aus: Gott liebt Dich und braucht Dich. Radius Verlag; Stuttgart, 1987.

S. 270 RENÉ LEUDESDORFF, aus: Wende dein Gesicht zur Sonne. Kreuz Verlag; Stuttgart, 1978.

S. 273 LENE MAYER-SKUMANZ, aus: Erzählbuch zum Glauben. Bd. I. Herder Verlag; Wien.

S. 275 PIERRE GRIOLET, aus: Zu jeder Zeit. Gebete. Patmos Verlag; Düsseldorf, 1988.

S. 276 KURT MARTI, aus: Lachen, Weinen, Lieben. Radius Verlag; Stuttgart, 1985.

S. 277 JÖRG ZINK, aus: Ich werde gerne alt. Kreuz Verlag; Stuttgart, 1989.

S. 281 RAINER MARIA RILKE, aus: Sämtliche Werke. Insel Verlag; Frankfurt am Main, 1955.

S. 282 GERTRUD KOLMAR, aus: Das lyrische Werk. Kösel-Verlag; München, 1960.

S. 283 PAULA LUDWIG, (1990 – 1974), aus: Gedichte; Gesamtausgabe. Langewiesche-Brandt KG Verlag; Ebenhausen bei München, 1986.

S. 283 JÖRG ZINK, aus: Wie wir beten können. Kreuz Verlag; Stuttgart, 1970.

S. 286 KARL HEINRICH WAGGERL, aus: Das Lebenshaus. Arche Verlag Raabe & Vitali; Zürich, 1956.

S. 288 JOSEF GUGGENMOS, aus: Ein Elefant marschiert durchs Land. Georg Bitter Verlag; Recklinghausen, 1968.

S. 296 TRAUGOTT GIESEN, aus: Gott liebt Dich und braucht Dich. Radius Verlag; Stuttgart, 1987.

S. 299 JOACHIM RINGELNATZ, aus: Das Gesamtwerk, Bd. I. Henssel Verlag; Berlin.

S. 305 RICHARD HUGHES, aus: Das Walfischheim. Suhrkamp Verlag; Frankfurt am Main, 1953.

S. 309 JOACHIM RINGELNATZ, aus: Das Gesamtwerk, Bd. I. Henssel Verlag; Berlin.

S. 310 JÖRG ZINK, aus: Mehr als drei Wünsche. Kreuz Verlag; Stuttgart, 1985.

S. 310 TRAUGOTT GIESEN, aus: Gott liebt Dich und braucht Dich. Radius Verlag; Stuttgart, 1987.

S. 310/311 WILLIAM SAROYAN, aus: Armenische Fabeln. Arche Verlag Raabe & Vitali; Zürich, 1959.

S. 313 ZENTA MAURINA, aus: Jahre der Befreiung. Maximilian Dietrich Verlag; Memmingen.

S. 314 JAKOB LOEWENBERG, aus: So viele Tage wie das Jahr hat. Verlag Bertelsmann; Gütersloh.

S. 315 KAI ENGELKE, aus: Das Väterbuch. Verlag Jugend und Politik; Frankfurt/M., 1985.

S. 325 STEFAN ANDRES, aus: H.-J. Gelberg (Hg.): Die Stadt der Kinder. Georg Bitter Verlag; Recklinghausen, 1969.

S. 326 HEIDI UND JÖRG ZINK, aus: Gebete für Kinder. Kreuz Verlag; Stuttgart, 1985.

S. 326 THERESIA HAUSER, aus: Das Thema 23/1981.

S. 330 THERESIA HAUSER, aus: Das Thema 23/1981.

S. 333 CHRISTINE BUSTA, aus: Die Zauberin Frau Zappelzeh. Otto Müller Verlag; Salzburg, 1979.

S. 334 ERICH JOOS, aus: Das große Buch der Kindergebete. Herder Verlag; Freiburg, 1989.

S. 334 THERESIA HAUSER, aus: Das Thema 23/1981.

S. 337 DIETRICH BONHOEFFER, aus: Widerstand und Ergebung. Christian Kaiser Verlag; München, 1970.

Den Verlagen sei für die Abdruckerlaubnis freundlich gedankt. Nicht alle Quellen, Rechteinhaber und Autorenadressen konnten ausfindig gemacht werden. Der Verlag ist für entsprechende Hinweise dankbar. Rechtsansprüche bleiben gewahrt.

Bildnachweis

ANTHONY 84, 151, 264, 265

IFA-BIILDERTEAM 19

GERTIE BURBECK 145

FRANTISEK CHOCHOLA 64, 105, 241, 268, 300, 321, 324, 328, 332, 336

HUBER 27, 39, 115, 183, 190/191, 219, 243, 274/275, 290, 298, 303, 312/313, 316

HANS HUG 167

INTERFOTO 10, 58, 131

ERHARD JORDE 35, 59

KATHOLISCHE NACHRICHTEN AGENTUR 17, 89, 185, 193

FRITZ KEHRER 85

DORIS KLEES-JORDE 163

HILDE KÖRNIG 252

R. MATHYSCHOK 83

MAURITIUS 7, 42, 95, 139, 160, 179, 187, 203

PRESENT 13, 21, 23, 65, 102, 110, 135, 137, 143, 157, 172, 199, 239, 253, 267, 277, 286, 294, 309, 317

FERNAND RAUSSER 55, 192

ULRICH SCHAFFER 14, 30/31, 46/47, 50/51, 62/63, 68/69, 73, 82, 86/87, 90/91, 122/123, 126/127, 142, 148/149, 152/153, 170/171, 174/175, 194/195, 206/207, 210/211, 223, 226/227, 230/231, 234, 250/251, 254/255, 278/279, 283, 291

GERHARD UND TRAUDL SCHMIDT 287

MICHAEL SCHNEIDER 235

CHRISTOF SONDEREGGER 49

JOHANNES THIELE 15, 29, 45, 106, 263

MARTHA WELSCH UND ERWIN MAIER 44, 61, 80, 119, 147, 169, 189, 205, 224, 249, 270, 311

Feiern Sie Weihnachten
in seiner schönsten Form:
wie es seit alters her Brauch ist.

Weihnachten ruft bei vielen Menschen heute Gefühle der Verlegenheit hervor. Wie sollen sie es feiern, dieses Fest der Feste,
wie sollen sie die Feier im Familienkreis gestalten?

Das hier vorliegende Weihnachtsbuch gibt darauf eine bewußt
traditionelle Antwort. Es stiftet dazu an, Weihnachten in der
schönsten Form zu feiern: wie es seit alters her Brauch ist. Darum
ist hier alles zusammengetragen worden, was die Familie zum
Heiligen Abend und für die Feiertage braucht: die bekanntesten
Weihnachtslieder (mit Noten), Gedichte zum Einstimmen und
Verse zum Aufsagen, die biblische Geschichte zum Vorlesen (in
vier verschiedenen Fassungen zur Auswahl: vom Lutherdeutsch
bis zur kindgerechten Erzählung), Besinnliches für die stillste
Zeit des Jahres, Geschichten von Theodor Storm, Peter Rosegger,
Karl Heinrich Waggerl und anderen.

Weihnachten wie in alter Zeit
Das Schönste für das Fest zu Hause
108 Seiten, mit zahlreichen farbigen
Abbildungen, gebunden

KREUZ: Bücher zum Leben.

Gedanken über das Leben zu zweit: die Ehe.

In diesem Buch kommt vieles zur Sprache, was Ehe als *Leben zu zweit* ausmacht, die Verzauberung und das Licht des Anfangs ebenso wie die Irritationen und Verwundungen, das Festliche, Stolze, Befriedigende einer Ehe, aber auch die Verrenkungen und geheimen Gefährdungen. Was hier zusammengetragen wurde an Bildern, Gedichten, Geschichten, Gedanken und Reflexionen, das fordert dazu auf, angesichts einer unüberhörbaren Rede von der Krise der Ehe ihre Innenseite wieder zu entdecken, ihre erotische Spiritualität.

Johannes Thiele (Hrsg.)
Ehe
Das Buch vom Leben zu zweit
317 Seiten, 15 Farbtafeln,
gebunden

Die Bibel ist eine kleine Bibliothek.
Dieser Band hilft, sie zu erschließen.
Jedes Jahr aufs neue.

Das Buch ist ein weithin geschätzter, zuverlässiger und hilfreicher Begleiter für ein Leben mit der Bibel in unserer Zeit: eine Auslegung der täglichen Bibellese nach dem ökumenischen Bibelleseplan. Zusätzlich gibt es Einführungen in Aufbau, Anliegen und geschichtlichen Hintergrund der biblischen Bücher und für jeden Tag ein Morgen- und ein Abendgebet. »Mit der Bibel durch das Jahr« erscheint jedes Jahr neu.

Mit der Bibel durch das Jahr
Herausgegeben von Walter Kasper,
Walter Klaiber, Eduard Lohse, Paul-Werner
Scheele, Theodor Schober und Theo Sorg
ca. 432 Seiten, Kunststoff flexibel

KREUZ: Bücher zum Leben.

Religion für die Tasche:
Die Pocket-Reihe bietet Inspiration
für einen lebendigen Glauben.

Zeit für Religion – das ist das Motto der Pocketbücher: Zeit für Besinnung und Gebet, Zeit für Stille und Fest, Zeit für Gemeinschaft und Meditation. Die Bücher wenden sich an religiös aufgeschlossene, in Kirche und Gemeinde engagierte Christen. Sie können zu unentbehrlichen Begleitern werden. Auf dieser und der nächsten Seite stellen wir sie Ihnen, liebe Leserin, lieber Leser, vor.

Christliche Weisheiten für jeden Tag des Jahres:

Das Büchlein verbindet christliche Weisheiten für jeden Tag des Jahres mit einem alphabetisch angelegten Spruchbrevier, das zum meditativen Nachdenken und praktischen Nutzen gleichermaßen einlädt.

Ein Augenblick für mich
365 Weisheiten von A bis Z
112 Seiten, kartoniert

Eine Geschichte für jeden Sonntag:

Hier finden sich Märchen, Legenden, Anekdoten, kurze Texte und Geschichten: Für jeden Sonntag im kirchlichen Jahreskreis bietet dieses Buch Trauriges und Freudiges, Überraschendes, Erfundenes und Erlebtes. Wie das Leben so spielt.

Atemholen am Wochenende
52 Sonntagsgeschichten
112 Seiten, kartoniert

KREUZ: Bücher zum Leben.

Neue Gebete für aufgeweckte Christen:

Diese von katholischen und evangelischen Kommunitäten neu verfaßten Gebete begleiten den Christen durch den Tag und durch die Woche mit ihren besonderen Situationen und Anliegen.

Morgenrot und Abendstern
Neue Gebete
112 Seiten, kartoniert

Eine faszinierende Annäherung:

Wie können wir die Bibel lesen und aus ihr Ermutigung schöpfen? Wie kann sie (wieder) zu unserem Buch werden? Mit diesem Bändchen kann eine lebendige Annäherung an das faszinierende Buch der Bücher gelingen.

Bibel, die lebendig wird
Überraschungen mit einem alten Buch
112 Seiten, kartoniert

Christsein unterwegs neu entdecken:

Ferien und Fahrten werden von vielen jungen Menschen als Chance wahrgenommen, ihr Christsein neu zu entdecken, das Beten und Feiern einzuüben oder einfach ungewohnte Gedanken zu erproben. Die »Rucksackfibel« ist aus der Praxis kirchlicher Jugendarbeit entstanden und wurde von erfahrenen Jugendseelsorgern und Gruppenleitern zusammengestellt.

Rucksackfibel
Gedanken und Gebete für unterwegs
112 Seiten, kartoniert

KREUZ: Bücher zum Leben.

Die Deutsche Bibliothek — CIP-Einheitsaufnahme

Das große Hausbuch : Brauchtum, Fest und Freude in der
christlichen Familie / hrsg. von Johannes Thiele. — 1. Aufl. —
Stuttgart : Kreuz-Verl., 1991
ISBN 3-7831-1044-0
NE: Thiele, Johannes [Hrsg.]

1. AUFLAGE (1.–20. TAUSEND)
© 1991 KREUZ VERLAG STUTTGART
ALLE RECHTE VORBEHALTEN
UMSCHLAGGESTALTUNG VON CHRISTINE PAXMANN
SATZ UND REPRO: HUBER, LUDWIGSBURG
DRUCK UND BINDUNG: NEW INTERLITHO, TREZZANO
ISBN 3 7831 1044 0